古典·哲学时代

庄子哲学

郎擎霄 / 著　马东峰 / 主编

北京理工大学出版社
BEIJING INSTITUTE OF TECHNOLOGY PRESS

自　序

《庄子》传于今者，文莫古于敦煌石室残卷，注莫古于郭象，次则《释文》所详异字，唐宋各类书所引异文，亦多古本。然本书自晋以前尚称完整，《汉书·艺文志》著录五十二篇，陆德明谓即司马彪、孟氏所注是也。（陆氏记司马彪二十一卷五十二篇；内篇七，外篇二十八，杂篇十四，解说三）言多诡诞，或似《山海经》，或类占梦书，故注者以意去取，今《游凫》《子胥》《阏奕》之文，尚略可考见；司马本虽亡，其佚文之幸存者亦颇略睹，皆为郭本所无耳。《庄子》内篇，文旨华妙，精微奥衍，当是庄周原作；外、杂篇自昔贤已疑其多为后人所伪托，惟近人章炳麟说则异是，如曰："庄子晚出，其气独高，不惮抨击前哲，愤奔走游说之风，故作《让王》以正之，恶智力取攻之事。"盖亦有为而发也。是书辞趣华深，度越晚周诸子，学者喜读之。自子玄以下，注释者无虑数百家，率皆望文生训，于义未尽。

霄治斯学盖在十年前，欲有所写定，恒欿然而止。

去夏，家居无聊，董理旧业，先成《庄子学案》一稿，既付梓，乃为之序曰：

呜呼！庄子之微言大义，深矣、远矣，虽更仆说，不能尽也。然简言之，庄子不自云乎："夫刍狗之未陈也，盛以箧衍，巾以文绣，尸祝斋戒以将之；及其已陈也，行者践其首脊，苏者取而爨之。"（《天运》篇）此明谓圣人为政亦当如天地之无恩无为也。又曰："闻在宥天下，不闻治天下也。在之也者，恐天下之淫其性也；宥之也者，恐天下之迁其德也。天下不淫其性，不迁其德，有治天下者哉？昔尧之治天下也，使天下欣欣焉、人乐其性，是不恬也；桀之治天下也，使天下瘁瘁焉、人苦其性，是不愉也。夫不恬不愉，非德也。非德也而可长久者，天下无之。"（《在宥》篇）所谓在者，存之而不亡，自然任之而不益之谓也；所谓宥者，不放纵之，而宥于囿之物之谓也。在之者，恐天下淫其性；宥之者，恐天下迁其德。天下不淫其性、不迁其德，即可矣，无治天下之必要也。约言之，其政治论即以无为而安其性情，为治天下最善之法也。庄周既主无为之治，故掊击政府亦最力，以至智为大盗积，至圣为大盗守。大盗者何？则政府是已。故曰："窃钩者诛，窃国者为诸侯，诸侯之门而仁义存。"（《胠箧》篇）于是大倡自由之说，力斥干涉之谈："举贤，则民相轧；任智，则民相盗。之数物者，不足以厚民。民之于利甚勤。子有杀父，臣有杀君，正昼为盗，日中穴阫……大乱之本，必生于尧舜之间，其末存乎千世之后。千世之后，其必有人与人相食者也。”（《庚桑楚》篇）盖亦皆本于老氏“绝圣弃知”之说而加厉也。然其言之也益肆，而复古之情亦未免太过。故最后更述其理想政治曰：“南越有邑焉，名为建德之国。其民愚而朴，少私而寡欲；知作而不知藏，与而不求其报；不知义之所适，不知礼之所将；猖狂妄行，乃蹈乎大方；其生可乐，其死可葬。”（《山木》篇）此所谓建德之国，乃庄子之理想国，盖形容上古混芒之状者也。罗素称庄子为无政府主义之祖，信不诬矣。

二十年六月

郎擎霄序于广州

是稿草成后，嘱舍弟擎宇抄校一过，于二十年秋寄交上海商务印书馆。将付梓，而毁于“一·二八”之难。今岁废历正月，复检旧稿排比而董理之，凡六阅月而全书告成。

二十三年八月十九日

擎霄再记于南京

凡　例

（一）本书引用《庄》文，依《古逸丛书》覆宋刊成玄英疏本，并用涵芬楼《续古逸丛书》本、崇德书院本、世德堂本校。

（二）夫老之于庄，犹孔之于孟，一部《南华》不啻为《老子》注脚。故本书各章所述，先乎老而后及庄，以明学统，而资互发。

（三）本书于诸家之说，凡足以为参考之资者，均多采入，时或特加辩证。

（四）本书不过以科学方法，就庄子学说，为有系统之研究。学者欲知全豹，当取原书读之。

（五）《庄子》注纷纭充栋，据明焦弱侯《国史经籍志》云：古今《庄子》注四十七部，六百四十一卷。自万历迄今，又达四百载，中间更不知增添若干部矣。今必聚世间所有，足吾一人目力遍观而尽识之，势不可能；然又奚取为焉？初学者可先取王先谦《集解》、郭庆藩《集释》，随读随玩其注，然后再读郭象《注》，较易领悟。若更求深造，再选阅唐宋以来各家注。本书末附《庄子书目》，可供参考。

目　录

第一章　庄子事迹

第一节　庄子之生地及年代

《史记·庄子列传》云:

> 庄子者，蒙人也，名周。周尝为蒙漆园吏，与梁惠王、齐宣王同时。其学无所不窥，然其本归于老子之言。故其著书十余万言，大抵率寓言也。作《渔父》《盗跖》《胠箧》，以诋訾孔子之徒，以明老子之术。畏累虚、亢桑子之属，皆空语无事实。然善属书离辞，指事类情，用剽剥儒、墨，虽当世宿学不能自解免也。其言洸洋自恣以适己，故自王公大人不能器之。
>
> 楚威王闻庄周贤，使使厚币迎之，许以为相，庄周笑谓楚使曰:“千金，重利；卿相，尊位也。子独不见郊祭之牺牛乎？养食之数岁，衣以文绣，以入太庙。当是之时，虽欲为孤豚，岂可得乎？子亟

> 去，无污我。我宁游戏污渎之中以自快，无为有国者所羁，终身不仕，以快吾意焉。”

《史记》谓庄子为蒙人，裴骃《史记集解》引《地理志》曰“蒙县属梁国”，陆德明《经典释文·庄子音义·序录》因之曰：“梁国蒙县人也。”寻《春秋》庄十一年《左传》：“宋万弑闵公蒙泽。”贾逵曰：“蒙泽，宋泽名也。”杜预注曰：“蒙泽，宋地，梁国有蒙县。”盖杜以蒙于战国时为宋地，于汉晋为梁国蒙县。《汉书·地理志》：梁国领县八，其三曰蒙。谓庄子为梁人固当。而自刘向《别录》云“宋之蒙人也”，于是班固、高诱、陈振孙、林希逸皆以为蒙属于宋矣。既以蒙属宋，则谓庄子为宋人，亦当也。盖蒙本属于宋，及宋灭，魏、楚与齐争宋地，或蒙入于楚，楚置为蒙县，汉则属于梁国欤？庄子之卒，盖在宋之将亡，则亦为宋人也。

庄子生卒，史无明文。《史记·庄子列传》云周与梁惠王、齐宣王同时。又云：楚威王闻庄周贤，使使厚币迎之。寻梁惠王九年，齐宣王始立；又三年，为楚威王元年；威王立十一年，卒，其聘周不知在何年。传言周却聘，而韩非《喻老》篇云：楚威王欲伐越，威字原作庄，顾广圻引《史记》及高诱《吕氏春秋·介立》篇注证为威字是也。庄子谏曰：“臣患智之如目也。”是庄子于威王时，尝至楚，其能致楚聘必已三四十岁。本书于魏文侯、武侯皆称谥，《田子方》《徐无鬼》而于惠王初称其名，《则阳》又称为王；《逍遥游》是周之生，或在魏文侯、武侯之世，最晚当在惠王初年。本书又有公孙龙。《秋水》龙为平原君客，平原君为赵相，在惠文王时。本书亦有周见赵文王，《说剑》是周于惠文王犹存。然前传谓《让王》至《说剑》四篇皆伪作。然本书载庄子送葬过惠子之墓，《徐无鬼》惠子以梁襄王十三年失相之楚，当赵武灵王之二十年，施未及死，假令死于十年内，即当赵武灵、惠文之间，是周得见赵文与公孙龙也。又《史记》本传载楚威王聘庄子，庄子答使者之辞，与本书《列御寇》篇载庄子答或聘之辞相同。然本书不言是楚聘。《秋水》篇载楚王使二大夫聘庄子，庄子答使者之辞，又不与《史记》本传同。《艺文类聚》卷八三三、《初学记》卷二七、《文选·月赋》注、鲍照《拟古诗》注并引《韩诗外传》，谓楚襄王遣使者，持金千斤、璧百双聘庄子，许以为相，庄子不许。今《外传》无此文《太平御览》卷四七四引《外传》文较详，载庄子答辞，与本书《列御寇》及本传略同。依《外传》则聘庄子者为楚顷襄王。又《御览》卷四〇九引《道学传》：杜京产，建武初征之。产曰："庄周持钓，岂为白璧所回？"似杜所见本书；《秋水》篇楚王聘庄子文，亦有白璧之辞，或本是一事而传讹为二事，或楚之威、襄先后致聘欤？楚顷襄王与赵惠文王同年而立，本书载事无后于见赵惠文王与公孙龙者。使周生梁惠王之初年，至赵惠文之初年，已八九十岁，略与荀、孟之年相若矣。参看马叙伦《庄子年表》

兹根据上引诸书，则其生卒年月可略推定如左：

周安王十二年至烈王六年之间 （西历纪元前三九〇—三七〇）	庄周生
周烈王七年（西历纪元前三六九）	魏惠王立
周显王二十九年（西历纪元前三四〇）	楚威王立
周显王三十六年（西历纪元前三三三）	齐宣王立
周显王四十年（西历纪元前三二九）	楚威王薨
周慎靓王二年（西历纪元前三一九）	魏惠王薨
周慎靓王三年至赧王二十四年之间 （西历纪元前三一八—二九一）	惠施卒
周慎靓王四年至赧王二十五年之间 （西历纪元前三一七—二九〇）	庄周卒

按《经典释文》序录："李颐云：与齐愍王同时。"如周卒于赧王二年以后，则亦可下逮愍王也。

第二节 庄子之生活

庄子甘于淡泊，守道乐贫，《山木》《外物》诸篇所载，可窥其生活之一斑：

庄子衣大布而补之，正緳系履而过魏王。魏王曰：“何先生之惫邪？”庄子曰：“贫也，非惫也。士有道德不能行，惫也；衣弊履穿，贫也，非惫也；此所谓非遭时也。王独不见夫腾猿乎？其得柟梓豫章也，揽蔓其枝而王长其间，虽羿、蓬蒙不能眄睨也。及其得柘棘枳枸之间也，危行侧视，振动悼栗。此筋骨非有加急而不柔也，处势不便，未足以逞其能也。今处昏上乱相之间而欲无惫，奚可得邪？此比干之见剖心，征也夫！”《山木》

庄周家贫，故往贷粟于监河侯。监河侯曰：“诺。我将得邑金，将贷子三百金，可乎？”庄周忿然作色曰：“周昨来，有中道而呼者。周顾视车辙中，有鲋鱼焉。周问之，曰：‘鲋鱼来！子何为者邪？’对曰：‘我东海之波臣也。君岂有斗升之水而活我哉？’周曰：‘诺。我且南游吴越之王，激西江之水而迎子，可乎？’鲋鱼忿然作色，曰：‘吾失我常与，我无所处。吾得升斗之水然活耳，君乃言此，曾不如早索

我于枯鱼之肆？”《外物》

此虽或为寓言，然周之家贫，当为实情也。

庄子者，蒙人也……尝为蒙漆园吏。《史记·庄子列传》

庄子钓于濮水。楚王使大夫二人往先焉，曰："愿以境内累矣。"庄子持竿不顾，曰："吾闻楚有神龟，死已三千岁矣，王巾笥而藏之庿堂之上，（各本庿作庙）此龟者，宁其死为留骨而贵乎？宁其生而曳尾于涂中乎？"二大夫曰："宁其生而曳尾涂中。"庄子曰："往矣！吾将曳尾于涂中。"《秋水》

是其不屑为政治家，盖亦其学使然也。

昔者，庄周梦为胡蝶，栩栩然胡蝶也。自喻适志与，不知周也。俄然觉，则蘧蘧然周也。不知周之梦为胡蝶与？胡蝶之梦为周与？周与胡蝶，则必有分矣。《齐物论》

庄子之楚，见空髑髅，髐然有形，撽以马捶，因而问之，曰："夫子贪生失理，而为此乎？将子有亡国之事，斧钺之诛，而为此乎？将子有不善之行，愧遗父母妻子之丑，而为此乎？将子有冻馁之患，而为此乎？将子之春秋，故及此乎？”于是语卒，援髑髅枕而卧。夜半，髑髅见梦，曰：“子之谈者似辩士。视子所言，皆生人之累也，死则无此矣。子欲闻死之说乎？”庄子曰：“然。”髑髅曰：“死，无君于上，无臣于下，亦无四时之事，纵然以天地为春秋，虽南面王乐，不能过也。”庄子不信，曰：“吾使司命复生子形，为子骨肉肌肤，反子父母、妻子、闾里、知识，子欲之乎？”髑髅深矉蹙頞，曰：“吾安能弃南面王乐，而复为人间之劳乎？”《至乐》

此虽寓言，然周之尚虚多梦，当为事实也。

庄子行于山中，有大木，枝叶盛茂，伐木者止其旁而不取也。问其故。曰：“无所可用。”庄子曰：“此木以不材，得终其天年。”夫子出于山，（按《吕氏春秋·必己》篇有此文，夫字作矣，无子字，盖此夫字为矣字坏文）舍于故人之家。故人喜，命竖子，杀雁而烹之（烹为享之伪）。竖子请，曰：“其一能鸣，其一不能鸣，请奚杀？”主人曰：“杀不能鸣者。”明日，弟子问于庄子，曰：“昨日山中之木，以不材得终其天年；今主人之雁，以不材死。先生将何处？”庄子笑曰：“周将处夫材与不材之间。材与不材之间，似之而非也，故未免乎累。若夫乘道德而浮游则不然。无誉无訾，一龙一蛇，与时俱化，而无肯专为；一上一下，以和为量，浮游乎万物之祖，物物而不物于物，则胡可得而累邪？此神农、黄帝之法则也。若夫万物之情、人伦之传，则不然，合则离，成则毁，廉则挫，尊则议，有为则亏，贤则谋，不肖则欺，胡可得而必乎哉？悲夫！弟子志之，其唯道德之乡乎？”《山木》

庄周游乎雕陵之樊，睹一异鹊自南方来者，翼广七尺，目大运寸，感周之颡而集于栗林。庄周曰：“此何鸟哉，翼殷不逝，目大不睹？”蹇裳躩步，执弹而留之。睹一蝉，方得美荫，而忘其身。螳螂执翳而博之，见得而忘其形。异鹊从而利之，见利而忘其真。庄周怵然，曰：“噫！物故相累，二类相召也！”捐弹而反走，虞人逐而谇之。庄周反入（入下疑有夺字），三月不庭。蔺且从而问之：“夫子何为顷间甚不庭乎？”庄周曰：“吾守形而忘身，观于浊水而迷于清渊。且吾闻诸夫子曰：‘入其俗，从其俗。’今吾游于雕陵而忘吾身，异鹊感吾颡，游于栗林而忘真，栗林虞人以吾为戮，吾所以不庭也。”《山木》

观此，庄子之欲逍遥而游于无涯者，盖其天性然也。

庄子妻死，惠子吊之，庄子则方箕踞鼓盆而歌。

惠子曰:“与人居，长子、老、身死，不哭，亦足矣，又鼓盆而歌，不亦甚乎？”庄子曰:“不然。是其始死也，我独何能无概然！察其始而本无生；非徒无生也，而本无形；非徒无形也，而本无气；杂乎芒芴之间，变而有气，气变而有形，形变而有生，今又变而之死，是相与为春秋冬夏四时行也。人且偃然寝于巨室，而我噭噭然随而哭之，自以为不通乎命，故止也。”《至乐》

庄子将死，弟子欲厚葬之。庄子曰:“吾以天地为棺椁，以日月为连璧，星辰为珠玑，万物为赍送。吾葬具岂不备邪？何以加此？”弟子曰:“吾恐乌鸢之食夫子也。”庄子曰:“在上为乌鸢食，在下为蝼蚁食。夺彼与此，何其偏也？”《列御寇》

盖彼以生为劳我者，故不悦生；以死为息我者，故不恶死。此乃为其死生平等观也。

第三节 庄子之交游

《太史公书》称其“学无所不窥，凡著书十余万言，指事类情，用剽剥儒、墨，虽当世宿学，不能自解免也。其言洸洋自恣以适己，故自王公大人不能器之”。(非原文)

庄子之学，既成一家言，则其所交游及相与论难者必多，惟年代湮远，书阙有间，见之记载甚少，诚可憾耳。兹揭其可考者如左：

（一）惠施

庄子之交游，以惠施为最友善。《逍遥游》《德充符》及《秋水》诸篇，屡纪庄子与惠子之问答，多属于哲理方面。《德充符》篇曰："惠子谓庄子，曰：'人故无情乎？'庄子曰：'然。'惠子曰：'人而无情，何以谓之人？'庄子曰：'道与之貌，天与之形，恶得不谓之人？'惠子曰：'既谓之人，恶得无情？'庄子曰：'是非吾所谓情也。吾所谓无情者，言人之不以好恶内伤其身，常因自然而不益生也。'惠子曰：'不益生，何以有身？'庄子曰：'道与之貌，天与之形，无以好恶内伤其身。今子外乎子之神，劳乎子之精，倚树而吟，据槁梧而瞑。天选子之形，而子以坚白鸣。'"《逍遥游》篇："惠子谓庄子，曰：'吾有大树，人谓之樗，其大本臃肿而不中绳墨，其小枝卷曲而不中规矩；立之涂，匠者不顾。今子之言，大而无用，众所同去也。'庄子曰：'子独不见狸狌乎？卑身而伏，以候敖者；东西跳梁，不避高下，中于机辟，死于罔罟。今夫斄牛，其大若垂天之云。此能为大矣，而不能执鼠。今子有大树，患其无用，何不树之无何有之乡、广莫之野，彷徨乎无为其侧，逍遥乎寝卧其下。不夭斤斧，物无害者，无所可用，安所困苦哉？”《秋水》篇：“庄子与惠子游于濠梁之上。庄子曰：‘鲦鱼出游从容，是鱼之乐也。’惠子曰：‘子非鱼，安知鱼之乐？’庄子曰：‘子非我，安知我不知鱼之乐？’惠子曰：‘我非子，固不知子矣；子固非鱼也，子之不知鱼之乐，全矣。’庄子曰：‘请循其本。子曰“汝安知鱼乐”云者，既已知吾知之而问我，我知之濠上也。’”《秋水》篇：“惠子相梁，庄子往见之。或谓惠子曰：‘庄子来，欲代子相。’于是惠子恐，搜于国中三日三夜。庄子往见之，曰：‘南方有鸟，其名为鹓鶵，子知之乎？夫鹓鶵发于南海而飞于北海，非梧桐不止，非练实不食，非醴泉不饮。于是鸱得腐鼠，鹓鶵过之，仰而视之，曰：‘吓！’今子欲以子之梁国而‘吓’我邪？”按此恐非确也。又《徐无鬼》篇：“庄子送葬，过惠子之墓，顾谓从者，曰：“郢人垩漫其鼻端，若蝇翼，使匠石斫之。匠石运斤成风，听而斫之，尽垩而鼻不伤。郢人立不失容。宋元君闻之，召匠石，曰：‘尝试为寡人为之。’匠石曰：‘臣则尝能斫之；虽然，臣之质死久矣。’自夫子之死也，吾无以为质矣，吾无与言之矣。”其哀慕如此。

（二）东郭子

《知北游》篇之东郭子，《释文》引李云：“居东郭也。”“东郭子问于庄子，曰：‘所谓道，恶乎在？’庄子曰：‘无所不在。’东郭子曰：‘期而后可。’庄子曰：‘在蝼蚁。’曰：‘何其下邪？’曰：‘在稊稗。’曰：‘何其愈下邪？’曰：‘在瓦甓。’曰：‘何其愈甚邪？’曰：‘在屎溺。’东郭子不应。庄子曰：‘夫子之问也，固不及质，正获之问于监市履狶也，每下愈况。’”《知北游》

（三）商太宰荡

司马彪云：“商，宋也；太宰，官也；荡，字也。”成玄英疏云：“宋承殷后，故商即宋；太宰，官号；名盈，字荡。”则荡盖实有其人。《天运》篇载其与庄子相论难，多涉仁孝。爰引之如下：“商太宰荡问仁于庄子。庄子曰：‘虎狼，仁也。’曰：‘何谓也？’庄子曰：‘父子相亲，何为不仁？’曰：‘请问至仁。’庄子曰：‘至仁无亲。’太宰曰：‘荡闻之，无亲则不爱，不爱则不孝。谓至仁不孝，可乎？’庄子曰：‘不然。夫至仁尚矣，孝固不足以言之。此非过孝之言也，不及孝之言也。夫南行者至于郢，北面而不见冥山，是何也？则去之远也。故曰：以敬孝易，以爱孝难；以爱孝易，以忘亲难；以忘亲易，使亲忘我难；使亲忘我易，兼忘天下难；兼忘天下易，使天下兼忘我难。夫德遗尧、舜而不为也，利泽施于万世，天下莫知也，岂直太息而言仁孝乎哉？夫孝、悌、仁、义、忠、信、贞、廉，此皆自勉以役其德者也，不足多也。故曰：至贵，国爵并焉；至富，国财并焉；至愿，名誉并焉。是以道不渝。'"

（四）曹商

《列御寇》篇之曹商，司马无注。成云："姓曹名商，宋人也，为宋偃王使秦。"篇内载有曹庄之问答："宋人有曹商者，为宋王使秦。其往也，得车数乘。王悦之，益车百乘。反于宋，见庄子，曰：'夫处穷闾阨巷，困窘织屦，槁项黄馘者，商之所短也。一悟万乘之主，而从车百乘者，商之所长也。'庄子曰：'秦王有病，召医，破痈溃痤者得车一乘，舐痔者得车五乘；所治愈下，得车愈多。子岂治其痔邪，何得车之多也？子行矣！'"

第四节　庄子之游历

（一）楚

《史记·庄子列传》云："楚威王闻庄周贤，使使厚币迎之，许以为相。庄周笑谓楚使者曰：'千金，重利；卿相，尊位也。子独不见郊祭之牺牛乎？养食之数岁，衣以文绣，以入太庙。当是之时，虽欲为孤豚，岂可得乎？我宁游戏污渎之中以自快，无为有国者所羁，终身不仕，以快吾志焉！'"《庄子·秋水》篇亦记此事，惟以神龟取譬，稍与《史记》不同。《列御寇》篇亦记之，文与《史记》同，惟未言是楚王，疑是后人抄《史记》伪作而韩非《喻老》篇曰："楚威王欲伐越。庄子谏曰：'臣患智之如目也。'"是庄子于威王时，尝至楚。又《艺文类聚》卷八三三、《初学记》卷二七、《文选·月赋》注、鲍照《拟古诗》注并《韩诗外传》，谓楚襄王遣使者，持金千斤、璧百双聘庄子，许以为相，庄子不许。今《外传》无此文《预览》卷四七四引《外传》文较详，是楚顷襄王亦致聘周焉。

又庄子与惠施游于濠梁之上，论鱼之乐，在楚之境内，属于淮南钟离郡。《古今地名大辞典》云：濠梁在安徽凤阳县东北十五里，临淮镇西南东濠之上，今有九虹桥。彼枕髑髅而卧，夜中与语者，楚地也。

（二）魏

庄子亦尝至魏。《山木》篇："庄子衣大布而补之，正緳系履而过魏王。"按《释文》引司马彪曰：魏王，惠王也。依《秋水》篇惠子相梁，庄子往见之，则庄子或以是见魏王，正惠王也。又同篇云"庄周游于雕陵之樊，睹一异鹊自南方来者"云云，《魏书·地形志》："扶沟有雕陵岗。"在今河南扶沟县西北二十里。此亦为周到魏之一证。又彼家贫欲贷粟，以辙鲋自喻者，对魏监河侯之言也。彼为“骊龙颔下得珠”之说者，亦魏地也。

（三）宋

庄子为宋之蒙人，少时为漆园吏。按漆园在河南商丘县东北蒙县故城中。惟《太平寰宇记》云：“漆园城，在冤句北五十里在山东菏泽县，城北有庄周钓鱼台。”周未尝之齐，似非。又《列御寇》篇云：“宋人有曹商者，为宋王使秦，其往也得车数乘，王说之，益车百乘。反于宋，见庄子……”其相晤之地亦未详。

由此以观，庄子虽为宋人，而其逍遥生涯殆在楚魏之间。故宋朱熹谓为楚之人，曰：“孟子平生足迹，只齐、鲁、滕、宋、大梁之间，不曾过大梁之南。庄子自是楚人，想见声闻不想接。大抵楚地便多有此样差异底人物学问。”《朱子语录》是以其思想性格，带南方之风气，而漫作臆测之言者，决非全有所凭也。

第五节　庄子学说之渊源

老子在晚周著书上下篇明道德之意，而关尹子、杨朱、列御寇、亢仓楚、庄周皆其徒也。见焦竑《庄子翼·自序》方文通云：“《庄子》外、杂篇，皆宗老子之旨发挥内七篇。”近人江瑔亦云：“自汉以前，皆称黄、老，而不称老、庄；以庄并老，实起于魏晋以后。”《读子卮言》然太史公已合老、庄、申、韩为一传，知老、庄并称，在西汉已然，非起于东汉及魏晋以后也。庄子学说，当出于老子，而自立为一家，故《天下》篇云：

> 以本为精，以物为粗，以有积为不足，澹然独与神明居。古之道术有在于是者，关尹、老聃闻其风而悦之。建之以常无有，主之以太一；以濡弱谦下为表，以空虚不毁万物为实。关尹曰：“在己无居，形物自著；其动若水，其静若镜，其应若响；芴乎若亡，寂乎若清；同焉者和，得焉者失；未尝先人，而常随人。”老聃曰：“知其雄，守其雌，为天下谿；知其白，守其辱，为天下谷。”人皆取先，己独取后，曰“受天下之垢”；人皆取实，己独取虚，无藏也故有余，岿然而有余。其行身也，徐而不费，无为也而笑巧。人皆求福，己独曲全，曰“苟免于咎”；以深为根，以约为纪，曰“坚则毁矣，锐则挫矣”。常宽容于物，不削于人，可谓至极。关尹、老聃乎，古之博大真人哉！

又云：

> 寂漠无形，变化无常，死与生与，天地并与，神明往与，芒乎何之，忽乎何适，万物毕罗，莫足以归。古之道术有在于是者，庄周闻其风而悦之。以谬悠之说，荒唐之言，无端崖之辞，时恣纵而不傥，不以觭见之也。以天下为沈浊，不可与庄语。以卮言为曼衍，以重言为真，以寓言为广。独与天地精神往来，而不敖倪于万物，不谴是非，以与世俗处。其书虽瑰玮，而连犿无伤也；其辞虽参差，而諔诡可观。彼其充实，不可以已。上与造物者游，而下与外死生、无终始者为友。其于本也，弘大而辟，深闳而肆；其于宗也，可谓调适而上遂矣。（调亦本作稠）虽然，其应于化而解于物也，其理不竭，其来不蜕，芒乎昧乎，未之尽者。

其列己之学术，显与老子离而为二，则其不专述老子也可知。其叙述老子，止言虚静无为等等而已，而自叙曰："与天地精神往来，而不敖倪于万物，不谴是非，与世俗处。"又曰"上与造物者游，而下与外死生、无终始者为友"，则其学较老子为博大，岂仅学老者而已哉?

第二章　庄子篇目及真赝考

第一节　庄子篇目考

庄子为道家之巨擘，老子思想至庄子乃大放光彩。其学无所不窥，凡著书十余万言，指事类情，用剽剥儒墨，虽当世宿学，不能自解免也。其言洸洋自恣以适己，故自王公大人不能器之。庄子思想，主于委心任运，颇近颓废之甘，然其说理实极精深，试读周书盖可知也。

《庄子》书，《汉书・艺文志》曰有五十二篇，陆德明谓即司马彪、孟氏所注是也。然陆氏记司马彪二十一卷五十二篇：内篇七，外篇二十八，杂篇十四，解说三。自余诸家，若崔课《注》则二十七篇：内篇七，外篇二十。向秀《注》则二十六篇，一作二十七篇，一作二十八篇，亦无杂篇。诸注并亡，未能详其篇第。今世所传者，惟郭象《注》之三十三篇，为内篇七，外篇十五，杂篇十一；较之原书，逸其十九篇。陆氏曰："庄子宏才命世，辞趣华深，莫能畅其弘致；后人增足，渐失其真。《汉书·艺文志》《庄子》五十二篇，即司马彪、孟氏所注是也。言多诡诞，或似《山海经》，或类占梦书，故注者以意去取。”惟内篇全取，则众家所同。今将郭注《庄子》篇目列左：

《庄子》三十三篇目次

内篇　凡七篇

《逍遥游》《齐物论》《养生主》《人间世》《德充符》《大宗师》《应帝王》

外篇　凡十五篇

《骈拇》《马蹄》《胠箧》《在宥》《天地》《天道》《天运》《刻意》《缮性》《秋水》《至乐》《达生》《山木》《田子方》《知北游》

杂篇　凡十一篇

《庚桑楚》《徐无鬼》《则阳》《外物》《寓言》《盗跖》《让王》《说剑》《渔父》《列御寇》《天下》

以上所记目次，为《庄子》全书及郭象注本、焦竑注本所采用、行世最广者。今本书以专就《庄子》书中意义，为学说上研究，与他书不同，故特揭其全目于此。

据古今学者考证，除三十三篇外，尚有逸篇，篇名尝散见诸书。《经典释文》引郭象曰：“一曲之才，妄窜奇说，若《阏弈》《意修》之首，《危言》《游凫》《子胥》之篇，凡诸巧杂，十分有三。”《史记》本传谓：“畏累虚、亢桑子之属，皆空语无事实。”《索隐》称《畏累虚》乃篇名，又谓即老聃弟子《亢桑子》即《庚桑楚》。今本《庄子》有《庚桑楚》篇，云是老聃弟子。又《北齐书·杜弼传》言弼曾注《庄子·惠施》篇。而《后汉书》《文选注》《艺文类聚》等书引《庄子》语，亦多不见今本中。凡此种种，谅为三十三篇外、逸篇内之文句耳。

至逸篇辑录，昔王应麟撰《困学纪闻》，录《世说注》《文选注》《后汉书注》《艺文类聚》《太平御览》所引者凡三十九事。阎若璩、孙志祖、翁元圻又就而补缀。阎氏所补乃误取伪严遵《老子指归》语，张琦已斥之。孙氏所录，并今本所有而内之佚文，故翁氏谓其考之未详。而翁氏取《音义》所引《逍遥游》篇佚文之见于崔、向、司马本者一事，则《音义》所取不止一事，亦何其疏也。孙冯翼、茆泮林辑司马彪《注》，因亦得逸文若干事，出诸家所录之外。近人马叙伦亦辑有《庄子佚文》一卷，于诸家所录外，复从桓谭《新论》、仲长统《昌言》、张华《博物志》、张湛《列子注》、谢灵运《山居赋自注》、顾野王《玉篇》、刘孝标《世说注》、梁元帝《金楼子》、释僧顺《三破论》、杜台卿《玉烛宝典》、陆法言《切韵》、虞世南《北堂书钞》、成玄英《老子义疏》、欧阳询《艺文类聚》、李贤《后汉书注》、司马贞《史记索隐》、李善《文选注》、慧琳《一切经音译》、湛然《辅行记》、杨倞《荀子注》、徐坚《初学记》、白居易《六帖》、李昉《太平御览》、释慧宝《北山录注》、陈耀文《天中记》引辑录得六十事，合之旧辑，得一百余事。马氏自云：“其间或有所疑，辄附所见。然宋以前载籍所引，当犹有可搜获者；即前列诸书中，许有披览疏略，以致漏失者。”见《天马山房丛著》由此继续辑而存之，诚吾辈之责也。

第二节　内外篇互证

《庄子》一书，《汉志》云五十二篇，无内、外、杂篇之名，至《隋书·艺文志》始有周宏正撰之《庄子内篇讲疏》八卷，梁简文帝撰之《庄子内篇》《外篇杂音》各一卷，可知现行之有内、外、杂篇之分者，已非汉时所见之本矣。然夷考其实，内篇之与外、杂，本有经传主从之分，即就篇名论之，外、杂仅以篇首二字为名，而内篇则其有深意，盖约全篇之旨趣为之，是其书之起，必不与外、杂同时，以理推之，当在其前。其意理之宏深，才思之精辟，有非蒙周莫能发者；文亦汪洋诙诡，而气势衔接。七篇之文，分之则篇明；义，合之则首尾相承：首建逍遥，神游方外，若全书之总纲；次申齐物，绝理名言，为立论之前驱；或明养生之道，或论涉世之方，或著至德之符。其体维何，以大道为宗师；其用维何，以帝王为格致。自余诸篇，反覆以明，校其细钜，咸有可述。执此数者，以榷玄言，名理湛深，繁衍奥博，可验之几案之下矣。

方文通云："《庄子》外、杂篇，皆宗老子之旨，发挥内七篇。而内七篇之要，括于《逍遥游》一篇；《逍遥游》篇形容大体大用，而括于至人无己一句。"书郭象注庄子后王夫之称"外篇学庄者所引申，大抵杂辑以成书；杂篇则广词博喻，中含精蕴，乃庄子所从入。虽非出于解语之余，而语较微至，能发内篇所未发。"此固不可考，然要非无见。马其昶亦云："《释文》称内篇众家并同，自余或有外无杂。余谓外、杂二篇，皆以阐内七篇之文，其分篇次第，果出自庄子以否，殆不可考。"《庄子故》近人王树枏云："其书内篇即内圣之道，外篇即外王之道，所谓静而圣、动而王也。杂篇者杂述内圣外王之事，篇各为章，犹今人之杂记也。"《庄》书是非皆宗老子之旨，为另一问题，而书中各篇，互相发明，则无疑义。试再述下列四则：

清周金然《南华经传释》云：

谛阅《南华》，则自经自传，不自秘也，而千载无人觑破。盖其意尽于内七篇，至外篇杂篇，无非引伸内七篇，惟末篇自序耳。……因内七篇为经，余篇析为：

《逍遥游》第一　　《秋水》《马蹄》《山木》
《齐物论》第二　　《徐无鬼》《则阳》《外物》
《养生主》第三　　《刻意》《缮性》《至乐》《达生》《让王》
《人间世》第四　　《庚桑楚》《渔父》
《德充符》第五　　《骈拇》《列御寇》
《大宗师》第六　　《田子方》《盗跖》《天道》《天运》《知北游》
《应帝王》第七　　《胠箧》《说剑》《在宥》《天地》

凡外、杂共二十有六篇，其二十四篇，总是解内七篇。内七篇由旷观而后忘宾，忘宾而后得主，得主而后冥世，冥世而后形真，形真而后见宗，见宗而后化成，节合珠联，七篇犹是一篇。至末《寓言》篇，乃庄子自述其编中之言，有寓，有重，有卮，使人勿错眼光也。《天下》篇乃庄子自叙立言之宗，援引古圣贤，至于百家，各有品第。……

近人刘咸炘以三十三篇分为三组，如下：

内篇七篇相属，义已包举，外、杂皆衍其义

《逍遥游》

《齐物论》超是非，言风一义最精，指诸子之逐风也

《养生主》养身

《人间世》处事

《德充符》

《大宗师》

《应帝王》出治，衍老义

外、杂篇

《达生》申《养生主》

《山木》申《人间世》

《知北游》申《齐物论》，标不言之教

《让王》专言贵身轻荣

《盗跖》刺求富

以上皆条记而首尾一义。

《在宥》

《天地》

《天道》此篇皆言治道

《天运》此篇放词多

《秋水》首尾成首尾，齐物之旨

《至乐》

《田子方》

《庚桑楚》多幽纯之词

《徐无鬼》

《则阳》

《外物》

《寓言》

《列御寇》

以上诸篇，皆条记而非一义。凡条记者，多老门精语微言。

《刻意》

《缮性》

《说剑》

《渔父》

《天下》全书之序

《骈拇》

《马蹄》

《胠箧》苏舆谓此三篇皆出于申老外，别无精义。盖学庄者缘老为之，且文气直衍，不类内篇是也。此皆误解老义，至以至德世为与禽兽同。《马蹄》尤似告子，放极矣;《胠箧》篇见愤世意。

以上皆首尾成篇，而纯驳异。《刻意》《缮性》《天下》，似其自著。

刘氏为之说云：

大抵内篇似所自著。外、杂则师徒之说混焉。凡诸子书皆然。庄徒编分内外，固已谨而可别矣。外、杂之非自著，不特文势异，义之过放亦可征。大抵有徒之说，有徒述其言，有庄子述古事，故纯驳当别。凡外、杂称“夫子曰”，皆指庄子；昔人以为老、孔，非也。王夫之、姚鼐皆疑外篇不出庄子，是不知诸子书不别师徒说之故也。凡其述老、孔语，不尽寓言，必有所受，但著之竹帛，不无失真，故文势不似《老子》《论语》。庄徒述庄，更不待论。又或述者说而后加说，后人误以加说为昔语，又兼有夸尊庄道者，亦其徒所记。

清林云铭《庄子因》云：

《逍遥游》言人心多狃于小成，而贵于大。《齐物论》言人心多泥于己见，而贵于虚。《养生主》言人心多役于外应，而贵于顺。《人间世》则入世之法。《德充符》则出世之法。《大宗师》则内而可圣。《应帝王》则外而可王。此内七篇分著之义也。然人心惟大，故能虚；惟虚，故能顺；入世而后出世，内圣而后外王。此又内七篇相因之理也。……外篇、杂篇义各分属，而理亦互寄。如《骈拇》《马蹄》《胠箧》《在宥》《天地》《天道》，皆因《应帝王》而及之。《天运》则因《德充符》而及之。《秋水》则因《齐物论》而及之。《至乐》《田子方》《知北游》则因《大宗师》而及之。惟《逍遥游》之旨，则散见于诸篇之中。外篇之义如此。《庚桑楚》则《德充符》之旨，而《大宗师》《应帝王》之理寄焉。《徐无鬼》则《逍遥游》之旨，而《人间世》《应帝王》《大宗师》之理寄焉。《则阳》亦《德充符》之旨，而《齐物论》《大宗师》之理寄焉。《外物》则《养生主》之旨，而《逍遥游》之理寄焉。《寓言》《列御寇》总属一篇，为全书收束，而内七篇之理均寄焉。杂篇之义如此。

明陆西星《南华经副墨》：

其说《逍遥游》云：游，谓心与天游；逍遥游者，汗漫自适之义。心体本广大，但以意见自小，横生障碍。此篇极意形容出致广大道理。说《齐物论》云：嗒然如南郭子綦之丧我，犹然如庄周子蝶化，然后与物浑化，而逍遥之游可遂也。说《养生主》云：其意自《齐物论》中真君透下。说《德充符》云：盖充养生处世而至于义之尽者也。说《骈拇》云：一部《庄子》，宗旨在此篇。说《马蹄》云：其意自前篇“天下有常然”生下。说《山木》云：与《人间世》参看。说《田子方》云：与《大宗师》参看。说《则阳》云：此篇多有精到之语，却与内篇何异？

以上四则所言不必尽同，分疏亦未尽确切。惟外、杂皆阐内篇之旨，则众家所同然耳。

第三节　庄子真赝考

《庄子》内篇文旨华妙，精微奥衍，当是庄子原作，间或有后人羼入之语，如《逍遥游》“惠子谓庄子曰”以下然大致可信矣。外、杂篇，自昔贤已疑其多为后人所伪托，即不然，亦为弟子所纪录，故不可靠。予意外篇如《在宥》《天地》《天道》《天运》《秋水》诸文，尚多真言，而以《天地》《秋水》等为尤。虽其中不免后人羼入之词，然无关乎宏旨。如《在宥》篇末“贱而不可不任者，物也”一段，宣颖疑其意肤文杂，与本篇义不甚切；马叙伦亦谓此篇自“世俗之人皆喜人之同乎己”下，义与前文不类，所说甚是。《天地》篇称孔子为夫子，可证其为孔门之徒所作，其言“立德明道谓王德之人”与“孝子不谀其亲，忠臣不谀其君，臣子之盛也’一段，皆明儒者之言，与庄子何与？《天道》篇开章，“明此而南向”至“功大明显而天下一也”一段，称静圣动王之道，矜重功名，岂不与庄学大相背谬乎？《骈拇》《马蹄》《胠箧》三篇，苏舆谓于申老外，别无经义。盖学庄者缘老为之，且文气直衍，不类内篇是也。见《庄子集解》引且《胠箧》篇谓田成子十二世有齐国，自齐亡时，仅得十二世，此依《竹书纪年》，若依《史记》，但有十世耳可见斯篇决非庄子所作。《刻意》《缮性》，罗勉道谓亦肤浅非真。《南华真经循本·逍遥游》篇注《田子方》篇载庄子见鲁哀公事，以史考之，其不相及，百有余年，度其所记，必得之传闻，故此篇亦不可靠。至杂篇则自《庚桑楚》《寓言》外，可信者鲜矣。如《列御寇》篇且记庄子将死，弟子厚葬之，则《列御寇》篇亦不可信。《让王》《盗跖》《说剑》《渔父》，文旨浅陋，决不出于庄子，则自宋苏轼以来已有定论。苏氏云：

> ……然余尝疑《盗跖》《渔父》，则若真诋孔子者。至于《让王》《说剑》，皆浅陋不入于道。反而观之，得其《寓言》之终曰：阳子居西游于秦，遇老子。老子曰：“而睢睢盱盱，而谁与居？大白若辱，盛德若不足。”阳子居蹴然变容曰：“敬闻命矣。”其

往也，舍者迎将其家……其反也，舍者与之争席矣。”去其《让王》《说剑》《渔父》《盗跖》四篇，以合于《列御寇》之篇曰：列御寇之齐，中道而反，……曰：“吾惊焉……吾尝食于十浆，而五浆先馈。”然后悟而笑曰：“是固一章也。”庄子之言未终，而昧者勦之，以入其言。《庄子祠堂记》

明宋濂亦云：

《盗跖》《渔父》《让王》《说剑》诸篇，不类前后文，疑后人所勦入。《诸子辨》

郑瑗亦云：

古史谓庄子《让王》《盗跖》《说剑》诸篇，皆后人搀入者。今考其文字体制，信然。如《盗跖》之作，非惟不类先秦文，并不类西汉人文字。然自太史公以前即有之，则有不可晓者。尝观其前，如《马蹄》《胠箧》诸篇，文意亦凡近。视《逍遥游》《大宗师》诸篇，殊不相侔。窃意但其内七篇是庄氏本书，其外、杂等二十六篇，或是其徒所述，因以附之，然无可质据，未敢以为然也。大抵庄、列书，

非一手所为，而《列子》尤杂。《井观琐言》

董懋策评《盗跖》篇孔子与柳下季节云：

文丑劣太甚矣！太史公圣于文者也，不应不能辨识。岂史迁所见者已亡，而后人又妄托之，遂流传于世邪？《庄子翼评点》

清姚际恒亦云：

苏子瞻疑《盗跖》《渔父》《让王》《说剑》四篇非庄子作。其言曰："庄子盖取孔子者，皆实予而文不予，阳挤而阴助之，其正言盖无几。至于诋訾孔子，未尝不微见其意。其论天下道术，自墨翟以至老聃之徒，至于其身，皆以为一家，而孔子不与；其尊之也至矣。尝疑《盗跖》《渔父》，则真若诋孔子者；至于《让王》《说剑》，皆浅陋不入于道。"晁子止辩之曰："熙宁、元丰之后，学者用意过中，以为庄子阳訾孔子而阴尊焉，遂引而内之。殊不察其言之指归，宗老氏邪？宗孔邪？既曰宗老氏矣，讵有阴助孔子之理也邪？是何异开门揖盗？窃惧夫祸之过于两晋也。"案晁氏此辩，可谓至正，殊有关系。

苏氏兄弟本溺好二氏，其学不纯，故为此诐淫之辞。第苏之疑此四篇是也，其用意误耳。予之疑与苏同，而用意不同。庄之訾孔，余尚蕴藉。此则直斥谩骂，便无义味。而文辞俚浅，令人厌观。此其所以为伪也。《古今伪书考》

《南华经解》如宋说，信《盗跖》四篇为伪作。附有方敦吉识云："《庄子》内七篇，为其宗旨，故各取篇名以命意。外、杂篇，则概摘篇首之字为目。此四篇既列于杂篇，而标题亦不类，并足证其为伪也。"

《天下》篇乃一绝妙之后序，殆于门人后学所为，衡最诸宗，锱铢悉称，言周季道术之源流者所不能废也。自余诸篇，非出赝造，即杂伪作，读者自为审观，兹不复一一赘述也。

第三章　庄子之宇宙观——本体论

古代民智未启，对于宇宙，如天地日月星辰等，莫不以为神怪，而老子则不然，虽无今日实测之精确，而深知宇宙之不可思议，而明之曰道。老子曰：

> 名可名，非常名。《道德经》第一章

庄子曰：

> 道不可闻，闻而非也；道不可见，见而非也；道不可言，言而非也；知形形之不形乎？道不当名。《知北游》

其所以不可道、不可名者何？以其为无对待之大也。又曰：

> 天下皆谓我道大，似不肖。夫唯大，故似不肖；

若肖，久矣其细也夫！《道德经》第六十七章

夫道尚不可道，名尚不可名，岂有神焉能为之创造邪？若有神能为之创造，则创造神者又谁邪？是故知宇宙之为无对待，则知无天神以创造宇宙矣。

老子曰：

有物混成，先天地生；寂兮寥兮，独立不改，周行不殆，可以为天下母。吾不知其名，字之曰道，强为之名曰大。《道德经》第二十五章

庄子曰：

万物云云，各复其根，各复其根而不知，混混沌沌，终身不离，若彼知之，乃是离之，勿问其名，勿窥其情，物固自生。《在宥》

然则天生万物者非神，乃混然之物耳。又曰：

道生一，一生二，二生三，三生万物。《道德经》第四十二章

庄子曰：

天地与我并生，而万物与我为一。既已为一矣，且得有言乎？既已谓之一矣，且得无言乎？与言而为二，二与一而为三。自此以往，巧历不能得，而况其凡乎？《齐物论》

此言道生万物，易言则为：

天下万物生于有，有生于无。《道德经》第四十章

庄子曰：

……夫哀莫大于心死，而人死亦次之。日出东方而入于西极，万物莫不比方，有目有趾者，待是而后成功。是出则存，是入则亡。万物亦然，有待也而死，有待也而生。吾一受其成形，而不化以待尽。效物而动，日夜无隙，而不知其所终。薰然其成形，知命不能规乎其前……《田子方》

起于无而复归于无，是无为一切事物之起原，而亦为一切事物之究竟也。且宇宙生物既无神以为之主宰，

则自无意志之可言者也。故又云：

天地不仁，以万物为刍狗。《道德经》第五章

王弼释之云：

天地任自然，无为无造，万物自相治理，故不仁也。仁者必造立施化，有恩有为。造立施化，则物失其真；有恩有为，则物不具存。物不具存，则物不具载矣。地不为兽生刍，而兽食刍；不为人生狗，而人食狗。无为于万物，而万物各适其用，则莫不赡矣。

王氏释刍狗四句似仍未洽。《庄子·天运》篇云：

夫刍狗之未陈也，盛以箧衍，巾以文绣，尸祝齐戒以将之；（齐本亦作斋）及其已陈也，行者践其首脊，苏者取而爨之。

然则刍狗盖新陈代谢之物，犹草木之花，时开时谢，或荣或枯，而天地本无恩无为于其间，此所以谓天地不仁也。

至于庄子承老子之旨，亦以无始无终、无形无象为万物之本原，命之曰道，曰真君，曰冥冥，是即宇宙之

本体也。如曰：

古之人，其知有所至矣，恶乎至？有以为未始有物者，至矣、尽矣、不可以加矣。《齐物论》

又曰：

睹有者，昔之君子；睹无者，天地之友。《在宥》

此无为庄子所认识之本体矣。然道虽一向空无，而能从无生有，宇宙起源，不过从无而生耳。如曰：

芒乎芴乎，而无从出乎？芴乎芒乎，而无有象乎？万物职职，皆从无为殖。《至乐》

又曰：

夫道，覆载万物者也，洋洋乎大哉！君子不可以不刳心焉。无为为之之谓天，无为言之之谓德，爱人利物之谓仁，不同同之之谓大，行不崖异之谓宽，有万不同之谓富。故执德之谓纪，德成之谓立，循于道之谓备，不以物挫志之谓完。君子明于此十者，则韬

平其事心之大也，沛乎其为万物逝也。《天地》

可见天地万物均从无而生也。又曰：

出无本，入无窍。有实而无乎处，有长而无乎本剽。有所出而无窍者有实。有实而无乎处者，宇也；有长而无本剽者，宙也。有乎生，有乎死。有乎出，有乎入。入出而无见其形，是谓天门。天门者，无有也。万物出乎无有。有不能以有为有，必出乎无有，而无有一无有。圣人藏乎是。《庚桑楚》

此言以万物出于无有也。无有为之因者也，无有为之创造者也，即自然而有也。又曰：

夫昭昭生于冥冥，有伦生于无形，精神生于道，形本生于精，而万物以形相生，故九窍者胎生，八窍者卵生。其来无迹，其往无崖，无门无房，四达之皇皇也。《知北游》

又曰：

化其万物而不知其禅之者，焉知其所终，焉知其所始，正而待之而已耳。《山木》

此言不知所出，不知所入，死生来去，不可圉也。又曰：

> 今且有言于此，不知其与是类乎，其与是不类乎？类与不类，相与为类，则与彼无异矣。虽然，请尝言之。有始也者，有未始有始也者，有未始有夫未始有始也者。有有也者，有无也者，有未始有无也者，有未始有夫未始有无也者。俄而有无矣，而未知有无之果孰有孰无也。今我则已有谓矣，而未知吾所谓之其果有谓乎，其果无谓乎？天下莫大于秋豪之末，而太山为小；莫寿于殇子，而彭祖为夭。天地与我并生，万物与我为一。《齐物论》

是以为天地万物由同一本而生，故曰“天地与我并生，万物与我为一”。此真能破除一切物欲之蔽，而自得其得者也。

庄子亦以道为宇宙之本体、万物之本源，此与老子之所同也。如曰：

> 夫道，有情有信，无为无形；可传而不可受，可得而不可见；自本自根，未有天地，自古以固存；神鬼神帝，生天生地；在太极之先而不为高，在六

极之下而不为深，先天地生而不为久，长于上古而不为老。《大宗师》

天地万物无非道，道亦无处不在。《知北游》篇曰：

东郭子问于庄子曰："所谓道恶乎在？"庄子曰："无所不在。"东郭子曰："期而后可。"庄子曰："在蝼蚁。"曰："何其下邪？"曰："在稊稗。"曰："何其愈下邪？"曰："在瓦甓。"曰："何其愈甚邪？"曰："在屎溺。"

又谓在万物之中，如曰：

……其为物无不将也，无不迎也，无不毁也，无不成也。其名为撄宁。撄宁也者，撄而成者也。《大宗师》

所谓撄宁者，盖撄寓于万物之中，保持恒常不变之体也。

以上所引，皆论宇宙之本体者也。至其论宇宙组织，亦有可述者。老子曰：

视之不见名曰夷，听之不闻名曰希，搏之不得名曰微。此三者不可致诘，故混而为一。其上不皎，其下不昧，绳绳不可名，复归于无物。是谓无状之状、无物之象。是谓惚恍。迎之而不见其首，随之不见其后。执古之道，以御今之有，能知古始，是谓道纪。《道德经》第十四章

此所谓“夷”“希”“微”，盖即今科学家所谓原子或电子，盈大宇宙之间，皆此等分子也。又曰：

孔德之容，唯道是从。道之为物，唯恍唯忽。忽兮恍兮，其中有象；恍兮忽兮，其中有物；窈兮冥兮，其中有精。其精甚真，其中有信。自古及今，其名不去，以阅众甫。吾何以知众甫之然哉？以此。《道德经》第二十一章

而庄子亦曰：

夫王德之人，素逝而耻通于事，立之本原而知通于神，故其德广。其心之出，有物采之。故形非道不生，生非德不明。存形穷生，立德明道，非王德者邪？荡荡乎，忽然出，勃然动，而万物从之

乎！此谓王德之人。视乎冥冥，听乎无声。冥冥之中，独见晓焉；无声之中，独闻和焉，故深之又深，而能物焉；神之又神，而能精焉。故其与万物接也，至无而供其求，时骋而要其宿，大小、长短、修远。以下似有缺文。《天地》

又曰：

……方且与物化，而未始有恒。夫何足以配天乎？虽然，有族有祖，可以为众父，而不可以为众父父。《天地》。马其昶曰：凡有族必有祖，众父，族之祖也。众父父，祖之所自出，则配天者也。

按：物，即老子“恍兮乎兮，其中有物”之物；精，即“窈兮冥兮，其中有精”之精。至“众父父”与老子“众父”同，为一切万物所自出，是可名为有；然而分之可至于无穷之微，成为“无状之状，无物之象”，故名为无。无不终无，有不无有，就其为有为无之间而言之，则名之曰道耳。

至其论生物之起源，如云：

谷神不死，是谓玄牝。玄牝之门，是谓天地根。

绵绵若存，用之不勤。《道德经》第六章

谷神、玄牝，解说不一。惟清杨文会所释："谷者，真空也；神者，妙有也；佛家谓之如来藏。玄者，隐微义；牝者，生出义；佛家所谓阿赖耶也"云云，为得其义。

而庄子亦曰：

泰初有无，无有无名。一之所起，有一而未形。物得以生，谓之德。未形者有分，且然无间，谓之命。留动而生物，物成生理，谓之形。形体保神，各有仪则，谓之性。《天地》

盖无即老子"玄之又玄"之义，亦即至虚之谓也。无有，老子云："天下万物生于有，有生于无。"无名，老子云："无名，天地之始。"可作此解。一之所起，有一而未形，物得以生谓之德，此一自非一二三四之一，乃代表事物之符号，由此一再形分化，且然天间谓之命。"留动"二句，成玄英疏云："留，静也。阳动阴静，氤氲升降，分布三才，化生万物。物得成就，生理具足，谓之形也。"此以天地阴阳二气，自然化生万物，而各有仪则者也。《田子方》篇亦曰：

> 至阴肃肃，至阳赫赫。肃肃出乎天，赫赫发乎地。两者交通成和而物生焉。或为之纪而莫见其形。消息满虚，一晦一明；日改月化，日有所为，而莫见其功。生有所乎萌，死有所乎归，始终相反乎无端，而莫知乎其所穷。非是也，且孰为之宗？

此亦引申阴阳二力相感，而化生万物之理也。

虽然，庄子宇宙学说虽较老子为綦详，然其对宇宙之本体则甚多怀疑。《天运》篇曰：

> 天其运乎？地其处乎？日月其争于所乎？孰主张是？孰维纲是？孰居无事推而行是？意者其有机缄而不得已邪？意者其运转而不能自止邪？云者为雨乎？雨者为云乎？孰隆施是？孰居无事淫乐而劝是？风起北方，一西一东，有上仿徨，孰嘘吸是？孰居无事而披拂是？敢问何故？

故对于宇宙，尝欲置之不议：

> 六合之外，圣人存而不论；六合之内，圣人论而不议。《齐物论》

第四章　庄子之宇宙观——自然论

第一节　自然法

老子虽主张宇宙无意志之论，顾其对于宇宙之运行，则亦以为有一定法则。其言曰：

> 人法地，地法天，天法道，道法自然。《道德经》第二十五章
>
> 天之道，其犹张弓欤？高者抑之，下者举之；有余者损之，不足者补之。天之道，损有余而补不足。《道德经》第七十七章
>
> 天之道，不争而善胜，不言而善应，不召而自来，繟然而善谋。天网恢恢，疏而不失。《道德经》第七十三章

此数章之语骤视之，似与其主张之自然无意志论相矛盾者。然老子之意，则以此为自然之理法，而非有主

宰于其间也。易言之，宇宙之运行，虽莫有为之主宰，而若有一定之轨范，此天道之所以不可知而仍可知也。

庄子多申老子之旨，如老子曰“道法自然”，然人于理，求其说而不得者，概归之自然，此本无可致诘之词。故庄子申之曰“不知其然之谓道”。老子曰“有物混成，先天地生”。此别理于气，假定语耳，其实理气一也，无后先之可言。故庄子申之曰：“有先地生者，物邪？”盖皆似相反，而实相成者也。庄子又曰：

> 日夜相代乎前，而莫知其所萌。已乎，已乎！旦暮得此，其所由以生乎？非彼无我，非我无所取。是亦近矣，而不知其所为使。若有真宰，而特不得其眹。《齐物论》

清陈寿昌释之曰：

> 情，实也，若有真宰者。道之为物，惟恍惟惚也。可行已信者，其精甚真，其中有信也。有情无形者，迎之不见其首，随之不见其后也。

万物万情，趣舍不同，若有真宰使之然也。起索真宰之眹迹，而亦终不得，则明物皆自然，无使物然也。

又前引《天运》篇“天其运乎？地其处乎”一段，郭象注云：“夫物事之近，或知其故，然寻其原以至乎极，则无故而自尔也。”自尔者，即自然如此之谓也，此分明谓宇宙变化均为自然而然、不期然而然者也。《秋水》篇亦有一段论之甚精：

> 物之生也，若骤若驰，无动而不变，无时而不移。何为乎？何不为乎？夫故将自化。

梁向秀为之释云：

> 吾之生也，非吾之所生，则生自生耳。生生者，岂有物哉？故不生也。吾之化也，非物之所化，则化自化耳。化化者，岂有物哉？无物也，故不化焉。若使生物者亦生，化物者亦化，则与物俱化，亦奚异于物。明夫不生不化者，然后能为生化之本也。
> 见张湛《列子注引》

向氏所论，颇有卓见。然此自化说，前人曾道过。《列子·天瑞》篇云：“有生不生，有化不化；不生者能生生，不化者能化化；生者不能不生，化者不能不化；故常生常化。常生常化者，无时不生，无时不化。阴阳尔，四时尔。不生者疑独，不化者往复。往复，其际不可终；疑独，其道不可穷。《黄帝书》曰：'谷神不死，是谓玄牝。玄牝之门，是谓天地根。绵绵若存，用之不勤。' 故生物者不生，化物者不化，自生自化，自形自色，自智自力，自消自息，谓之生、化、形、色、智、力、消、息者，非也 。" 观此于宇宙万物存亡变化之迹，可思过半矣。

第二节　自然之观念

庄子既主张因任自然，然其对自然观念究为如何乎？此吾人所欲知也。《马蹄》篇曰：

> ……纯朴不残，孰为牺尊？白玉不毁，孰为珪璋？道德不废，安取仁义？性情不离，安用礼乐？五色不乱，孰为文采？五声不乱，孰应六律？夫残朴以为器，工匠之罪也；毁道德以为仁义，圣人之过也。

世间所谓知识文明，所谓仁义，皆戕贼人性、违反自然者，故极力掊击之。又曰：

> 绝圣弃智，大盗乃止；擿玉毁珠，小盗不起；焚符破玺，而民朴鄙；掊斗折衡，而民不争；殚残天下

之圣法，而民始可与论议；擢乱六律，铄绝竽瑟，塞瞽旷之耳，而天下始人含其聪矣；灭文章，散五彩，胶离朱之目，而天下始人含其明矣；毁绝钩绳，而弃规矩，攦工倕之指，而天下始人含其巧矣。故曰“大巧若拙”。削曾、史之行，钳杨、墨之口，攘弃仁义，而天下之德始玄同矣。彼人含其明，则天下不铄矣；人含其聪，则天下不累矣；人含其知，则天下不惑矣；人含其德，则天下不僻矣。彼曾、史、杨、墨、师旷、工倕、离朱，皆外立其德，而以爚乱天下者也。《胠箧》

是世乱在于窃仁义者之好知，书中反复论之。其复古之情，于斯可见。庄子又以为自然为至高无上之能力，一切万物均受其支配，不能违抗。如曰：

物不胜天久矣。《大宗师》

荀子之“制天命而用之”，培根（Francis Bacon）之“控制自然”，然在庄子目光观之，不啻痴人说梦、于事无济也。又曰：

计人之所知，不若其所不知；其生之时，不若其未生之时。以其至小求穷其至大之域，是故迷乱

而不能自得也。《秋水》

人之生存于大宇宙间，不过稊米之在太仓、豪末之在马体耳。假若对自然加以控制，则势非至迷乱颠倒不止也。故叹曰：

知其不可奈何而安之若命，德之至也。《人间世》

彼非徒以不可奈何而安之若命，且更进一步而主张命的真实，盖举凡一切自然变化俱归诸命，

死生命也，其有（同犹）旦夜之常，天也。《大宗师》

且亦无可逃于天地间者，

天下有大戒二，其一命也，其一义也……《人间世》

故止可顺从，不可反抗。

性不可易，命不可变，时不可止，道不可壅。《知北游》

由此以观，庄子对于自然主顺从，而不主反抗；主因任，而不主人为。故其对于人生政治各方面之态度，亦莫不作如是观也。

第三节　自然之根据

（甲）自然现象之观察

庄子于宇宙以为不可名状，超出对待，而非有神以为主宰。如前所引：

> 有实而无乎处者，宇也；有长而无本剽者，宙也。有乎生，有乎死。有乎出，有乎入。入出而无见其形，是谓天门。天门者，无有也。万物出乎无有。有不能以有为有，必出乎无有，而无有一无有。《庚桑楚》

此析而言之，以空间释宇，以时间释宙。浑而言之，则宇宙无大小、无始终者也。又曰：

> 天地有大美而不言，四时有成法而不议，万物有成理而不说。圣人者，原天地之美而达万物之理。是故至人无为，大圣不作，观于天地之谓也。《知北游》

是自然有一定秩序、一定法则，不劳言说，万古长存。

（乙）历史事实之观察

历史现象，由简单而趋复杂，由混沌而趋区分，实时转变，无晷停滞。庄子曰：

> 道无终始，物有死生，不恃其成。一虚一满，不位乎其形。年不可举，时不可止。消息盈虚，终则有始。是所以语大义之方，论万物之理也。物之生也，若骤若驰。无动而不变，无时而不移。何为乎，何不为乎？夫固将自化。《秋水》

盖历史现象既无动而不变、无时而不移，故一时代有一时代之文物制度，一时代有一时代之风俗习惯。既不能强同古今，亦不能勉为促进。

> 昔者尧、舜让而帝，之、哙让而绝，汤武争而王，白公争而灭。由此观之，争让之礼，尧、桀之行，贵贱有时，未可以为常也。《秋水》

顺其时势，一任自然。

当尧、舜而天下无穷人，非知得也；当桀、纣而天下无通人，非知失也；时势适然。《秋水》

若逆流而泝，必遭灭顶之祸，

夫水行莫如用舟，陆行莫如用车。以舟之可行于水也，而求推之于陆，则没世不行寻常。古今非水陆与？周鲁非舟车与？今蕲行周于鲁，是犹推舟于陆也，劳而无功，身必有殃。彼未知乎无方之传，应物而不穷者也。《天运》

是故因地制宜，应时而变，方可达至大完美之域也。

……故夫三皇五帝之礼义法度，不矜于同而矜于治，故譬三皇五帝之礼义法度，其犹柤梨橘柚邪？其味相反，而皆可于口。故礼义法度，应时而变者也。《天运》

（丙）生物现象之观察

生物之生态万殊，生活样法各别，庄子于此观察，极为透彻。如曰：

民湿寝则腰疾偏死，鳝然乎哉？木处则惴栗恂惧，猿猴然乎哉？三者孰知正处？民食刍豢，麋鹿食荐，蝍蛆甘带，鸱鸦耆鼠，四者孰知正味？猨猵狙以为雌，麋与鹿交，鳝与鱼游。毛嫱丽姬，人之所美也，鱼见之深入，鸟见之高飞，麋鹿见之决骤。四者孰知天下之正色哉？《齐物论》

世间事物本无一定之美丑善恶，适于甲者而未必适于乙，适于乙者而未必适于丙。“号物之数谓之万”，各有其适合之环境。若欲立一准则以强物之屈从，则未有不偾事者。故曰：

凫胫虽短，续之则忧；鹤胫虽长，断之则悲。《骈拇》

吾人不能断鹤续凫，为何乎？因物各有其特性，如曰：

骐骥骅骝一日而驰千里，捕鼠不如狸狌，言殊技也。鸱鸺夜撮蚤，察毫末，昼出瞋目而不见丘山，言殊性也。《秋水》

其技与性之所以殊，出于自然。又曰：

> 鹄不日浴而白，乌不日黔而黑。《天运》

白、黑为鹄、乌之本质，无待浴黔也。

总之，庄子认定宇宙万物转运变化，莫不由于自然而有一定之法则，虽历千载、徧宇内，亦无丝毫参错。此庄子之自然观也。

第五章　庄子之宇宙观——进化论

老子以为宇宙生物，一任自然，绝无意志，如曰：

天地不仁，以万物为刍狗。《道德经》第五章

而庄子亦云：

吾师乎？吾师乎？齑万物而不为戾，泽及万世而不为仁，长于上古而不为寿，覆载天地、刻雕众形而不为巧，此之谓天乐。《天道》

此旨盖与老子天地不仁之说相同。然庄子亦认宇宙为绝无意志乎？《齐物论》篇云：

夫吹万不同，而使其自己也，咸其自取，怒者其谁邪？《齐物论》

已乎，已乎！旦暮得此，其所由以生乎！非彼

无我，非我无所取，是亦近矣，而不知其所为使。若有真宰而特不得其眹，可行已信而不见其形，有情而无形。百骸、九窍、六藏，赅而存焉，吾谁与亲？汝皆说之乎？其有私焉。如是，皆有为臣妾乎？其臣妾不足以相治乎？其递相为君臣乎？其有真君存焉？如求得其情与不得，无益损乎其真。一受其成形，不亡以待尽。与物相刃相靡，其行尽如驰而莫之能止，不亦悲乎！终身役役而不见其成功，苶然疲役而不知其所归，可不哀邪！人谓之不死，奚益？其形化，其心与之然，可不谓大哀乎！人之生也，固若是芒乎！其我独芒而人亦有不芒者乎？《齐物论》

此文致疑何等迫切！何等深宛！讲到人生上更何等沉痛！《庄子》书中关于此点更举不少明确易晓之例，以求此最后之原因，及最后之解释：

罔两问景曰："曩子行，今子止；曩子坐，今子起；何其无特操与？"景曰："吾有待而然者邪？吾所待又有待而然者邪？吾待蛇蚹蜩翼邪？"《齐物论》

夫造物者，又将以予为此拘拘也！……浸假而化予之左臂以为鸡，予因以求时夜；浸假而化予之

> 右臂以为弹，予因以求鸮炙；浸假而化予之尻以为轮，以神为马，予因以乘之，岂更驾哉？《大宗师》

从各方面推求，推到最后，乃成一有待无待问题。就有待无待说，晋郭象注“罔两问景”一段颇畅：

> 世或谓罔两待景，景待形，形待造物者。请问夫造物者，有邪？无邪？无也，则胡能造物哉？有也，则不足以物众形。故明乎众形之自物，而后始可与言造物耳。是以涉有物之域，虽复罔两，未有不独化于玄冥者也。故造物者无主，而物各自造。物各自造而无所待焉，此天地之正也。故彼我相因，形景俱生，虽复玄合，而非待也。明斯理也，将使万物各返所宗于体中而不待乎外，外无所谢而内无所矜，是以诱焉皆生而不知所以生，同焉皆得而不知所以得也。……

庄子于有待无待只曾发疑问，而未下明确之断案。至郭象则断言造物者无主，而物各自造，物各自造而无所待焉。准斯以谈，则有待无待问题似可从此而解决矣。殊不知郭氏所论虽颇畅，然按之庄子本意则未免乖误。《田子方》篇云：

日出东方，而入于西极，万物莫不比方。有目有趾者，待是而后成功。是出则存，是入则亡。万物亦然，有待也而死，有待也而生。吾一受其成形，而不化以待尽；效物而动，日夜无隙，而不知其所终；薰然其成形，知命而不能规乎其前。

既谓万物有待而死，有待而生，又焉能谓物各自造而无所待乎？是庄子仍主张万物有待耳。《知北游》篇云：

今彼神明至精，与彼百化，物已死生方圆，莫知其根也，扁然而万物自古以固存。六合为巨，未离其内；秋豪为小，待之成体。天下莫不沉浮，终身不故；阴阳四时运行，各得其序。惛然若亡而存，油然不形而神，万物畜而不知。此之谓根本，可以观于天矣。

穷究万物之本根，又仍复回宇宙原始问题。老子云：“道可道，非常道。”而庄子亦云：

夫道，有情有信，无为无形；可传而不可受，可得而不可见；自本自根，未有天地，自古以固存。……《大宗师》

是道为宇宙之本体，固毫无疑义矣。道无所待，而一切物则必须待此而成。故云道无所不在。又曰：

> 物物者与物无际，而物有际者，所谓物际者也；不际之际，际之不际者也，谓盈虚衰杀，彼为盈虚非盈虚，彼为衰杀非衰杀，彼为本末非本末，彼为积散非积散也。《知北游》

在庄子眼光观之，宇宙之间，万象森然，虽有界限，然其实亦浑沦为一，故曰："自其异者视之，肝胆楚越也；自其同者视之，万物皆一也。"又《知北游》篇云：

> 有先天地生者物邪？物物者非物，物出不得先物也，犹其有物也。犹其有物也，无已。

由此可知生物命运无终止之日，不过就全体生物界说来，固然如此，而若就生物个体说，则仍然不能逃不出死生现象。"臭腐复化为神奇，神奇复化为臭腐，故曰：通天下一气耳。"(《知北游》)以上所引，论道与物之关系者也。至其生物自化论，亦有可述者。如前章所引：

物之生也，若骤若驰，无动而不变，无时而不移，何为乎？何不为乎？夫故将自化。《秋水》

又曰：

万物皆种也，以不同形相禅，始卒若环，莫得其伦，是谓天均。天均者，天倪也。《寓言》

又曰：

天地之大，其化均也。《天地》

所谓物种相禅变化，由同形而变为不同形者。始卒若环，莫窥端倪，是谓天均也。然而万物之种类卒有不同，则又因乎天演进化之故。

种有几，得水则为㡭，得水土之际则为鼃蠙之衣，生于陵屯则为陵舄。陵舄得郁栖则为乌足，乌足之根为蛴螬，其叶为胡蝶。胡蝶胥也化而为虫，生于灶下，其状若脱，其名为鸲掇。鸲掇千日为鸟，其名为乾余骨。乾余骨之沫为斯弥。斯弥为食醯。颐辂生乎食醯，黄軦生乎九猷，瞀芮生乎腐蠸，羊

奚比乎不箰。久竹生青宁，青宁生程。程生马，马生人。人又反入于机。万物皆出于机，皆入于机。《至乐》

此节则近人胡适及日人渡边秀方言之颇详。胡适之言云：

……我也不敢说我懂得此段文字。但是其中有几个要点，不可轻易放过。（一）种有几的几字，不作几何的几字解，当作几微的几字解。《易系辞传》说："几者，动之微，吉（凶）之先见者也。"正是这个几字。几字从𢆶，𢆶字从𢆯，本象生物胞胎之形。我以为此处的几字，是指物种最初时代的种子，也可叫做元子。（二）这些种子，得着水，便变成一种微生物，细如断丝，故名为㡭。到了水土交界之际，便又成了一种下等生物，叫作鼃蠙之衣。（司马彪云：物根在水土际，布在水中。就水上视之不见，按之可得。如张棉在水中。楚人谓之鼃蠙之衣。）到了陆地上，便变成了一种陆生的生物，叫作陵舄。自此以后，一层一层的进化，一直进到最高等的人类。这节文字所举的植物、动物的名字，如今虽不可细考了，但是这个中坚理论，是显而易见，毫无可疑的。（三）这一节的末三句所用三个‘机’字皆常作‘几’，即是上文“种有几”的几字。若这字不是承着上文来的，何必说“人又反入于机”呢。用“又”字和“反”字，可见这一句是回照“种有几”一句的。《易系辞传》“极深而研几”一句，据《释文》一本几作机，可见几字误作机，是常有的事。从这个极微细的“几”一步一步的“以不同形相禅”，直到人类；人死了，还腐化成微细的“几”；所以说“万物皆出于几，皆入于几”。这就是《寓言》篇所说“始卒若环，莫得其伦”了。这都是天然的变化，所以叫做“天均”。

《中国哲学史大纲》卷上

而渡边秀方则云：

《庄子·至乐》篇里有“种有几”之说——论生物适用其环境，出生种种种类，由下等动物至于次等，由次等至于高等的进化过程。这等进化说，本来在墨子的《经上》里有“化，征易也”，《经说》里有“化，如龟之为鹑”，又《天下》篇辩者说里有“卵有毛，犬为羊，马有卵”等，都是对于几的化生的观察……

从来注释《庄子·列子》的人，率以几为变化。

> 最近胡适则引《易经系辞传》“几者动之微，吉凶之先见者也”之说，谓元来几从𢆶，𢆶字从幺，象生物胞胎的形状，所以这儿的几字当是指生物最初时代的种子而言，当如现代科学上的原子云。胡氏此说当否，姑暂不论，然几自身之含变化的意义，则看上文当明白。盖种有变化性，得水则变化成一种微生物，名之曰㡭，㡭入水土混交的湿地实则变成鼃蠙之衣那种下等动物；入于陆地，则化成陵舄那样多少具形的动物；由此更次第进化，则高等动物；最后遂成人间，而人间死灭后又成几，——恰似佛教的轮回说。但佛教的轮回说，是依过去的因业而转生，这则依自然的实证而起源，而进化；前者出于主观的宗教观，这则全然客观的自然观。《中国哲学史概论》

按渡说较为精审。《庄》书所言物名不能尽识，然大意谓生物之种甚多，各因其环境之殊而演进而变化，其说甚合近世之物种由来论。

至其论生物之遗传，亦有可得而言者：

> 雌雄片和，于是庸有。《则阳》
>
> 万物以形相生。《知北游》

果蓏有理。《知北游》

唯虫能虫。《庚桑楚》

遗传生育之方法，除下等生物一部分外，雌雄片合为动植两界最普遍之事实。依此普遍之事实，然后万物方能以形相生。例如果蓏之所生，仍不出乎果蓏；虫之所产，仍不失其为虫，（同类生同类，子必似亲）此为遗传上之通则。然不徒仅以形相生，即亲体所属之种族一切特性，亦莫不一起遗传下去。惟其如此，故生物界方得各保其生活常态而不失正轨。易言之，生物界不致时呈混乱之状况者，即一切特性殊技历永劫而不失，均依此用以支撑维持。

奔蜂不能化藿蠋，越鸡不能伏鹄卵，鲁鸡固能矣。鸡之与鸡，其德非不同也，有能不能者，其才固有巨小也。《庚桑楚》

昔者，海鸟止于鲁郊。鲁侯御而觞之于庙，奏《九韶》以为乐，具太牢以为膳。鸟乃眩视忧悲，不敢食一脔，不敢饮一杯，三日而死。此以己养养鸟也，非以鸟养养鸟也。夫以鸟养养鸟者，宜栖之深林，游之坛陆，浮之江湖，食之鳝鲦，随行列而止，委蛇而处。彼唯人言之恶闻，奚以夫谠谠为乎？《咸池》《九韶》之乐，张之洞庭之野，鸟闻之而飞，兽闻之而走，鱼闻之而下入，人卒闻之，相与还而观之。鱼处水而生，人处水而死，彼必相与异，其好恶故异也。《至乐》

要之，生物之殊性殊技，从遗传中保存，以形相生，传之无穷。

第六章　庄子之人生哲学

第一节　本真

老子专主消极恬退为义，视尘世一切纷华文明，皆为惑乱身心之具，故欲绝世间知识文明，以复归于无为自然之境，如婴儿然，故屡以婴儿为至德之喻。曰：

> 专气致柔，能婴儿乎？《道德经》第十章
>
> 含德之厚，比于赤子。毒虫不螫，猛兽不据，攫鸟不搏。骨弱筋柔而握固，未知牝牡之合而全作，精之至也；终日号而不嗄，和之至也。《道德经》第五十五章
>
> 知其雄，守其雌，为天下谿；为天下谿，常德不离，复归于婴儿。知其白，守其黑，为天下式；为天下式，常德不忒，复归于无极。知其荣，守其辱，为天下谷；为天下谷，常德乃足，复归于朴。朴散则为器，圣人用之以为官长。故大制不割。《道德经》第二十八章

众人熙熙，如享太牢，如登春台。我泊兮其未兆，如婴儿之未孩，儽儽兮若无所归。众人皆有余，而我独若遗。我愚人之心也哉？《道德经》第二十章

道盅而用之或不盈，渊兮似万物之宗。挫其锐，解其纷；和其光，同其尘。湛兮似或存，吾不知谁之子，象帝之先。《道德经》第四章

盖老子固深有慕乎婴儿之无欲无为，不识不知，任天而动，不婴烦恼，而独有其乐也，而求所以复返之。是固塞兑、闭门、挫锐、解纷、和光、同尘，凡所以杜绝外缘，化除私执，而期复其天真之自然而已。

庄子亦主张返璞归真，复归于婴儿，盖与老子之所同也。《人间世》篇曰：

彼且为婴儿，亦与之为婴儿。……

《庚桑楚》篇亦曰：

卫生之经，能抱一乎？能勿失乎？能无卜筮而知吉凶乎？能止乎？能已乎？能舍诸人而求诸己乎？能翛然乎？能侗然乎？能儿子乎？儿子终日嗥而嗌不嗄，和之至也；终日握而手不掜，共其德也；

终日视而目不瞚，偏不在外也。行不知所之，居不知所为，与物委蛇而同其波。是卫生之经已。

此言复归婴儿人生也。更论返璞归淳之道曰：

天下有常然。常然者，曲者不以钩，直者不以绳，圆者不以规，方者不以矩，附离不以胶漆，约束不以纆索。《骈拇》

夫鹄不日浴而白，乌不日黔而黑。《天运》

人之本真为自然朴素者，固无需乎仁义使之为善。至德之善，莫之为而为。故曰：

泉涸，鱼相与处于陆，相呴以湿，相濡以沫，不若相忘于江湖。《天运》

此言仁义之情，皆生于不仁不义；忘仁而仁，方谓至仁。又曰：

吾所谓臧者，非仁义之谓也，臧于其德而已矣；吾所谓臧者，非所谓仁义之谓也，任其性命之情而已矣。《骈拇》

人各任其性，莫之为而自善，即周所谓“天下之至正”。故曰“彼至正者不失其性命之情”，多方乎仁义，则“多骈旁枝之道，非天下之至正”矣。

庄子于此更设喻以明之：

> 夔怜蚿，蚿怜蛇，蛇怜风，风怜目，目怜心。夔谓蚿曰：“吾以一足踸踔而行，（踸，各本作趻）予无如矣；今子之使万足，独奈何？”蚿曰：“不然。子不见夫唾者乎？喷则大者如珠，小者如雾，杂而下者不可胜数也。今予动吾天机，而不知其所以然。”蚿谓蛇曰：“吾以众足行，而不及子之无足，何也？”蛇曰：“夫天机之所动，何可易邪？吾安用足哉！”蛇谓风曰：“予动吾脊胁而行，则有似也。今子蓬蓬然起于北海，蓬蓬然入于南海，而似无有，何也？”风曰：“然，予蓬蓬然起于北海而入于南海也，然而指我则胜我，蹭我亦胜我。（各本蹭作鰌）虽然，夫折大木，蜚大屋者，唯我能也。故以众小不胜为大胜也。为大胜者，唯圣人能之。”《秋水》

此明无以人灭天意也。夔、蚿、蛇只待动乎天机，岂有心为之哉？

彼又以为人性不待仁义而自然为善，故仁义非人之性，自在掊击之列：

> 夫仁义憯然，乃愤吾心，乱莫大矣。《天运》
>
> 及至圣人，屈折礼乐以匡天下之形，县跂仁义以慰天下之心，而民乃始踶跂好知，争归于利，不可止也。《马蹄》
>
> 今世之仁人，蒿目而忧世之患；不仁之人，决性命之情而饕贵富。《骈拇》

是盗跖固可非，伯夷又何足尚？庄子盖深有慨乎世之作伪者，枝如仁义，擢德塞性，以收名声，而簧鼓天下也。

第二节　至人

各家各立有理想的标准人物。墨家以为实行道德之模范者，恒谓之贤者；儒家则谓之君子，或谓之士；至道家则谓之圣人。老子曰：

> 圣人处无为之事，行不言之教。《道德经》第二章
>
> 圣人为而不恃，功成而不处。《道德经》第二章
>
> 江海所以能为百谷王者，以其善下之，故能为

百谷王。是以圣人欲上民，必以言下之；欲先民，必以身后之。是以圣人处上而民不重，处前而民不害，是以天下乐推而不厌。以其不争，故天下莫能与之争。《道德经》第六十六章

其所言虽宏识特见，要其标准，则不外古昔相传执中之义焉。迨及庄子对实行道德之人格，又别以"真人""至人"代表之。其所谓真人者，以依乎天理，因其固然，上与造物者游，而下与外死生、无终始者为友，安排去化，而入于寥天一。此始能表现其理想人格之特质与精神者也。其言曰：

古之真人，不逆寡，不雄成，不谟士。若然者，过而弗悔，当而不自得也；若然者，登高不栗，入水不濡，入火不热。是知之能登假于道者也若此。

古之真人，其寝不梦，其觉无忧，其食不甘，其息深深。真人之息以踵，众人之息以喉。屈服者，其嗌言若哇。其耆欲深者，其天机浅。

古之真人，不知说生，不知恶死；其出不䜣，其入不距；翛然而往，翛然而来而已矣。不忘其所始，不求其所终；受而喜之，忘而复之。是之谓不以心捐道，不以人助天。是之谓真人。若然者，其

心志，其容寂，其颡頯；凄然似秋，暖然似春，喜怒通四时，与物有宜而莫知其极。……

古之真人，其状義而不朋，若不足而不承；与乎其觚而不坚也，张乎其虚而不华也；邴邴乎其似喜乎！崔乎其不得已乎！滀乎进我色也，与乎止我德也；厉乎其似世乎，（别本，乎，作也）謷乎其未可制也；连乎其似好闭也，悗乎忘其言也。

以刑为体，以礼为翼。以知为时，以德为循。以刑为体者，绰乎其杀也。以礼为翼者，所以行于世也。以知为时者，不得已于事也。以德为循者，言其与有足者至于丘也，而人真以为勤行者也。故其好之也一，其弗好之也一。其一也一，其不一也一。其一与天为徒，其不一与人为徒。天与人不相胜也，是之谓真人。《大宗师》

至人之用心若镜，不将不迎，应而不藏，故能胜物而不伤。《应帝王》

之人也，之德也，将旁礴万物以为一，世蕲乎乱，孰弊弊焉以天下为事？之人也，物莫之伤，大浸稽天而不溺，大旱金石流、土山焦而不热。是其尘垢秕糠，将犹陶铸尧舜者也，孰肯以物为事？《逍遥游》

独与天地精神往来，而不敖倪于万物，不谴是

> 非，以与世俗处……上与造物者游，而下与外死生、无终始者为友。《天下》

此为庄子关于真人之心境及修养之说明，最后并言及真人对于政治刑德之因应措施。可知庄子心目中所理想之圆满人格，并非一避世逃名、纯然自了者。

第三节　养生

老子际衰周之乱，发愤于隐遁，故所明多厌世之义、消极之论、恬退保身之旨。如曰：

> 不尚贤，使民不争；不贵难得之货，使民不为盗；不见可欲，使民心不乱。是以圣人之治，虚其心，实其腹，弱其志，强其骨，常使民无知无欲，使夫智者不敢为也。为无为，则无不治。一本作无不为治。《道德经》第三章
>
> 五色令人目盲，五音令人耳聋，五味令人口爽，驰骋畋猎令人心发狂，难得之货令人行妨。是以圣人为腹不为目，故去彼取此。《道德经》第十二章
>
> 致虚极，守静笃，万物并作，吾以观其复。夫物芸芸，各复归其根。归根曰静，是谓复命。《道德

经》第十六章

见素抱朴，少私寡欲。《道德经》第十九章

道常无为而无不为。侯王若能守之，万物将自化。化而欲作，吾将镇之以无名之朴。无名之朴，（一本无此句）夫亦将无欲。不欲以静，天下将自定。《道德经》第三十七章

天下有道，却走马以粪；天下无道，戎马生于郊。祸莫大于不知足，咎莫大于欲得。故知足之足，常足矣。《道德经》第四十六章

其修为之法，内则柔和淡泊，保其天真；外则洗涤邪欲，期于无伤其心神之明。盖专主消极恬退为义，视举世一切纷华文明皆为惑乱身心之具，不独声色技巧、驰骋田猎之足以长吾欲而贼吾灵也，即社会所有诸文明制度，以至仁义忠信诸美名，无一非为奸滑浊乱之资，盖务欲齐是非、同善恶、忘人我，绝世间知识之文明，以复归于无为自然之境也。

庄子之修养法，盖亦本于老子，在去小智而得大智，去小我而成大我，去有为而就无为，破除一切世间之物欲，而游于方之外者也。其养生之义，莫善于《养生主》篇庖丁解牛之喻。

> 庖丁为文惠君解牛，手之所触，肩之所倚，足之所履，膝之所踦，砉然响然，奏刀騞然，莫不中音，合于《桑林》之舞，乃中《经首》之会。文惠君曰："嘻，善哉！技盖至此乎？"庖丁释刀，对曰："臣之所好者，道也，进乎技矣。始臣之解牛之时，所见无非全牛者；三年之后，未尝见全牛也。方今之时，臣以神遇而不以目视，官知止而神欲行。依乎天理，批大郤，导大窾，因其固然，技经肯綮之未尝，而况大軱乎？良庖岁更刀，割也；族庖月更刀，折也。今臣之刀十九年矣，所解数千牛矣，而刀刃若新发于硎。彼节者有间，而刀刃者无厚，以无厚入有间，恢恢乎其于游刃必有余地矣。是以十九年而刀刃若新发于硎。虽然，每至于族，吾见其难为，怵然为戒，视为止，行为迟，动刀甚微。謋然已解，如土委地。提刀而立，为之四顾，为之踌躇满志，善刀而藏之。"文惠君曰："善哉！吾闻庖丁之言，得养生焉。"

此言庖丁之刃游于骨节有间之处，而不与骨节相伤，故游刃能久而不敝。人之养生，亦当如是，游于空虚之境，顺夫自然之理，则物莫之伤也。

彼又以养生，可分精神、形体两方面言之，去物欲以养形，致虚静以养神，形神不亏，乃可以长生。如曰：

达生之情者，不务生之所无以为；达命之情者，不务知之所无奈何。养形必先之以物，物有余而形不养者有之矣；有生必先无离形，形不离而生亡者有之矣。生之来不能却，其去不能止，悲夫！世之人以为养形足以存生，而养形果不足以存生，则世奚足为哉？虽不足为而不可不为者，其为不免矣。夫欲免为形者，莫如弃世。弃世则无累，无累则正平，正平则与彼更生，更生则几矣。事奚足弃而生奚足遗？弃世则形不劳，遗生则精不亏。夫形全精复，与天为一。天地者，万物之父母也，合则成体，散则成始。形精不亏，是谓能移；精而又精，反以相天。《达生》

清王船山为之释云：

生之情者，有其生而不容已者也。内篇曰，则谓之不死奚益？夫生必有所以为生，而后皆生死，特天下之务之者，皆生之无以为则不如无为，有生之情而奚容不有所为邪？命之情者，天命我而为人，则固体天以为命。惟生死为数之常然，无可奈何者，知而不足劳吾神；至于本合于天而有事于天，则所以立命而相天者，有其在我而为独志，非无可奈何者也。人之生也，天合之而成乎人之体，天未尝去乎形之中也；其散也，形返于气之实，精返于气之虚，与未生而肇造夫生者合同一致，仍可以听大造之合，而更为始。此所谓幽明始终，无二理也。唯于其生也，欲养其形，而资外物以养生，劳形以求养形，形不可终养，而适以劳其形，则形既亏矣，遗弃其精于不恤，而疲役之以役于形而求养，则精之亏又久矣。若两者，能无丧焉？则天地清醇之气，由我而抟合，迨其散而成始也，清醇妙合于虚，而上以益三光之明，下以滋百昌之荣，流风荡于两间，生理集善气以复合，形体虽移，清醇不改，必且为吉祥之所翕聚，而大益于天下之生。则其以赞天之化，而垂于万古，施于六寓，殽于万象，益莫大焉。至人之所以极养其生之主者，此也。外物之累，顺之而近刑，逆之而近名，皆从事于末，无有能与天故达情者两不屑焉。论至于此，而后逍遥者非苟求适也、养生者非徒养其易谢之生也，为天下之大宗师，而道无以加也。《庄子解》

盖人之生也，饮食居处，故不能无所资于物。若必甘其饮食，美其居处，以穷嗜欲之所好，则养之适以戕之。如曰：

贵、富、显、严、名、利六者，勃志也；容、动、色、理、气、意六者，缪心也；恶、欲、喜、怒、哀、乐六者，累德也；去、就、取、与、知、能六者，塞道也。此四六者不荡胸中则正，正则静，静则明，明则虚，虚则无为而无不为也。《庚桑楚》

又曰：

……且夫失性有五：一曰五色乱目，使目不明；二曰五声乱耳，使耳不聪；三曰五臭薰鼻，困惾中颡；四曰五味浊口，使口厉爽；五曰趣舍滑心，使性飞扬。此五者，皆生之害也。《天地》

又曰：

夫谓涂者，十杀一人，（按：十疑日之伪）则父子兄弟相戒也，必盛卒徒而后敢出焉。不亦知乎？人之所取畏者，衽席之上，饮食之间，而不知为之戒者，过也。《达生》

此名色食之伤生，而养生者当节欲也。又曰：

祝宗人玄端以临牢策，说彘曰："汝奚恶死？吾将三月豢汝。十日戒，三日齐，藉白茅，加汝肩尻乎雕俎之上，则汝为之乎？"为彘谋，曰不如食以糠糟而错之牢策之中；自为谋，则苟生有轩冕之尊，死得于腞楯之上、聚偻之中，则为之。为彘谋则去之，自为谋则取之，所异彘者何也？《达生》

此明轩冕足以伤身，而养生当遗荣也。又曰：

夫天下之所尊者，富、贵、寿、善也；所乐者，身安、厚味、美服、好色、音声也；所下者，贫贱、夭恶也；所苦者，身不得安逸，口不得厚味，形不得美服，目不得好色，耳不得音声。若不得者，则大忧以惧，其为形也亦愚哉！夫富者，苦身疾作，多积财而不得尽用，其为形也亦外矣！夫贵者，夜以继日，思虑善否，其为形也亦疏矣！人之生也，与忧俱生，寿者惛惛，久忧不死，何苦也？（各本何字下有之字）其为形也亦远矣！烈士为天下见善矣，（各本烈作列）未足以活身。吾未知善之诚善邪？诚不善邪？若以为善矣，不足活身；以为不善矣，足以活人。故曰："忠谏不听，蹲循勿争。"故夫子胥争之，以残其形；不争，名亦不成。诚有善无有哉？

今俗之所为与其所乐，吾又未知乐之果乐邪？果不乐邪？……《至乐》

此明奢侈之伤生，而养生当无乐也。夫贪贱之人以为天下所尊者无过富足财宝、贵盛荣华、丽服荣身、玄黄悦目、宫商娱耳。若得之者则为安处就乐，孰知富贵者其身之所奉虽厚，而神实不宁，终日思虑营营、患得患失，所谓形不离而生者亡也。夫富贵者，傥来物也，何足尚乎？如曰：

古之所谓得志者，非轩冕之谓也，谓其无以益其乐而已矣。今之所谓得志者，轩冕之谓也。轩冕在身，非性命也，物之傥来，寄者也（各本无者字）。寄之，其来不可圉，其去不可止。故不为轩冕肆志，不为穷约趋俗。其乐彼与此同，故无忧而已矣。今寄去则不乐，由是观之，则虽乐，未尝不荒也。故曰：丧己于物，失性于俗者，谓之倒置之民。《缮性》

是丧己于物、失性于俗者，为养生之要道也。

庄子以虚静为自然之本质，无以为生之道，人性亦然。郭庆藩曰："人生而静，天之性也；感物而动，性之欲也。物之感人无穷，人之逐欲无节，则天理灭矣。故其以静一而不变，淡而无为，动而以天行，为养神之道。”如曰：

> 夫恬惔寂漠、虚无无为，此天地之平而道德之质也。故曰：圣人休休焉则平易矣，平易则恬淡矣。平易恬淡，则忧患不能入，邪气不能袭，故其德全而神不亏。故曰：圣人之生也天行，其死也物化；静而与阴同德，动而与阳同波；不为福先，不为祸始；感而后应，迫而后动，不得已而后起；去知与故，循天之理，故无天灾，无物累，无人非，无鬼责；其生若浮，其死若休；不思虑，不豫谋；光矣而不燿（各本作耀），信矣而不期；其寝不梦，其觉无忧，其神纯粹，其魂不罢；虚无恬淡，乃合天德。故曰：悲乐者，德之邪；喜怒者，道之过；好恶者，德之失。故心不忧乐，德之至也；一而不变，静之至也；无所于忤，虚之至也；不与物交，惔之至也；无所于逆，粹之至也。故曰：形劳而不休则弊，精用而不已则劳，劳则竭。水之性，不杂则清，莫动则平，郁闭而不流，亦不能清，天德之象也。故曰：纯粹而不杂，静一而不变，淡而无为，动而以天行，此养神之道也。《刻意》
>
> 至道之精，窈窈冥冥；至道之极，昏昏默默。

无视无听，抱神以静，形将自正，必静必清。无劳女形，无摇女精，乃可以长生。目无所见，耳无所闻，心无所知，汝神将守形，形乃长生。慎女内，闭女外，多知为败。我为汝遂于大明之上矣，至彼至阳之原也；为汝入于窈冥之门矣，至彼至阴之原也。天地有官，阴阳有藏，慎守女身，物将自壮。我守其一，以处其和。《在宥》

……意，心养！汝徒处无为，而物自化。堕尔形体，吐尔聪明，伦与物忘，大同乎涬溟；解心释神，莫然无魂。万物云云（同芸），各复其根，各复其根而不知；浑浑沌沌，终身不离；若彼知之，乃是离之。无问其名，无窥其情，物固自生。《在宥》

又曰：

至人之用心若镜，不将不逆，应而不藏，故能胜物而不伤。《应帝王》

又曰：

圣人之静也，非曰静也善，故静也；万物无足以铙心者，故静也。《天道》

又曰：

一其性，养其气，合其德，以通乎物之所造。夫若是者，其天守全，其神无郤，物奚自入焉？《达生》

神之所困者，惟知与情，故其以去知与情为致虚静之道。去知与情，即无心也，心斋也，坐忘也。如曰：

古之治道者，以恬养知。知生而无以知为也（各本生上无知字），谓之以知养恬。知与恬交相养，而和理出其性。夫德，和也；道，理也。德无不容，仁也；道无不理，义也；义明而物亲，忠也；中纯实而反乎情，乐也；信行容体而顺乎文，礼也。礼乐偏行，则天下乱矣。《缮性》

又曰：

知止乎其所不能知者，至矣。《庚桑楚》

又曰：

以其知之所知，以养其知之所不知，终其天年

而不中道夭者，是知之盛也。《大宗师》

又曰：

吾生也有涯，而知也无涯。以有涯随无涯，殆已！《养生主》

以有限之性，寻无极之知，安得而不困哉！

惠子曰："人而无情，何以谓之人？"庄子曰："道与之貌，天与之形，恶习得不谓之人。"惠子曰："既谓之人，恶得无情？"庄子曰："是非吾所谓情也。吾所谓无情者，言人之不以好恶内伤其身，常因自然而不益生也。"惠子曰："不益生，何以有其身？"庄子曰："道与之貌，天与之形，无以好恶内伤其身；今子外乎子之神、劳乎子之精，倚树而吟，据槁梧而瞑。天选子之形，子以坚白鸣。"《德充符》

夫情之足以劳精敝神，人无不知也。然既已为人，则不能忘人之情，遂至逐万物而不反，此庄子之所深悲也。

要而言之，庄子之修养法，在于心气恬静而知不荡，如是乃合于自然而泯乎私智也。故曰：游心于淡，合气于漠，顺物自然，而无容私焉，而天下治矣（《应帝王》）。游心于淡，即是无思，合气于漠，即是无为，无思以养心，无为以养形，是修养之要道矣。

本节脱稿后，偶阅蒋超伯《南漘楛语》卷八，有论《庄子》养生一条，为霄所忽略，原录如下：

> 人生督任二脉，为精气之源。督脉起小腹，贯脊而上行，又络脑自脊而下。脑为髓海，命门为精海，实皆督脉司之。庄子曰："缘督以为经，可以保身，可以全生，可以养亲，可以尽年。"正谓此耳。缘，依也；经，本也；以为摄生之本。郭注似失之。蒙庄一书，虽洸洋自恣，寓言十九，而此一语，实葆光之要、造化之母也。无江海而闲，不道引而寿，余于此得养生焉。

第四节　处世

昔班孟坚曰："道家清虚以自守，卑弱以自持，合于君人者南面之术。"庄子处世之道，亦不外此。兹略述如左：

（甲）救时

周室纪纲废弛，世乱渐显，救时之道，在乎先存诸己，而使人自化耳。游谈之士，适足以自祸而长乱。《人间世》篇曰：

> 颜回见仲尼，请行。曰："奚之？"曰："将之卫。"曰："奚为焉？"曰："回闻卫君，其年壮，其行独；轻用其国，而不见其过；轻用民死，死者以国量乎泽若蕉，民其无如矣！回尝闻之夫子曰：'治国去之，乱国就之，医门多疾。'愿以所闻思其则，庶几其国有瘳乎！"仲尼曰："嘻！若殆往而刑耳！夫道不欲杂，杂则多，多则扰，扰则忧，忧而不救。古之至人，先存诸己而后存诸人。所存于己者未定，何暇至于暴人之所行！且若亦知夫德之所荡而知之所为出乎哉？德荡乎名，知出乎争。名也者，相轧也；知也者，争之器也。二者凶器，非所以尽行也。且德厚信矼，未达人气；名闻不争，未达人心。而强以仁义绳墨之言术暴人之前者，是以人恶有其美也，命之曰菑人。菑人者，人必反菑之。若殆为人菑夫？且苟为悦贤而恶不肖，恶用而求有以异？若唯无诏，王公必将乘人而斗其捷。而目将荧之，而色将平之，口将营之，容将形之，心且成之。是以

火救火，以水救水，名之曰益多。顺始无穷，若殆以不信厚言，必死于暴人之前矣！”

清刘鸿典曰：

颜子闻卫君之虐民，而欲往救，亦是行道济时之心。邵康节所谓新法方行，宽一分则民受一分之福，即此意也。然而圣人救世之念虽殷，而守道之心自笃，先存诸己而后存诸人，所谓藏器于身、待时而动也。当时卫君未尝礼聘颜子，而颜子欲往，是所存于己者未定也。彼方虐自民，而此欲救之，犯人所忌，岂非暴人之所行乎？德荡乎名，知出乎争，盖人即有可以用世之具，而名心与争心最为难化；名心争心之未化，则行之未必尽利；匪惟不利，而害且随之。故以此二者为凶器，即能化其名心争心矣。而人非同心同气，我强以仁义绳墨之言术暴于其前，则人恶有其美。夫有美而为人所恶，则人不以其美为美也，直谓之菑也。菑人者，人反菑之；君子所以信而后谏也。《庄子约解》

是所存于己者未定，不足以言救时、不能化人。虽言救时，反为时所化也。

> 若一志，无听之以耳，而听之以心；无听之以心，而听之以气；听止于耳，心止于符。气也者，虚而待物者也。唯道集虚，虚者，心斋也。《人间世》

> 闻以有翼飞者矣，未闻以无翼飞者也；闻以有知知者矣，未闻以无知知者也。瞻彼阕者，虚室生白，吉祥止止；夫且不止，是之谓坐驰。夫徇耳目内通而外于心知，鬼神将来舍，而况人乎？《人间世》

此言能心斋之道，虚而应物，则物自化，时固无劳乎救也。

> ……三人行而一人惑，所适者犹可致也，惑者少也。二人惑，则劳而不至，惑者胜也。而今天下惑，予虽有祈向，不可得也。不亦悲乎！……《天地》

此言世俗之迷于至道，虽有至言，不能见信，而爱人之心，终不能已，故借厉人一喻以结之。

（乙）尽职

庄子于政治方面，主张以无为而安其性命之情为治天下之方法，易言之，即顺民性之治也。

……君子不得已而临莅天下，莫若无为。无为也而后安其性命之情。故贵以身于为天下，则可以托天下；爱以身于为天下，则可以寄天下。……《在宥》

大圣之治天下也，摇荡民心，使之成教易俗，举灭其贼心，而皆进其独志。若性之自为，而民不知其所由然，若然者，岂兄尧、舜之教民，溟涬然弟之哉。《天地》

圣治乎，官施而不失其宜，拔举而不失其能，毕见其情事而行其所为，行言自为，而天下化，手挠顾指，四方之民，莫不俱至，此之谓圣治。《天地》

为人君者须游心于淡，合气于漠，顺物自然，而无容私。

以道观言，而天下之君正；以道观分，而君臣之义明；以道观能，而天下之官治；以道泛观，而万物之应备。故通于天地者，德也；行于万物者，道也；上治人者，事也；能有所艺者，技也。技兼于事，事兼于义，义兼于德，德兼于道，道兼于天。故曰：古之畜天下者，无欲而天下足，无为而万物化，渊静而百姓定。《记》曰：通于一而万事毕，无心得而鬼神服。《天地》

为人臣者，当尽忠于国，不避生死，而传言尤当谨慎。

天下有大戒二：其一命也，其一义也。子之爱亲，命也，不可解于心；臣之事君，义也，无适而非君也。无所逃于天地之间，是之谓大戒。是以夫事其亲者，不择地而安之，孝之至也；夫事其君者，不择事而安之，忠之盛也。自事其心者，哀乐不易施乎前，知其不可奈何而安之若命，德之至也。为人臣子者，固有所不得已。行事之情而忘其身，何暇至于悦生而恶死。《人间世》

四时殊气，天不赐，故岁成；五官殊职，君不私，故国治。文武大人不赐，故德备。……恐有夺误。《则阳》

凡交近则必相靡以信，远则必忠之以言，言必或传之。夫传两喜两怒之言，天下之难者也。夫两喜必多溢美之言，两怒必多溢恶之言。凡溢之类妄，妄则其信之也莫，莫则传言者殃。故《法言》曰："传其常情，无传其溢言，则几乎全。"且以巧斗力者，始乎阳，常卒乎阴，泰至则多奇巧（泰，别本作大，下同）；以礼饮酒者，始乎治，常卒乎乱，泰至则多奇乐。凡事亦然：始乎谅，常卒乎鄙；其作始也简，其将毕也必巨。言者，风波也；行者，实丧也。夫风波易以动，实丧易以危。故忿设无由，巧言偏辞。

兽死不择音，气息茀然，于是并生心厉。克核大至，则必有不肖之心应之，而不知其然也。苟为不知其然也，孰知其所终！故法言曰："无迁令，无劝成，过度益也。"。迁令劝成殆事，美成在久，恶成不及改，可不慎与！《人间世》

为百姓者必克尽厥职，各守其分，

天生万民，必授之职。《天地》

农夫无草莱之事则不比，商贾无市井之事则不比。庶人有旦暮之业则劝，百工有器械之巧则壮。钱财不积，则贪者忧；权势不尤，则夸者悲；势物之徒乐变，遭时有所用，不能无为也。此皆顺比于岁，不物于易者也。《徐无鬼》

是故君有常位，官有常职，民有常业。诚如是，则国治矣。

（丙）制约

庄子根据其中心思想之解脱观，述超越之处世论，又传人情上机微之种种教训。个人与社会之关系，庄子承认之；人类于世不能单独生存，庄子亦信之；并以为人之生此世也，必有保护我之君主，必有生育我之父母；君臣父子之关系，终不得绝。子之对亲，命也；臣之仕君，义也。命由天禀，义为人为，均不可脱离之制约。《天道》篇曰：

> 末学者，古人有之，而非所以先也，君先而臣从，父先而子从，兄先而弟从，长先而少从，男先而女从，夫先而妇从。夫尊卑先后，天地之行也，故圣人取象焉。天尊地卑，神明之位也；春夏先，秋冬后，四时之序也；万物化作，萌区有状，盛衰之杀，变化之流也。夫天地至神而有尊卑先后之序，而况人道乎？宗庙尚亲，朝廷尚尊，乡党尚齿，行事尚贤，大道之序也。

此与儒家所云“父子有亲，君臣有义，夫妇有别，长幼有序，朋友有信”之伦理思想极相似。虽然，庄子为掊击礼教之人也，尝谓礼为道之华而乱之首也，但对于此维系社会之制约，则仍主张保持之。

（丁）保守

道家均主致虚守静、恬退保身之旨。老子曰：“知足不辱，知止不殆，可以长久。”（第四十章）“祸莫大于不知足，咎莫大于多欲。”（第四十六章）“我有三宝，持而保之：一曰慈，二曰俭，三曰不敢为天下先。”（第六十七章）所言皆保守之义也。此君子明哲保身之道，而君人者牢笼天下之妙术亦寓乎其中矣。

庄子处世全生之道有二：一为自处，二为对人。自处则无用以全生，对人则无忤以远害。《人间世》之后半篇，设栎社之喻：

> 匠石之齐，至于曲辕，见栎社树。其大敝数千牛（各本敝作蔽，又数千二字，别本无），絜之百围，其高临山，十仞而后有枝，其可以为舟者旁十数。观者如市，匠伯不顾，遂行不辍。弟子厌观之，走及匠石，曰：“自吾执斧斤以随夫子，未尝见材如此其美也。先生不肯视，行不辍，何邪？”曰：“已矣，勿言之矣！散木也，以为舟则沈，以为棺椁则速腐，以为器则速毁，以为门户则液樠，以为柱则蠹。是不材之木也，无所可用，故能若是之寿。”匠石归，栎社见梦曰：“女将恶乎比予哉？若将比予于文木邪？夫柤梨橘柚，果蓏之属，实熟则剥，剥则辱；大枝折，小枝泄。此以其能苦其生者也，故不终其天年而中道夭，自掊击于世俗者也。物莫不若是。且予求无所可用久矣，几死，乃今得之，为予大用。

使予也而有用，且得有此大也邪？”

夫栎社树无用于人耳，非真无用也。然无用于人，竟能远人之害，则士之不为世用者，亦远患之道也。

（戊）谦晦

老子曰：“知雄守雌，知白守黑，知荣守辱。”（第二十八章，但非原文）“俗人昭昭，我独昏昏；俗人察察，我独闷闷。”（第二十章）“上善若水。水善利万物而不争，处众人之所恶，故几于道。”（第八章）“明道若昧，进道若退，夷道若纇，上德若谷。”（第四十一章）而庄子亦曰：“进不敢为前，退不敢为后；食不敢先尝，必取其绪。是故其行列不斥，而外人卒不得害，是以免于患。”（《山木》）“善其时，逆其俗，谓之篡夫；当其时，顺其俗，谓之义之徒。”（《秋水》）所言皆谦晦之义也。

（己）接物

处世接物，要审乎顺逆：顺理则异类生爱，逆节则至亲交兵。故设颜阖与蘧伯玉问答之言，以明之：

汝不知夫养虎者乎？不敢以生物与之，为其杀之之怒也；不敢以全物与之，为其决之之怒也。时其饥饱，达其怒心。虎之与人异类而媚养己者，顺也；故其杀者，逆也。夫爱马者，以筐盛矢，以蜄盛溺。适有蚉虻仆缘，而拊之不时，则缺衔毁首碎胸。意有所至而爱有所亡，可不慎邪！《人间世》

此盖谓教人化物，亦当顺其自然；不然，则爱之反以为害之也。

孔子曰："凡人心险于山川，难于知天。天犹有春秋冬夏、旦暮之期，人者厚貌深情。故有貌愿而益，有长若不肖，有顺懁而达，有坚而缦，有缓而釬。故其就义若渴者，其去义若热。故君子远使之而观其忠，近使之而观其敬，烦使之而观其能，卒然问焉而观其知，急与之期而观其信，委之以财而观其仁，告之以危而观其节，醉之以酒而观其则，杂之以处而观其色。九征至，不肖人得矣。"《列御寇》

此盖谓天道有常，人心易变；对人选友，不可不慎也。

形莫若就，心莫若和。虽然，之二者有患。就不欲入，和不欲出。形就而入，且为颠为灭，为崩为蹶。心和而出，且为声为名，为妖为孽。彼且为婴儿，亦与之为婴儿；彼且为无町畦，亦与之为无町畦；彼且为无崖，亦与之为无崖。达之，入于无疵。《人间世》

此言与物无忤，远害自全，意义甚显，非必至于阿谀逢迎、同流合污也。

第五节　宿命论

道家之宿命论，亦本其宇宙观念，以为人之富贵贫贱寿夭贤愚，均属运命。老子曰：

人法天，天法道，道法自然。《道德经》第二十五章

……挫其锐，解其分，和其光，同其尘；是谓玄同。故不可得而亲，不可得而疏；不可得而利，亦不可得而害；不可得而贵，亦不可得而贱，故为天下贵。《道德经》第五十六章

天之道，不争而善胜，不言而善应，不召自来，繟然而善谋。天网恢恢，疏而不失。《道德经》第七十三章

而庄子亦曰：

夫大块载我以形，劳我以生，佚我以老，息我以死。《大宗师》

天无私覆，地无私载；天地岂私贫我哉？求其为之者而不得也。然而至此极者，命也夫！《大宗师》

易言之，生老病死，亦不过天道自然运行，则人生于世，亦谨以安时而处顺为唯一善法。故《养生主》篇说老聃死时，秦失曰：

适来，夫子时也；适去，夫子顺也。安时而处顺，哀乐不能入也。

《人间世》篇亦曰：

天下有大戒二：其一命也，其一义也。子之爱亲，命也，不可解于心；臣之事君，义也，无适而非君也。无所逃于天地之间，是之谓大戒。是以夫事其亲者，不择地而安之，孝之至也。夫事其君者，不择事而安之，忠之盛也。……

明唐顺之为之释云："知命不可逃，则无阴阳之患；知传言有信，则无人道之患。"既知命之不可遁逃，则不如仍乐天安命云。易言之，吾人纵生于贫贱，或生成畸形，或病或夭，但皆不足悲、不足怨。兹举例以证之；

公文轩见右师而惊曰："是何人也？恶乎介也？天与，其人与？"曰："天也，非人也。天之生是使独也，人之貌有与也。以是知其天也，非人也。"泽雉十步一啄，百步一饮，不蕲畜乎樊中。神虽王，不善也。《养生主》

支离疏者，颐隐于脐，肩高于顶，会撮指天，五管在上，两髀为胁。挫针治繲，足以糊口；鼓策播精，足以食十人。上征武士，则支离攘臂而游于其间；上有大役，则支离以有常疾不受功；上与病者粟，则受三钟与十束薪。夫支离其形者，犹足以养其身，终其天年，又况支离其德者乎？《人间世》

……俄而子来有病，喘喘然将死。其妻子环而泣之。子犁往问之，曰："叱！避！无怛化！"倚其户而与之语，曰："伟哉造化！又将奚以汝为？将奚以汝适？以汝为鼠肝乎？以汝为虫臂乎？"子来曰："父母于子，东西南北，唯命之从。阴阳于人，不翅于父母。"《大宗师》

故命者，乃智力穷尽之时，事后假设以为自慰之道。既生而为人矣，乃不知事人之事，用人之力，智力不用，可成犹败，不求诸己，诿过冥冥，亦曰命也夫！命也夫！岂非命之罪人哉？且命之于人，非徒安慰于事后也，更可策励于事前。人苟戚戚于穷通得失成败祸福，则复有何事之可为乎？故曰：

……自事其心者，哀乐不易施乎前，知其不可奈何而安之若命，德之至也。《人间世》

自事其心谓行我之所当也。成败祸福，非我之所奈何，惟有安之若命耳。此仲尼告叶公子高语。盖子高将使于齐，忧于成败，而踌躇不决。仲尼以其不知命，故语之“行事之情而忘其身，何暇至于悦生而恶死，夫子其行可矣”。

穷达贵贱之念不去，虽不行事，其为生也亦苦矣。欲遂生之乐，固不可以不知命也。如曰：

死生、存亡、穷达、贫富、贤与不肖、毁誉、饥渴、寒暑，是事之变，命之行也；日夜相代乎前，而知不能规乎其始者也。故不足以滑和。《德充符》

是故知命者，退可以乐生，进足以有为。命所以破死生之执，非教人以偷生畏死也。

要而言之，夫道家乐天安命之说，为世诟病也久矣；社会之不进化，政治之衰乱，皆归罪于斯种学说。然吾读《庄子》书，但见其言天道之自然，未闻教人自暴自弃、诿过于天也。其所谓命，不过谓人力之无可奈何者，求其为之者而不得，乃姑字之曰命以自慰耳。

第六节　生死问题

老子以宇宙万物，皆道之所生，其究极则复归于道之本体，人之生亦宜无不然。其生为道之所发现，其死则完其天寿，而远其本体。死生之道，无异变化，此间毫不容著忻戚焉。如曰：

> 谷神不死，是谓玄牝。玄牝之门，是谓天地根。绵绵若存，用之不勤。《道德经》第六章
>
> 不失其所者久，死而不亡者寿。《道德经》第三十三章
>
> 出生入死。生之徒十有三，死之徒十有三。人之生，动之于死地，亦十有三。夫何故？以其生生之厚。盖闻善摄生者，路行不遇兕虎，入军不被甲

兵；兕无所投其角，虎无所用其爪，兵无所容其刃。夫何故？以其无死地故。《道德经》第五十章

道生之，德畜之；物形之，势成之。《道德经》第五十一章

夫道之为物，生而不自生。唯其生也，故云："谷神不生"。（六章）然其生也，又非同夫人物之生，若其同之，则道有死矣，故曰："不自生，故能长生"。（七章）斯道之生，无所不在，无时不存。明乎此，则知吾身亦道之所生，与各生物各为道之一体。具而为我，散而复归于道，是谓复命。复命者，复于道之生命也。又第十三章云：

宠辱若惊，贵大患若身。何谓宠辱若惊？宠为上，辱为下；得之若惊，失之若惊；是谓宠辱若惊。何谓贵大患若身？吾所以有大患者，为吾有身；及吾无身，吾有何患？故贵以身为天下，若可寄天下；爱以身为天下，若可托天下。

骤视之，似若所谓灭身归道者。不知老子所谓"有身"，我执之义；无身者，忘我执之义，非谓身体灭尽也。故曰：

> 天长地久。天地之所以能长且久者，以其不自生，故能长生。是以圣人后其身而身先，外其身而身存。非以其无私邪？故能成其私。《道德经》第七章

则知老子修为之目的，在以我身合一于宇宙本体，无私无欲，清虚静寂，以求得自然之趣为归者也。又曰：

> 致虚极，守静笃。万物并作，吾以观复。夫物芸芸，各复归其根。归根曰静，是谓复命。复命曰常，知常曰明。《道德经》第十六章

盖以道体本虚静，万物之本亦虚静，故须纯任自然，以归复于虚静之境。此老子厌世主义之根本，亦老子之生死观也。

庄子之人生哲学，亦本其宇宙观念。老子曰："天长地久。天地所以能长且久者，以其不自生，故能长生。"不自生而长生者，即不死不生之原也。《大宗师》一篇多发明斯旨，如曰：

> 夫道，有情有信，无为无形，可传而不可受，可得而不可见；自本自根，未有天地，自古以固存；……
>
> 无古今，而后能入于不死不生。杀生者不死，

生生者不生。其为物无不将也，无不迎也，无不毁也，无不成也。

又《山木》篇亦曰：

化其万物而不知其禅之者，焉知其所终，焉知其所始，正而待之而已耳。

所谓道、物云云，即宇宙之生原也。万物之生死，不过此生原之聚散耳。又曰：

父母于子，东西南北，唯命之从。阴阳于人，不翅于父母。彼近吾死而我不听，我则捍矣（各书本捍作悍），彼何罪焉？夫大块载我以形，劳我以生，佚我以老，息我以死。故善吾生者，乃所以善吾死也。今之大冶铸金，金踊，曰："我且必镆铘！"大冶必以为不祥之金。今一犯人之形，而曰"人耳人耳"，夫造化者必以为不祥之人。今一以天地为大炉，以造化为大冶，恶乎往而不可哉。《大宗师》

是生死为生物必经之历程，无足轻重，吾安有喜怒于其间邪？故主张任天安命，顺应自然。如曰：

古之真人，不知说生，不知恶死，其出不欣，其入不距；翛然而往，翛然而来而已矣。不忘其所始，不求其所终，受而喜之，忘而复之。是之谓不以心捐道，不以人助天，是之谓真人。《大宗师》

生者，假借也；假之而生。生者，尘垢也；死生为昼夜。且吾与子观化而化及我，我又何恶焉。《至乐》

……适来，夫子时也；适去，夫子顺也。安时而处顺，哀乐不能入也。《养生主》

夫生死犹来去也。人之生也，犹飘然而来；人之死也，犹翻然而去也。飘然翻然，乍去乍来，亦安亦顺，不哀不乐，达矣哉！达矣哉！

盖人之身体，亦不过宇宙之元素所组织，阴阳二力相感而生。如曰：

人之生，气之聚也；聚则为生，散则为死。《知北游》

彼方且与造物者为人，而游乎天地之一气。彼以生为附赘县疣，以死为决溃痈。夫若然者，又恶知死生先后之所在！假于异物，托于同体；忘其肝胆，遗其耳目；反复终始，不知端倪；芒然仿徨乎尘

垢之外，逍遥乎无为之业。彼又恶能愦愦然为世俗之礼，以观众人之耳目哉！《大宗师》

至阴肃肃，至阳赫赫。肃肃出乎天，赫赫发乎地，两者相交成和而物生焉。《田子方》

气之聚散，质之变化，消息盈虚，孰知其纪？其生也不知所从始，其死也又岂有所穷？如曰：

察其始而本无生；非徒无生也，而本无形；非徒无形也，而本无气。杂乎芒芴之间，变而有气，气变而有形，形变而有生，今又变而之死。是相与为春秋冬夏四时行也。《至乐》

体有质成，原属气假，虚聚方生，生亦何有？死生不过变化之迹耳。死生既为自然变化之迹，莫得而遁，固不恶死而悦生，亦岂恶生而求死。明乎此，则世所谓死，不过此形之毁坏；而所以为生，则实未尝死也。《大宗师》篇曰：

夫藏舟于壑，藏山于泽，谓之固矣。然而夜半有力者负之而走，昧者不知也。藏小大有宜，犹有所遁。若夫藏天下于天下，而不得所遁，是恒物之大情也。特犯人之形，而犹喜之。若人之形者，万化而未尝有极也，其为乐可胜计邪？故圣人将游于物之所不得遁而皆存。

是生死为造化之自然，忽而为人而为人，忽而为牛而为牛，今日为人而吾乐之，他日为牛吾亦乐之，形万化而未有穷，则乐亦万化而未有尽也。且世人之所谓死者，以其身体之毁坏耳，而以庄子视之，亦无所谓毁坏。《齐物论》篇曰：

方生方死，方死方生，方可方不可，方不可方可。……

其分也，成也；其成也，毁也。凡物无成与毁，复通为一。

又《知北游》篇亦曰：

……是其所美者为神奇，其所恶者为臭腐。臭腐复化为神奇，神奇复化为臭腐。故曰：通天下一气耳。

万物无非元素，人与物果有异乎？无以异也。死生相积，吾岂随形体而俱灭乎？不灭也。故曰："天地与我并生，万物与我为一。"(《齐物论》)"万物一府，死生同状"。(《天地》)然则"以天地为丹炉，造化为大冶"。因其固然而无私焉，则人也，物也，生也，死也，无往而不可也；又何为贵人而贱物，悦生而恶死哉？《齐物论》篇曰：

> 予恶乎知说生之非惑邪？予恶知恶死之非弱丧而不知归者邪？丽之姬，艾封人之子也。晋国之始得之也，涕泣沾襟；及其至于王所，与王同筐床，食刍豢，而后悔其泣也。予恶乎知夫死者不悔其始之蕲生乎？

此盖谓今日为人，死而为他物，他物亦自有足乐。未至其时而悲惧之者，皆过虑也。又曰：

> 身非汝有也，是天地之委形也。生非汝有也，是天地委和也。性命非汝有也，是天地之委顺也。孙子非汝有也，是天地之委蜕也。《知北游》，但非原文。

又曰：

自本观之，生者，喑噫物也。虽有寿夭，相去几何？须臾之说也，奚足以为尧、桀之是非！果蓏有理，人伦虽难，所以相齿。圣人遭之而不违，过之而不守。调而应之，德也；偶而应之，道也。帝之所兴，王之所起也。人生天地之间，若白驹之过隙，忽然而已。注然勃然，莫不出焉；油然漻然，莫不入焉。已化而生，又化而死。生物哀之，人类悲之。解其天韬，堕其天袠。纷乎宛乎，魂魄将往，乃身从之，乃大归乎！不形之形，形之不形，是人之所同知也，非将至之所务也，此众人之所同论也。彼至则不论，论则不至；明见无值，辩不若默；道不可闻，闻不若塞。此之谓大得。《知北游》

近人胡远睿为之释云："聚则成形，散则不形。生者散之聚，不形之形也；死者聚之散，形之不形也。生死，人所同知，然明道者，推极其至，一气而已；无形不形之别，何所容吾拟议邪？"《庄子诠诂》《知北游》篇曰：

生也死之徒，死也生之始，孰知其纪？人之生，气之聚也；聚则为生，散则为死。若死生为徒，吾又何患？故万物一也。

是生死不过神形之变化，毁于此者成于彼，死于彼者生于此。然则庄子自述，以谓死生为一条，可不可为一贯，岂虚语哉！

此外庄子对于生死问题，更举例以明之：彼以为生死犹梦觉，左列两则颇能明物我平等之理。

《齐物》篇曰：

> 梦饮酒者，旦而哭泣；梦哭泣者，旦而田猎。方其梦也，不知其梦也，梦之中又占其梦焉，觉而后知其梦也。且有大觉而后知此其大梦也。
>
> 昔者庄周梦为胡蝶，栩栩然胡蝶也。自喻适志与，不知周也。俄然觉，则蘧蘧然周也。不知周之梦为胡蝶与？胡蝶之梦为周与？周与胡蝶，则必有分矣。此之谓物化。

《大宗师》篇亦曰：

> 且也相与吾之耳矣，庸讵知吾所谓吾之乎？且汝梦为鸟而厉乎天，梦为鱼而没于渊。不识今之言者，其觉者乎？其梦者乎？造适不及笑，献笑不及排，安排而去化，乃入于寥天一。

是宇宙间之生死梦觉，不过为一种物化，故对于一切事物须抱达观耳。

庄子丧妻时，箕踞鼓盆而歌，谓人之初始，并无形体，乃杂于芒芴之间，变而有气，气变而有形，现又变而之死，归于自然巨室。则今日之我不足变，而其变化也不足悲矣。《至乐》篇曰：

> 庄子妻死，惠子吊之，庄子则方箕踞鼓盆而歌。惠子曰："与人居，长子、老、身死，不哭，亦足矣，又鼓盆而歌，不亦甚乎？"庄子曰："不然。是其始死也，我独何能无概然！察其始而本无生；非徒无生也，而本无形；非徒无形也，而本无气；杂乎芒芴之间，变而有气，气变而有形，形变而有生，今又变而之死，是相与为春秋冬夏四时行也。人且偃然寝于巨室，而我噭噭然随而哭之，自以为不通乎命，故止也。"

又同篇载庄子见空髑髅一段，则明至乐活身之旨。如曰：

> 庄子之楚，见空髑髅，髐然有形，撽以马捶，因而问之，曰："夫子贪生失理，而为此乎？将子有

亡国之事，斧钺之诛，而为此乎？将子有不善之行，愧遗父母妻子之丑，而为此乎？将子有冻馁之患，而为此乎？将子之春秋，故及此乎？”于是语卒，援髑髅枕而卧。夜半，髑髅见梦，曰：“子之谈者似辩士。视子所言，皆生人之累也，死则无此矣。子欲闻死之说乎？”庄子曰：“然。”髑髅曰：“死，无君于上，无臣于下，亦无四时之事，纵然以天地为春秋，虽南面王乐，不能过也。”庄子不信，曰：“吾使司命复生子形，为子骨肉肌肤，反子父母、妻子、闾里、知识，子欲之乎？”髑髅深矉蹙頞，曰：“吾安能弃南面王乐，而复为人间之劳乎？”

“予恶知悦生之非惑邪？予恶乎知恶死之非丧弱而不知归者邪？”又《列御寇》篇曰：

庄子将死，弟子欲厚葬之。庄子曰：“吾以天地为棺椁，以日月为连璧，星辰为珠玑，万物为赍送。吾葬具岂不备邪？何以加此？”弟子曰：“吾恐乌鸢之食夫子也。”庄子曰：“在上为乌鸢食，在下为蝼蚁食。夺彼与此，何其偏也？”

苟知死生为万物变化之迹，又安所容心于其间哉？

此庄子所以以死生为一条，而解人之桎梏也。

要而言之，夫自形而上者推之，则大道在恍惚之内。造化和杂清浊，而成阴阳；阴阳交感，乃生乃形。生则有为，死则无为，生来死往，变化循环，亦犹春夏秋冬，四时代序。达人观之，何哀之有！善乎清马其昶之言曰："一切是非利害、贵贱生死，不入胸次，忘年忘义，浩然与天地精神往来，而待解人于万世若旦暮焉。"《庄子故》此逍遥之要道，亦齐物之要义也。

第七章　庄子之政治哲学

第一节　崇平等

老子政治学说，对于建设方面极主张自由平等，盖本于其宇宙之观念也。彼处于周末文胜之时，礼繁法密，赋重刑苛，而奸伪滋生，盗贼蠭起，思以质朴矫其弊，故极力掊击之。其言曰：

> 天下多忌讳，而民弥贫；人多利器，国家滋昏；人多伎巧，奇物滋起；法令滋彰，盗贼多有。《道德经》第五十七章

又曰：

> 大道废，有仁义；智知出，有大伪；六亲不和，有孝慈；国家昏乱，有忠臣。《道德经》第十八章

又曰：

绝圣弃智，民利百倍；绝仁弃义，民复孝慈；绝巧弃利，盗贼无有。《道德经》第十九章

右列三则，皆其破坏之著者。其第五十七章所云，攻击当时之政制也。第十八章所云，攻击当时之道德也。第十九章之言，则其主张破坏之主旨也。不特此也，即对于古来君主欲以恩德市民、聪明耀众，以遂其奴隶亿兆、鞭笞天下之愿者，不得不深恶痛绝之。故曰：

上德不德，是以有德；下德不失德，是以无德。《道德经》第三十八章

又曰：

天地不仁，以万物为刍狗；圣人不仁，以百姓为刍狗。《道德经》第五章

此明圣人为政，亦当如天地之无恩无为也。老子书中言此类者屡见不一见。第十章云：

> 戴营魄抱一，能无离乎？专气至柔，能婴儿乎？滌除玄览，能无疵乎？爱民治国，能毋以知乎？天门启阖，能无雌乎？明白四达，能无为乎？生之畜之，生而不有，为而不恃，长而不宰，是谓玄德。

此则以爱民治国，当如天地生物之自然，而不当假于人为。既纯任自然，无所好恶，则平等之至矣。

至于庄子亦承老子之旨，纯任自然，而掊击政府最力，以至智为大盗积，至圣为大盗守。大盗者何，则政府是已。其言曰：

> 圣人生而大盗起。掊击圣人，纵舍盗贼，而天下始治矣。夫川竭而谷虚，丘夷而渊实。圣人已死，则大盗不起，天下平而无故矣！圣人不死，大盗不止。虽重圣人而治天下，则是重利盗跖也。为之斗斛以量之，则并与斗斛而窃之；为之权衡以称之，则并与权衡而窃之；为之符玺以信之，则并与符玺而窃之；为之仁义以矫之，则并与仁义而窃之。何以知其然邪？彼窃钩者诛，窃国者为诸侯，诸侯之门而仁义存焉，则是非窃仁义圣知邪？故逐于大盗，揭诸侯，窃仁义并斗斛、权衡、符玺之利者，虽有轩冕之赏弗能劝，斧钺之威弗能禁。此重利盗跖而

使不可禁者，是乃圣人之过也。《胠箧》

其对于当时之礼制，亦极力掊击，如曰：

……夫赫胥氏之时，民居不知所为，行不知所之，含哺而熙，鼓腹而游，民能以此矣。及至圣人，屈折礼乐以匡天下之形；县跂仁义，以慰天下之心；而民乃始踶跂好知，争归于利，不可止也。此亦圣人之过也。《马蹄》

盖亦皆本于老子“绝学无忧”“绝圣弃知”之说而加厉也。

第二节　重道德

老子曰：

上德不德，是以有德；下德不失德，是以无德。上德无为而无以为，下德无为而有以为。上仁为之而无以为，上义为之而有以为。上礼为之而莫之应，则攘臂而扔之。故失道而后德，失德而后仁，失仁而后义，失义而后礼。夫礼者，忠信之薄而乱之首；前识

者，道之华而愚之始。是以大丈夫处其厚，不居其薄；处其实，不居其华。故去彼取此。《道德经》第三十八章

又曰：

故从事于道者，同于道；德者，同于德；失者，同于失。同于道者，道亦乐得之；同于德者，德亦乐得之；同于失者，失亦乐得之。信不足焉，有不信焉。《道德经》第二十三章

又常言“天法道，道法自然”，（第十二五章）而又说“天地不仁”，（第五章）说“失道而后德，失德而后仁”。（第三十八章）可见老子之所谓仁，比道德为小。老子之所以小仁义者，盖其所谓道德，为与天地之自然无异，而仁义则专属人事，为有心之作为也。庄子意在纯任自然，自适其适，

……若夫乘道德而浮游则不然，无誉无訾，一龙一蛇，与时俱化，而无肯专为，一上一下（姚鼐曰上下字互易），以和为量，浮游乎万物之祖，物物而不物于物，则胡可得而累邪！此神农、黄帝之法则也。《山木》

而排斥仁义尤力。故曰：

夫知者不言，言者不知。故圣人行不言之教。道不可致，德不可至，仁可为也，义可亏也，礼相伪也。故曰：失道而后德，失德而后仁，失仁而后义，失义而后礼。礼者，道之华而乱之首也。故曰：为道者日损，损之又损，以至于无为，无为而无不为也。《知北游》

又曰：

说仁邪，是乱于德也；说义邪，是悖于理也。《在宥》

又曰：

意仁义其非人情乎，彼仁人何其多忧也？《骈拇》

又曰：

夫仁义，憯然乃愦吾心，乱莫大焉。《天运》

又曰：

天地固有常矣，日月固有明矣，星辰固有列矣，禽兽固有群矣，树木固有立矣。夫子亦放德而行，遁遁而趋，已至矣，又何偈偈乎仁义，若击鼓而求亡子焉。《天道》

甚者至曰：

夫尧既已黥汝以仁义，而劓汝以是非矣；汝将何以游夫遥荡恣睢转徙之涂乎？《大宗师》

又其对于古来圣人假仁义以盗世者，亦深痛恶绝之。如曰：

……仁义，先王之蘧庐也，止可以一宿，而不可久处，觏而多责。古之至人，假道于仁，托宿于义，以游逍遥之虚，食于苟简之田，立于不贷之圃。逍遥，无为也；苟简，易养也；不贷，无出也。古者谓是采真之游。以富为是者，不能让禄；以显为是者，不能让名；亲权者，不能与人柄。操之则慄，舍之则悲，而一无所鉴以窥其所不休者，是天之戮

民也。《天运》

……及至圣人，蹩躠为仁，踶跂为义，而天下始疑矣；澶漫为乐，摘僻为礼，而天下始分矣。故纯朴不残，孰为牺尊？白玉不毁，孰为圭璋？道德不废，安取仁义？性情不离，安用礼乐？五色不乱，孰为文采？五声不乱，孰应六律？夫残朴以为器，工匠之罪也；毁道德以为仁义，圣人之过也。《马蹄》

齧缺遇许由，曰："子将奚之？"曰："将逃尧。"曰："奚谓邪？"曰："夫尧畜畜然仁，吾恐其为天下笑。后世其人与人相食与！夫民不难聚也，爱之则亲，利之则至，誉之则劝，致其所恶则散。爱利出乎仁义，捐仁义者寡，利仁义者众。夫仁义之行，唯且无诚，且假乎禽贪者器。是以一人之断制天下，譬之犹一覕也。夫尧知贤人之利天下也，而不知其贼天下也。夫唯外乎贤者知之矣。"《徐无鬼》

昔者黄帝，始以仁义撄人之心，尧、舜于是乎股无胈，胫无毛，以养天下之形，愁其五藏以为仁义，矜其血气以规法度，然犹有不胜也。尧于是放讙兜于崇山，投三苗于三峗，流共工于幽都，此不胜天下也。夫施及三王而天下大骇矣。下有桀、跖，上有曾、史，而儒、墨毕起。于是乎喜怒相疑，愚知相欺，善否相非，诞信相讥，而天下衰矣；大德不同，而性命烂漫矣；天下好知，而百姓求竭矣。于是乎斤锯制焉，绳墨杀焉，椎凿决焉，天下脊脊大乱，罪在撄人心。故贤者伏处大山嵁岩之下，而万乘之君，忧栗乎庿堂之上。（庿各本作庙）今世殊死者相枕也，桁杨者相推也，刑戮者相望也，而儒、墨乃始离跂攘臂乎桎梏之间。意！甚矣哉！其无愧而不知耻也甚矣！吾未知圣知之不为桁杨椄槢也，仁义之不为桎梏凿枘也，焉知曾、史之不为桀、跖嚆矢也。故曰：绝圣弃知，而天下大治。《在宥》

其说之放恣如此。故孔子汲汲于仁义，而乃訾其游于方之内，且以为天下戮民。(《大宗师》) 且不惟排斥理论上之仁义而已，又以实际上仁义与一身之幸福相冲突。盖庄子之所尚在适性而全生，以为腐心于仁义忠孝者，往往因此而危身，丧其生命，故曰："小人则以身殉利，士则以身殉名，大夫则以身殉家，圣人则以身殉天下。"(《骈拇》) 其事不同，其残生伤性一也。此庄子之伦理观也。

要而言之，老子所以薄仁义：一者，仁义为有心之作为；二者，为丧失道德而后用仁义，譬之"六亲不和有孝子，国家昏乱有忠臣"，故孝子忠臣为不幸之产儿，仁义为不祥之产物也。易言之，老子非罪仁义之人也，不过欲使道德不至丧失，则世无从需用仁义矣。至庄子则本老子之说而廓大之，以为仁义为残生损性之具，非特不能防止罪恶，反为助长之之媒介，彼“窃钩者诛，窃国者侯，诸侯之门仁义存”，即大恶人利用仁义为御己武器也。

第三节　尚愚

老子曰：

天下皆知美之为美，斯恶已；皆知善之为善，斯不善已。《道德经》第二章

不尚贤，使民不争；不贵难得之货，使民不为盗；不见可欲，使民心不乱。是以圣人之治，虚其心，实其腹，弱其志，强其骨；常使民无知无欲。《道德经》第三章

古之善为道者，非以明民，将以愚之。民之难治，以其智多。故以智治国，国之贼；不以智治国，国之福。《道德经》第六十五章

知者不言，言者不知。《道德经》第五十六章

知人者智，自知者明。《道德经》第三十三章

绝学无忧。唯之与阿，相去几何？善之与恶，相去何若？《道德经》第二十章

上列数章，世之说者皆以为老子愚民之证据。然殊非也。何以言之？老子之于知识，盖欲有知如无知，故曰："知者不言，言者不知。"（五十六章）又不欲明一物之美善，使人皆争趋于一涂，乃所以免战祸者也，故曰："非以明民。"（六十六章）更以智多者利害计较之心甚多也，故曰："民之难治，以其智多。"要之，老子之于知，非真去之绝之也，不以此自矜、不以此明民而已。善乎严复之言，曰："老之为术，至如此数章，可谓吐露无余者矣。其所为若与物反，而其实以至大顺。而世之读《老》者，尚以愚民訾老子，真痴人前不得说梦也。"旨哉斯言！

庄子亦主张知识平等，而以愚为本位。如曰：

> ……上诚好知而无道，则天下大乱矣。何以知其然邪？夫弓弩、毕弋、机变之知多，则鸟乱于上矣；钩饵、罔罟、罾笱之知多，则鱼乱于水矣；削格、罗落、罝罘之知多，则兽乱于泽矣；知诈渐毒、颉滑坚白、解垢同异之变多，则俗惑于辩矣。故天下每每大乱，罪在于好知。故天下皆知求其所不知，而莫知求其所已知者；皆知非其所不善，而莫知非其所已善者，是以大乱。《胠箧》

又曰：

　　圣人生而大盗起……圣人已死，则大盗不起，天下平而无故矣。圣人不死，大盗不止。虽重圣人而治天下，则是重利盗跖也。……故绝圣弃知，大盗乃止……殚残天下之圣法，而民始可与论议。《胠箧》

盖欲使人民返于泰古浑浑噩噩之状态，方合其乌托邦之人民资格焉。然则庄子绝对去知乎？惟夷考其实，则又不然，

　　大智闲闲，小智间间；大言炎炎，小言詹詹。各本智作知 。《齐物论》

是庄子并未真去知也，不过欲有知如无知，不以知为知，

　　夫知者不言，言者不知。《知北游》

　　夫大道不称，大辩不言，大仁不仁，大廉不嗛，大勇不忮，道昭而不道，言辩而不及，仁常而不成，廉清而不信，勇忮而不成。五者园而几向方矣。故知止其所不知，至矣。《齐物论》

狗不以善吠为良，人不以善言为贤。……《徐无鬼》

齐异同之辩，泯是非之争，

……以是其所非，而非其所是。欲是其所非，而非其所是，则莫若以明。物无非彼，物无非是。自彼则不见，自知则知之。故曰：彼出于是，是亦因彼。彼是方生之说也。《齐物论》

……使同乎若者正之，既与若同矣，恶能正之？使同乎我者正之，既同乎我矣，恶能正之？使异乎我与若者正之，既异乎我与若矣，恶能正之？使同乎我与若者正之，既同乎我与若矣，恶能正之？然则我与若与人俱不能相知也，而待彼也邪？《齐物论》

则善恶贤愚，泯然其观矣。至云："彼人含其明，则天下不铄矣；人含其聪，则天下不累矣；人含其知，则天下不惑矣；人含其德，则天下不僻矣。"《胠箧》篇是庄子之于明、于聪、于知、于德，非真去之绝之也，而不以此自矜，不以此明民而已。此与老子大智若愚之说相同也。

惟当时儒家以仁义标榜，籍示抵制，而庄子则深痛恶绝之，故曰：

夫播糠眯目，则天地四方易位矣。蚊虻噆肤，则通昔不寐矣。夫仁义憯然，乃愤吾心，乱莫大焉。吾子使天下无失其朴，吾子亦放风而动，总德而立矣！各本总作。《天运》

……且夫待钩绳规矩而正者，是削其性者也；待绳约胶漆而固者，是侵其德者也；屈折礼乐，呴俞仁义，以慰天下之心者，此失其常然也。天下有常然。常然者，曲者不以钩，直者不以绳，圆者不以规，方者不以矩，附离不以胶漆，约束不以纆索。故天下诱然皆生而不知其所以生，同焉皆得而不知其所以得。故古今不二，不可亏也。则仁义又奚连连如胶漆纆索而游乎道德之间为哉？使天下惑也。《骈拇》

王船山为之释云：

名依法以立，名立而抑即名以为法，明法相生，擢德塞性，窜句游心嚣嚣而不止，皆以求合于法，而不知戕贼。山木以为器用，强合异体以为弓轮，非其常然也。一曲不仁，不足以周万物；一端之义，不足以通古今。可名者固非常名，名且不常，而况于法？法固不常，而况于道乎？遇方而方，遇圆而圆，合者自合，离者自离，因其常然，则仁可也，义可也，非仁非义可也，性命之情也。不然，暍于夏者，冬而饮冰；冻于冬者，夏而拥絮；古之所谓荣名，今之所谓覆辙；规规然据以为常，自惑而惑天下矣。名惑之、法惑之也。《庄子解》

王氏之说可谓深得其旨矣。
儒家主张定名分，

……名不正，则言不顺；言不顺，则事不成；事不成，则礼乐不兴；礼乐不兴，则刑罚不中；刑罚不中，则民无所措手足。故名之必可言也，言之必可行也。君子于其言，无所苟而已矣。《论语》

而庄子则以为

名也者，相轧也；知也者，争之器也。《人间世》

举贤，则民相轧；任智，则民相盗。之数物者，不足以厚民。民之于利甚勤。子有杀父，臣有杀君，正昼为盗，日中穴阫。吾语汝：大乱之本、必生于尧、舜之间，其末存乎千世之后。千世之后，其必有人与人相食者也。《庚桑楚》

自尧、舜以迄如今，若以三十年为一世计之，尚不及百余世，但庄子“人与人相食”之预言不幸而验矣。

第四节　非贤非儒附

老、庄子之教，纯任自然，无所好恶；善恶贤愚，泯然齐观。故有不尚贤之论。老子曰：

> 不尚贤，使民不争；不贵难得之货，使民不为盗；不见可欲，使民心不乱。《道德经》第三章
>
> 知，不知，上；不知，知，病。夫唯病病，是以不病。圣人不病，以其病病，是以不病。《道德经》第七十一章

近人章炳麟为之释云：“老聃之不尚贤……言贤者，谓名誉、谈说、才气也。不尚名誉，故无朋党；不尊谈说，故无游士；不贵才气，故无骤官。”《章氏丛书》

而庄子亦曰：

> 至德之世，不尚贤，不使能。上如标枝，民如野鹿，端正而不知以为义；相爱而不知以为仁；实而不知以为忠；当而不知以为信；蠢动而相使不以为赐。

是故行而无迹，事而无传。《天地》

举贤则民相轧，任知则民相盗。……《庚桑楚》

老子曰“知，不知，上”，庄子曰“不尚贤”云云，由今言之，则不以智识阶级自居以欺压民众是矣。抑更有近者，庄子之主张不尚贤，非徒空论也，并引证三代以下之政治为根据点。如曰：

……甚矣夫，好知之乱天下也！自三代以下者是已。舍夫种种之民而悦夫役役之佞，释夫恬淡无为而悦夫哼哼之意；哼哼已乱天下矣。《胠箧》

夫施及三王而天下大骇矣。下有桀、跖，上有曾、史，而儒、墨毕起。于是乎喜怒相疑，愚知相欺，善否相非，诞信相讥，而天下衰矣；大德不同，而性命烂漫矣；天下好知，而百姓求竭矣。于是乎斤锯制焉，绳墨杀焉，椎凿决焉，（世本决作决）天下脊脊大乱，罪在撄人心。故贤者伏处大山嵁岩之下，（各本太作大）而万乘之君，忧慄乎庿堂之上。（世本慄作慄，各本庿作庙）今世殊死者相枕也，桁杨者相推也，刑戮者相望也，而儒、墨乃始离跂攘臂乎桎梏之间。意！甚矣哉！其无愧而不知耻也甚矣！吾未知圣知之不为桁杨椄槢也，仁义之不为桎梏凿枘也，曾、

史之不为桀、跖嚆矢也。故曰：绝圣弃知，而天下大治。各本曾史上有焉知二字《在宥》

清刘鸿典释之云：

……厉叙帝王之治，而指之为撄人心，为当时之徒言治法者警也。托之于古，则不干忌讳，此庄子最小心处，所以下即接言当时之弊。贤者伏处山林，为其道之不行也。万乘徒深忧慄，无贤臣以分其忧也。殊死者相枕、桁杨者相推、刑戮者相望，想当时贪官污吏荼毒生民之惨，令人目不忍见、耳不忍闻。而儒、墨方驰骋于其间。儒、墨非他，即当时之在位者。离跂攘臂，绘出扬扬得意、予圣自雄之态，愓之以无愧而不知耻，所以动其天良也。然儒、墨之所藉口者，圣知也，仁义也，而所为乃若此，则曾、史之所行不适为桀、跖之嚆矢乎！故曰绝圣弃知，而天下乃治。《庄子约解》

尧、舜以来，皆以仁义挠乱天下，而仁义之名，或为大盗所资，故谓“圣人不死，大盗不止”。是则周之不尚贤盖有由来矣。

彼既主张不尚贤，故对于孔子之徒，亦多方抨击，

《渔父》《盗跖》《胠箧》诸篇所论尤深切明锐。《胠箧》篇曰：

> 跖之徒问于跖曰："盗亦有道乎？"跖曰："何适而无有道邪？夫妄意室中之藏，圣也；入先，勇也；出后，义也；知可否，知也；分均，仁也。五者不备而能成大盗者，天下未之有也。"由是观之，善人不得圣人之道不立，跖不得圣人之道不行，天下之善人少而不善人多，则圣人之利天下也少而害天下也多。故曰：唇竭则齿寒。……

又《天地》篇亦曰：

> ……子贡瞒然惭，俯而不对。有间，为圃者曰："子奚为者邪？"曰："孔丘之徒也。"为圃者曰："子非夫博学以拟圣，於于以盖众，独弦哀歌以卖名声于天下者乎？汝方将忘汝神气，堕汝形骸，而庶几乎！而身之不能治，而何暇治天下乎！子往矣，无乏吾事。"子贡卑陬失色，顼顼然不自得，行三十里而后愈。其弟子曰："向之人何为者邪？夫子何故见之变容失色，终日不自反邪？"曰："始吾以为天下一人耳，不知复有夫人也。吾闻之夫子：事求可，

> 功求成，用力少，见功多者，圣人之道。今徒不然。执道者德全，德全者形全，形全者神全。神全者，圣人之道也。托生与民并行而不知其所之，汒乎淳备哉！功利机巧必忘夫人之心。若夫人者，非其志不之，非其心不为。虽以天下誉之，得其所谓，謷然不顾；以天下非之，失其所谓，傥然不受。天下之非誉无益损焉，是谓全德之人哉！我之谓风波之民。”反于鲁，以告孔子。孔子曰：“彼假修浑沌氏之术者也。识其一，不识其二；治其内，而不治其外。夫明白入素，无为复朴，体性抱神，以游世俗之间者，汝将固惊邪？且浑沌氏之术，予与汝何足以识之哉！”

宋苏子瞻以《让王》《盗跖》《说剑》《渔父》四篇为《庄子》伪作。儒、道其术本不同，其相绌无足怪也。

第五节　废刑

庄子极端主张放任主义也，如《在宥》篇曰：“闻在宥天下，不闻治天下也。”所谓在者，存之而不亡，自然任之而不益之谓也；所谓宥者，不放纵之，而宥于囿之物之谓也。在之者，恐天下淫其性；宥之者，恐天下迁其德。天下不淫其性，不迁其德，即可矣，无治天下之必要也。约言之，其政治论即以无为而安其性情，为治天下最善之方法，与老子政治论相似也。老子斥刑罚，庄子亦然，然其理由不同。老子以为刑罚有使人恐怖之弊害，如曰：

> 民不畏死，奈何以死惧之。若使民常畏死，而为奇者得执而杀之，孰敢？《道德经》第七十四章

而庄子则以为犯罪者非其罪，

> ……曰："女将何始？"曰："始于齐。"至齐，见辜人焉。推而彊之，（各本彊作强）解朝服而幕之，号天而哭之，曰："子乎子乎！天下有大菑，子独先离之！"曰："莫为盗，莫为杀人？荣辱立，然后睹所病；货财聚，然后睹所争。今立人之所病，聚人之所争，穷困人之身，使无休时，欲无至此，得乎？"……《则阳》

广天下之人民，终不能行其赏罚，不如废止云。

> ……不赏而民劝，不罚而民畏。《天地》

> 昔尧之治天下也，使天下欣欣焉，人乐其性，是不恬也；桀之治天下也，使天下瘁瘁焉，人苦其性，是不愉也。夫不恬不愉，非德也。非德也而可以长久者，天下无之。人大喜邪？毗于阳；大怒邪？毗于阴。阴阳并毗，四时不至，寒暑之和不成，其反伤人之形乎！使人喜怒失位，居处无常，思虑不自得，中道不成章，于是乎天下始乔诘卓鸷，而后有盗跖、曾、史之行。故举天下以赏其善者不足，举天下以罚其恶者不给；故天下之大，不足以赏罚。《在宥》
>
> 自三代以下者，匈匈焉终以赏罚为事，彼何暇安其性命之情哉？……《在宥》

盖吾人之心动荡易摇，偾骄而不可佼者也。故曰慎无撄之仁义，非人之性情。刑赏弗过得失之报，并所以为治也。过于尚迹，则性易德迁，丧其本真，民乃失常，于是喜怒相疑，愚知相欺，善恶相生，诞信相讥，胶胶扰扰，县天而动。上焉者奔命于仁义之途，下焉者归于利而不可止，又复重为赏罚以劝之畏之。天下既乔诘卓鸷而不安其性命之情矣，赏罚安所效其效用哉？是故尚迹之极，虽有轩冕之赏弗能劝之，斧钺之威弗能禁之；仁义法度，转为资盗。庄子将欲矫之，故法天道之自然，尚无为以致治也。

第六节　去兵

春秋战国，一战争最惨之时代也，试一览当时历史，其征役之繁，杀伤之众，兵燹之重，千载下犹且为之心悸。矧生当其时，目睹其酷者乎！老子怵然有病于是，故掊击当时武力侵略不遗余力焉。其言曰：

以道佐人主者，不以兵强天下。其事好还。师之所处，荆棘生焉。大军之后，必有凶年。善有果而已，不敢以取强。果而勿矜，果而勿伐，果而勿骄，果而不得已，果而勿强。物壮则老，是谓不道，不道早已。《道德经》第三十章

又曰：

夫佳兵者，不祥之器，物或恶之。故有道者不处。君子居则贵左，用兵则贵右。兵者不祥之器，非君子之器。不得已而用之。恬淡为上，胜而不美。而美之者，是乐杀人。夫乐杀人者，则不可得志于天下矣。《道德经》第三十一章

用兵有言：吾不敢为主而为客，不敢进寸而退尺。是谓行无行，攘无臂，扔无敌，执无兵。祸莫

大于轻敌，轻敌几丧吾宝。故抗兵相加，哀者胜矣。《道德经》第六十九章

三十章及三十一章，犹墨翟非攻之说也。
而庄子亦曰：

……自伐者无功，功成者堕，名成者亏。孰能去功与名而还与众人。……《山木》

又曰：

……形固造形，成固有伐，变固外战。君亦必无盛鹤列于丽谯之间，无徒骥于锱坛之宫，无藏逆于得，无以巧胜人，无以谋胜人，无以战胜人。夫杀人之士民，兼人之土地，以养吾私与吾神者，其战不知孰善？胜之恶乎在？《徐无鬼》

更设喻以明之：

……惠子闻之，而见戴晋人。戴晋人曰："有所谓蜗者，君知之乎？"曰："然。""有国于蜗之左角者，曰触氏；有国于蜗之右角者，曰蛮氏。时相与

争地而战，伏尸数万，逐北旬有五日而后反。”君曰：“噫，其虚言与？”曰：“臣请为君实之。君以意在四方上下有穷乎？”君曰：“无穷。”曰：“知游心于无穷，而反在通达之国，若存若亡乎？”君曰：“然。”曰：“通达之中有魏，于魏中有梁，于梁中有王，王与蛮氏有辩乎？”君曰：“无辩。”客出而君惝然若有亡也。……《则阳》

其言战祸之惨，而戒世之好用兵者至深切矣。

第七节　无治

老子承周末文胜之弊，政令之烦扰，束缚之严重，诚有不堪言者。读《瞻卬》诸诗，犹可见当时人民之惨痛。老子悲之，故本其自然观念，主张放任以矫其弊。其言曰：

圣人处无为之事，行不言之教。《道德经》第二章

天下神器，不可为也，不可执也。为者败之，执者失之。《道德经》第二十九章

不言之教，无为之益，天下希及之。《道德经》第四十三章

取天下常以无事；及其有事，不足以取天下。《道德经》第四十八章

我无为，而民自化；我好静，而民自正；我无事，而民自富；我无欲，而民自朴。《道德经》第五十七章

以辅万物之自然，而莫敢为。《道德经》第六十四章

为无为，事无事，味无味。《道德经》第六十三章

右列数则，其言放任之旨可见。盖老子政治之目的，固将使民之无欲无为，以复归于太古浑浑噩噩之治也。顾欲使人民之无欲无为，必自上之无欲无为始。故曰："我无为而民自化，我无欲而民自朴。"又曰："不欲以静，天下将自定。"此老子主张放任之本旨也。然则老子绝对主张无为者乎？《道德经》第三十七、四十八诸章云：

道常无为而无不为。侯王若能守之，万物将自化。《道德经》第三十七章

上德无为而无不为，下德为之而有以为。《道德经》第三十八章

为学日益，为道日损；损之又损，以至于无为；无为而无不为。取（取，治也）天下常以无事；及其有事，不足以取天下。《道德经》第四十八章

是老子所谓无为，本为无不为，明矣。盖老子政治哲学之目的，在求清乱源。老氏之见解，以为人人若能守静无为，则天下大治矣。

庄子之教，既尚自然，而为不言之教，其政治亦尚自然，而为无为之治。如曰：

> 古之为天下者，无欲而天下足，无为而万物化，渊静而百姓定。《天地》

又曰：

> 圣人之静也，非曰静也善，故静也；万物无足以铙心者，故静也。水静则明烛须眉，平中准，大匠取法焉。水静犹明，而况精神！圣人之心静乎，天地之鉴也，万物之镜也。夫虚静恬淡、寂漠无为者，天地之平而道德之至，故帝王圣人休焉。休则虚，虚则实，实则伦矣。虚则静，静则动，动则得矣。静则无为，无为也则任事者责矣。无为则俞俞，俞俞者忧患不能处，年寿长矣。夫虚静恬淡、寂漠无为者，万物之本也。明此以南乡，尧之为君也；明此以北面，舜之为臣也。以此处上，帝王天子之德也；以此处下，玄圣素王之道也。以此退居而闲

游江海，山林之士服；以此进为而抚世，则功大名显而天下一也。静而圣，动而王，无为也而尊，朴素而天下莫能与之争美。夫明白于天地之德者，此之谓大本大宗。……《天道》

后汉班嗣称庄子“绝圣弃智，修生保真，清虚淡泊，归之自然，独以造化为师友，而不为世俗所役”，为最得其旨矣。

然则无为而治之，旨趣如何？《应帝王》篇云：

（1）物各有其自然，不待人为。

肩吾见狂接舆，狂接舆曰：“日中始何以语女？”肩吾曰：“告我：君人者以己出经式义度，人孰敢不听而化诸？”狂接舆曰：“是欺德也。其于治天下也，犹涉海凿河而使蚊负山也。夫圣人之治也，治外乎？正而后行，确乎能其事者而已矣！且鸟高飞以避矰弋之害，鼷鼠深穴乎神丘之下以避熏凿之患，而曾二虫之无知！”

此喻人之知危而就安，乃自然之道也。

（2）顺其自然而为，则为非我为。

天根游于殷阳，至蓼水之上，适遭无名人而问焉，曰："请问为天下？"无名人曰："去！汝鄙人也，何问之不豫也？予方将与造物者为人，厌则又乘夫莽眇之鸟，以出六极之外，而游无何有之乡，以处圹埌之野。汝又何帠（为字之误）以治天下感予之心为？"又复问。无名人曰："汝游心于淡，合气于漠，顺物自然而无容私焉，而天下治矣。"

此以游之放任，喻为治者之当放任也。

（3）为而民不知其为。

阳子居蹵然曰："敢问明王之治。"老聃曰："明王之治，功盖天下而似不自己，化贷万物而民不恃；有莫举名，使物自喜；立乎不测，而游于无有者也。"

此则己不自为，为而人亦莫之知也。

至于有为，其弊害自不待言，兹举例以明之：

马，蹄可以践霜雪，毛可以御风寒，龁草饮水，翘足而陆。此马之真性也，虽有义台、路寝，无所用之。及至伯乐，曰："我善治马。"烧之剔之，刻之雒之，连之以羁馽，编之以皁栈，马之死者十二三矣；饥之渴之，驰之骤之，整之齐之，前有橛饰之患，而后有鞭策之威，而马之死者，已过半矣。陶者曰："我善治埴。圆者中规，方者中矩。"匠人曰："我善治木，曲者中钩，直者应绳。"夫埴木之性，岂欲中规矩钩绳哉？然且世世称之，曰："伯乐善治马，而陶匠善治埴木。"此亦治天下者之过也。《马蹄》

南海之帝为儵，北海之帝为忽，中央之帝为浑沌。儵与忽时相与遇于浑沌之地，浑沌待之甚善。儵与忽谋报浑沌之德，曰："人皆有七窍，以视听食息，此独无有，尝试凿之。"日凿一窍，七日而混沌死。《应帝王》

此两则俱喻人为之过，故郭《注》曰："为者败之。"盖亦本老子无为而治之说而加详也。

庄子既任天，故对于人为之政府、人为之礼制极力掊击，而欲打倒礼教，以贯其无政府主义。

吾意善治天下者不然。彼民有常性，织而衣，耕而食，是谓同德；一而不党，命曰天放。故至德之世，其行填填，其视颠颠。当是时也，山无蹊隧，泽无舟梁，万物群生，连属其乡，禽兽成群，草木遂长。是故禽兽可系羁而游，乌鹊之巢可攀援而窥。夫至德之世，同与禽兽居，族与万物并，恶乎知君子小人哉！同乎无知，其德不离；同乎无欲，是谓素朴；素朴而民性得矣。及至圣人，蹩躠为仁，踶跂为义，而天下始疑矣。澶漫为乐，摘僻为礼，而天下始分矣。故纯朴不残，孰为牺尊？白玉不毁，孰为珪璋？道德不废，安取仁义？性情不离，安用礼乐？五色不乱，孰为文采？五声不乱，孰应六律？夫残朴以为器，工匠之罪也；毁道德以为仁义，圣人之过也。《马蹄》

……绝圣弃知，大盗乃止；擿玉毁珠，小盗不起。焚符破玺，而民朴鄙；剖斗折衡，而民不争；殚残天下之圣法，而民始可与论议。《胠箧》

此欲打倒知识，打倒礼教。如太古混沌之时，不特无君民之分、尊卑之别，且人与禽兽亦旨平等也。

其对于君主政府亦极力痛斥：

徐无鬼见武侯。武侯曰："先生居山林，食芧栗，厌葱韭，以宾寡人，久矣夫。今老邪？其欲干酒肉之味邪？其寡人亦有社稷之福邪？"徐无鬼曰："无鬼生于贫贱，未尝敢饮食君之酒肉，将来劳君也。"

君曰："何哉，奚劳寡人？"曰："劳君之神与形。"武侯曰："何谓邪？"徐无鬼曰："天地之养也一，登高不可以为长，居下不可以为短。君独为万乘之主，以苦一国之民，以养耳目鼻口，夫神者不自许也。夫神者，好和而恶奸。夫奸，病也，故劳之。唯君所病之，何也？"武侯曰："欲见先生久矣。吾欲爱民，而为义偃兵，其可乎？"徐无鬼曰："不可。爱民，害民之始也；为义偃兵，造兵之本也。君自此为之，则殆不成。凡成美，恶器也……《徐无鬼》

有时竟视同盗贼，

彼窃钩者诛，窃国者为诸侯，诸侯之门而仁义存。《胠箧》

其疾之也如此。

庄子既反对君治，故同时主张无为而治。

闻在宥天下，不闻治天下也。在之也者，恐天下之淫其性也；宥之也者，恐天下之迁其德也。天下不淫其性，不迁其德，有治天下者哉？昔尧之治天下也，使天下欣欣焉，人乐其性，是不恬也；桀

之治天下也，使天下瘁瘁焉，人苦其性，是不愉也。夫不恬不愉，非德也。非德也而可长久者，天下无之。《在宥》

自三代以下者，匈匈焉，终以赏罚为事，彼何暇安其性命之情哉。而且说明邪，是淫于色也；说聪邪，是淫于声也；说仁邪，是乱于德也；说义邪，是悖于理也；说礼邪，是相于技也；说乐邪，是相于淫也；说圣邪，是相于艺也；说知邪，是相于疵也。天下将安其性命之情，之八者，存可也，亡可也？天下将不安其性命之情，之八者，乃始脔卷獊囊而乱天下也。而天下乃始尊之惜之，甚矣天下之惑也！《在宥》

是以无为而治，而后物各得其性命之情，戒干涉、主放任之论也。又曰：

夫帝王之德，以天地为宗，以道德为主，以无为为常。无为也，则用天下而有余；有为也，则为天下用而不足。故古之人贵夫无为也。上无为也，下亦无为也，是下与上同德；下与上同德，则不臣。下有为也，上亦有为也，是上与下同道；上与下同道，则不主。上必无为而用天下，下必有为为天下

> 用，不易之道也。故古之王天下者，知虽落天地，不自虑也；辩虽雕万物，不自说也；能虽穷海内，不自为也。天不产而万物化，地不长而万物育，帝王无为而天下功。故曰：莫神于天，莫富于地，莫大于帝王。故曰：帝王之德配天地。《天道》

郭象注曰："夫工人无为于刻木而有为于用斧，主上无为于亲事而有为于用臣。臣能亲事，主能用臣，斧能刻木，而工能用斧，各当其能，则天理自然，非有为也。若乃主代臣事，则非主矣，臣秉主用，则非臣矣；故各司其任，则上下咸得而无为之理至矣。故曰：无为之言，不可不察也。又曰：夫在上者患于不能无为而代人臣之所司，使咎繇不得行其明断，后稷不得施其播殖，则群才失其任，而主上困于役矣。故冕旒垂目而付之天下，天下皆得其自为，斯乃无为而无不为者也。"庄子之旨，子玄可谓得之矣。

第八节　理想国

周氏寖衰，诸侯窃据，社会腐败，政治黑暗；机巧尚而道德浇漓，法网滋而盗贼愈起；是非不定，赏罚不当，荣辱凭其喜怒，生死随其俯仰；缘时势之蔽，人心被其影响。以故道家之“厌世思想”、“破坏思想”、“恬退无为思想”，因以诞生其间。观于《论语》所载，若接舆、沮、溺、晨门、荷蒉之徒，大抵皆愤时之昏浊，怀遁世之志，而原壤子、桑伯子之流，放荡礼教，尤属道家一派。或问“以德报怨”一语，说者以为当时流行成语，今亦见诸《道德经》，（第五十九章）可见道家思想之盛行于春秋之末、老子之前，不过至老子始而集成之，迨列、庄再发皇而光大之，成为有系统之学说而已，此其学说渊源于时势者也。

老、庄思想既因环境之压迫而产生，故其理想的政治组织，自与当时潮流不相侔。一言以蔽之，诅咒现状、返复泰古而已。老子曰：

> 小国寡民，使有什伯之器而不用，使民重死而不远徙；虽有舟舆，无所乘之；虽有甲兵，无所陈之；使民复结绳而用之。甘其食，美其服，安其居，乐其俗。邻国相望，鸡犬之声相闻，民至老死不相往来。《道德经》第八十章

此为老子缅想上古社会，其人民之自由平等，远非封建阶级生成以后所能梦想矣。

列子亦曰：

> 华胥氏之国在弇州之西、台州之北，不之斯齐国几千里。盖非舟车足力之所及，神游而已。其国无帅长，自然而已；其民无嗜欲，自然而已。不知乐生，不知恶死，故无夭殇；不知亲己，不知疏物，故无所爱惜；不知背逆，不知向顺，故无利害。都无所爱惜，都无所畏忌；入水不溺，入火不热，斫挞无伤痛，指擿无痛痒。乘空如履实，寝虚如处林。云雾不碍其视，雷霆不乱其听，美恶不滑其心，山谷不踬其步，神行而已。《列子·黄帝》篇

是道家理想社会，至列子殆已变为有具体的华胥国耳。

迨及庄子承其说，遂诋诃先王，排斥礼义，而欲为上古之无为。《缮性》篇云：

> 古之人在混芒之中，与一世而得澹漠焉。当是时也，阴阳和静，鬼神不扰，四时得节，万物不伤，群生不夭。人虽有知，无所用之。此之谓至一。当是时也，莫之为而常自然。逮德下衰，及燧人、伏羲始为天下，是故顺而不一。德又下衰，及神农、黄帝始为天下，是安而不顺。德又下衰，及唐、虞始为天下，兴治化之流，澆淳散朴，离道以善，险

德以行，然后去性而从于心。心与心识，知而不足以定天下，然后附之以文，益之以博。文灭质，博溺心，然后民始惑乱，无以反其性情而复其初。

是庄子盖以开化为近于诈伪，故非先王之不古而欲反之太古者也。此类复古思想，庄子书中屡见不一见。如曰：

至德之世，其行填填，其视颠颠。当是时也，山无蹊隧，泽无舟梁，万物群生，连属其乡，禽兽成群，草木遂长。是故禽兽可系羁而游，乌鹊之巢可攀援而窥。夫至德之世，同与禽兽居，族与万物并，恶乎知君子小人哉！《马蹄》

夫赫胥氏之时，民居不知所为，行不知所之，含哺而熙，鼓腹而游，民能已此矣。《马蹄》

又曰：

昔者荣成氏、大庭氏、伯皇氏、中央氏、栗陆氏、骊畜氏、轩辕氏、赫胥氏、尊卢氏、祝融氏、伏羲氏、神农氏，当是时也，民结绳而用之。甘其食，美其服，乐其俗，安其居，邻国相望，鸡狗之音相闻，民至老死而不相往来。若此之时，则至治矣。《胠箧》

又曰：

至德之世，不尚贤，不使能。上如标枝，民如野鹿，端正而不知以为义；相爱而不知以为仁；实而不知以为忠；当而不知以为信；蠢动而相使不以为赐。是故行而无迹，事而无传。《天地》

观此，其复古之情，亦未免太过矣。又尝于《山木》篇述其理想国曰：

市南宜僚见鲁侯，鲁侯有忧色。市南子曰："君有忧色，何也？"鲁侯曰："吾学先王之道，修先君之业；吾敬鬼尊贤，亲而行之，无须臾离居；然不免于患，吾是以忧。"市南子曰："君之除患之术浅矣！夫丰狐文豹，栖于山林，伏于岩穴，静也；夜行昼居，戒也；虽饥渴隐约，犹旦胥疏于江湖之上而求食焉，定也。然且不免于罔罗机辟之患，是何罪之有哉？其皮为之灾也。今鲁国独非君之皮邪？吾愿君刳形去皮，洒心去欲，而游于无人之野。南越有邑焉，名为建德之国。其民愚朴，少私而寡欲；知作而不知藏，与而不求其报；不知义之所适，不知礼之所将；猖狂妄行，乃蹈乎大方；其生可乐，其死可葬。吾愿君去国捐俗，与道相辅而行。"君

> 曰："彼其道远而险，又有江山，我无舟车，奈何？"市南子曰："君无形倨，无留居，以为君车。"君曰："彼其道幽远而无人，吾谁与为邻？吾无粮，我无食，安得而至焉？"市南子曰："少君之费，寡君之欲，虽无粮而乃足。君其涉于江而浮于海，望之而不见其崖，愈往而不知其穷。送君者皆自崖而反，君自此远矣。"

此所谓建德之国，乃庄子之理想国，盖亦形容太古混芒之状者也。

第八章　庄子之经济思想

经济学之独立成科，乃十八世纪以来之事实，盖自法人蒯奈（Quesnay，1694—1774）立其体系，英人亚丹斯密（Adam Smith，1723—1790）集其大成，而科学上之位置，始得独立焉。良以希腊时代之哲学家、罗马时代之法学家与夫中世之神学家等，虽有论及经济现象，然要不外片鳞只爪，且多与道德混合。不独泰西为然也，即东洋亦莫不类是。如吾国文化号称最古，思想学术亦应先进，乃考前人著述，则类皆漫无统系。即就经济思想而论，《洪范》论富，《大学》理财，斯故然也，而无如其未具组织统系何？其他诸子百家述及经济者，尤不乏人，然未可以谓经济专家则一也。虽然，科学之统系组织虽未成立，而经济之原理原则，则固早有道破，并且见诸应用者，如先秦之管、墨、孟、庄，其最著者也。

庄子经济学说，要以绝欲为根据，旁及生产价值分配等问题，其度经济价值，不在物质而在精神，盖渊源于道家之清静无为，而以无欲为尾闾。故老子曰："我有三宝，持而保之：一曰慈，二曰俭。”庄子亦曰：“无欲而天下足。”此盖欲使根本不上发生欲往之意也。且道家藉伦理上克己之功夫限制欲望，作为经济基础，而其所谓寡欲无欲云云，要不外为道德之张本也。

第一节 欲念

道家信从自然法，故主张根本取消欲念，供与求减至最低程度。老子曰：

> 不贵难得之货，使人不为盗；不见可欲，使民心不乱。是以圣人之治，虚其心，实其腹，弱其志，强其骨；常使民无知无欲。《道德经》第三章
>
> 罪莫大于可欲，祸莫大于不知足，咎莫大于欲得。故知足之足，常足矣。《道德经》第四十六章

老子之无欲学说盖全根据彼“无”的哲学而来，因“天地万物生于有，有生于无。”“无”为极高阶级，故欲念仍以无为贵。但所谓无欲者，并非使人捐弃一切物质，不过于日常所需只求足供而已。

至于庄子则更进一步积极主张绝欲。彼以为欲求能否满足，不在物质之量，而在个人之心。货物盈江海，

苟贪求无厌，莫能尝也。故曰：

> 古之畜天下者，无欲而天下足，无为而万物化，渊静而百姓定。《天地》

又曰：

> 同乎无知，其德不离；同乎无欲，是谓素朴；素朴而民性得矣。《马蹄》

无欲无求，则无不足也。

彼又以为难得之货颇能引人之欲念，而生欲求，故主张斥去之。如曰：

> ……若然者，藏金于山，藏珠于渊；不利货财，不近贵富；不乐寿，不哀夭；不荣通，不丑穷；不拘一世之利以为己私分，不以王天下为己处显。显则明，万物一府，死生同状。《天地》

是有此人生观，方能享此经济生活焉。

第二节　生产论

生产者，增进财之效用或创造财之效用之者也。盖人不能无中生有，不过用自然之物，藉自然之力，加以劳力而变化之，使之适于满足人类之欲望，是以生产不外化无用之物为有用，或化有用之物更为有用耳。生产要素可大别为三，即：(1)土地，(2)劳工，(3)资本，是也。土地一项，除《孟子》书略有记载外，其余鲜有论及。至于资本一端，因吾国未经产业革命，故资本辅助生产之理，亦未显于我国。兹仅就庄子对于劳工之意见略述如左：

(甲)劳动

庄子主张劳动主义，对于肉体劳动与精神劳动，一视同仁，故无分轩轾。如曰：

> 天生万民，必授之职。《秋水》

盖天之生人，必与之工，与之食。易言之，使各尽所能，各取所需，社会个人两得其利也。又曰：

> 农夫无草莱之事则不比，商贾无市井之事则不

> 比。比通作庀，治也庶人有旦暮之业则劝，百工有器械之巧则壮。钱财不积，则贪者忧；权势不尤，则夸者悲；势物之徒乐变，遭时有所用，不能无为也。此皆顺比于岁，不物于易者也。《徐无鬼》

凡此诸业者，用各有时，时用则不能自已也；苟不遭时则不得用，故贵贱无常。又诸业者之所能，各有其极，若四时之不可易耳。故当其时，物顺其伦次，则各有用矣。

庄子虽倡劳动主义，但反对以机械（省力之具）代劳工。如曰：

> 子贡南游于楚，反于晋，过汉阴，见一丈人方将为圃畦，凿隧而入井，抱瓮而出灌，搰搰然用力甚多，而见功寡。子贡曰："有械于此，一日浸百畦，用力甚寡而见功多，夫子不欲乎？"为圃者仰而视之，（仰各本作卬）曰："奈何？"曰："凿木为机，后重前轻，挈水若抽，数如泆汤，其名为槔。"为圃者忿然作色而笑曰："吾闻之吾师，有机械者必有机事，有机事者必有机心。机心存于胸中，则纯白不备；纯白不备，则神生不定；神生不定者，道之所不载也。吾非不知，羞而不为也。"《天地》

至于劳作过度，则有损身心，如曰：

> ……形劳而不休则弊，精用而不已则劳，劳则竭。《刻意》

使庄子复生于今日，对于三八之制（工作八小时，教育八小时，休息八小时）当必首肯矣。

（乙）分工

职业分工问题，在吾国实现较早，且为先哲所乐道，如儒孟、道庄为最显著者也。

盖人之才，长于一者众，长于十者寡，若各因所长而用之，则事半功倍，使舍所长而就所短，将见徒劳无获，不经济之尤者也。庄子曰：

> 天下皆知求其所不知，而莫知求其所已知者；皆知非其所不善，而莫知非其所已善者，是以大乱。故上悖日月之明，下烁山川之精，中堕四时之施；惴耎之虫，肖翘之物，莫不失其性。甚矣，夫好知之乱天下也！《胠箧》

舍长就短，其害如斯，使各为所长而不相联合，岂非足向前而身仰后，舵师呼左而机师转右邪？吾固知人不前、舟不行也。又曰：

> 相与于无相与，相为于无相为。《大宗师》

郭象释之曰：

> 夫体天地、冥变化者，虽手足异任、五脏殊管，未尝相与而百节同和，斯相与于无相与也。未尝相为而表里俱济，斯相为于无相为也。

此庄子之分工论也。

（丙）斥技巧

生产者，增进自然物之效用而充足人类欲望之行为也。然生产品有时不徒只能充足人类之欲望，同时又能引起人类新欲望耳。职是之故，生产者乃有争奇斗巧之做作，藉以广招徕，于是难得之货日贵，慕外物轻死者益众，更有欲攫夺他人之难得之货而为己有者，则盗窃之心生，社会混乱，从兹起矣。庄子有见及此，故从无为而治之理而出发，对于生产则极端排斥技巧，并欲使人人复于自然而得简朴生活。如曰：

……绝圣弃知，大盗乃止；擿玉毁珠，小盗不起；焚符破玺，而民朴鄙；剖斗折衡，而民不争；殚残天下之圣法，而民始可与论议；擢乱六律，铄绝竽瑟，塞瞽旷之耳，而天下始人含其聪矣；灭文章，散五彩，胶离朱之目，而天下始人含其明矣；毁绝钩绳而弃规矩，攦工倕之指，而天下始人含其巧矣。故曰："大巧若拙。"削曾、史之行，钳杨、墨之口，攘弃仁义，而天下之德始玄同矣。《胠箧》

又曰：

……故纯朴不残，孰为牺尊？白玉不毁，孰为珪璋？道德不废，安取仁义？性情不离，安用礼乐？五色不乱，孰为文采？五声不乱，孰应六律？夫残朴以为器，工匠之罪也；毁道德以为仁义，圣人之过也。《马蹄》

此庄子排斥技巧之极致者也。彼虽斥技巧，然一方又提倡务农，如曰：

冬日衣皮毛，夏日衣葛絺；春耕种，形足以劳动；秋收敛，身足以休食；日出而作，日入而息，逍遥于

> 天地之间而心意自得，吾何以天下为哉？《让王》

盖“到民间去”，始能实现其原始社会生活也。

第三节　价值论

庄子经济思想中之一特色，即先哲所忽视之价值论。彼之言物值也，重客观的而轻主观的，盖欲使天下万物各返其本来面目焉。宋王应麟曰：“是非毁誉，一付于物，而我无与焉，则物论齐矣。”明归有光亦曰：“欲齐天下之物，当观诸未始有物之先。”所论颇允。《齐物论》云：

> ……物无非彼，物无非是。自彼则不见，自知则知之。故曰：彼出于是，是亦因彼。彼是方生之说也。……物谓之而然。恶乎然？然于然。恶乎不然？不然于然。物固有所然，物固有所可。物不然，无物不可。……

自人生而有知，物我之分以萌，彼是之情以出，挟其一偏之观想，而查验普类之伦物。若者为大，若者为小，若者为长，若者为短，若者为美，若者为恶，若者为是，若者为非，纷然无穷，不可复止，于是森然无知之万象，竟一一呈其相对的有情之活动，而人间世物我是非之争以起，其本然之浑朴凿矣。又曰：

> 以道观言，而天下之君正；以道观分，而君臣之义明；以道观能，而天下之官治；以道泛观，而万物之应备。通于天地者，德也；行于万物者，道也。《天地》

是物论之齐，在因是以适得也。故郭象曰："万物莫不皆得，则天地通。"此之谓也。

至其论主观物值，因人而异。如曰：

> 毛嫱丽姬，人之所美也，鱼见之深入，鸟见之高飞，麋鹿见之决骤。四者孰知天下之正色哉？《齐物论》

色之价值因物而异，天下之正味、正处亦如是焉，此主观物值之所以难决者也。其论物之贵贱曰：

> 以道观之，物无贵贱。以物观之，自贵而相贱。以俗观之，贵贱不在己。《秋水》

以道言值，哲学上之值也。以物言值，个人之值也。以俗言值，社会之值也。观点既异，物值自殊，无怪乎苦正值之难求也。

与庄子同时之孟子对于价值亦有所论列：如曰："夫物之不齐，物之情也，或相什百，或相千万。子比而同之，是乱天下也。巨屦小屦同贾，人岂为之哉？……"此盖对许行而发。然周物我为一旨也，亦为轲所反对也。

第四节 分配论

孔子曰："不患寡而患不均，不患贫而患不安。"又曰："财聚则民散，财散则民聚。"(《论语》)盖均无贫、和无寡、安无倾，斯言也，可谓分配理论之至言矣。盖自近世资本主义发达社会贫富阶级悬殊以来，一般经济学者莫不转移其前此注重生产理论者，而集中其议论于分配理论，是固考诸近代经济思想史可知也。故有谓前此经济政策之侧重于生产方面者，渐移其重心于分配方面，职是故也。而庄子当时则始终如斯主张也。如曰：

富而使人分之，则何事之有？《则阳》

此论分配之重要也。其论贫富不均之弊曰：

> 荣辱立，然后睹所病；货财聚，然后睹所争。今立人之所病，聚人之所争，穷困人之身，使无休时，欲无至此，得乎？《则阳》

聚货财，为纷争之源；货财分散，则祸乱不起也。此议论与近世社会主义学说诚不谋而合也。

至其对于交易亦有所批评，谓圣人“不货，恶用商”。无商，则交易不生。可见其理想的社会即为恢复原始共产社会也。

第五节　消费论

（甲）尚俭

老、庄为道家巨擘，均甘于淡泊，守道乐贫，故主尚俭。老子曰：

> 我有三宝，持而保之：一曰慈，二曰俭，三曰不敢为天下先。夫慈，故能勇；俭，故能广；不敢为天下先，故能成器长。《道德经》
>
> 朝甚除，田甚芜，仓甚虚；服文采，带利

剑，厌饮食，财货有余；是为道竽。非道也哉！《道德经》

而庄子亦曰：

古之至人，假道于仁，托宿于义，以游逍遥之虚，食于苟简之田，立于不贷之圃。逍遥，无为也；苟简，易养也；不贷，无出也。古者谓是采真之游。以富为是者，不能让禄；以显为是者，不能让名；亲权者，不能与人柄。操之则慄，舍之则悲，而一无所鉴以窥其所不休者，是天之戮民也。《天运》

是老、庄均以奢侈为致乱之源，即俭为救乱之本，可谓切中之极也。

（乙）论葬

庄子于《天下》篇内反对节葬曰："古之丧礼，贵贱有仪，上下有等，天子棺椁七重，诸侯五重，大夫三重，士再重；今墨子独生不歌，死不服，桐棺三寸而无椁，以为法式。以此教人，恐不爱人；以此自行，固不爱己。"而于《列御寇》篇则曰："吾以天地为棺椁，以日月为连璧，星辰为珠玑，万物为赍送，吾葬具岂不备邪？"是周亦积极提倡节葬也。至其对于墨子批评，谅从世俗之见耳。

（丙）乐论

夫乐者，乐也，人情之所必不免也，故人不能无乐。见荀子《乐论》篇是乐为人生所不可少者也。惟庄子则去物质乐而求精神乐。物质之乐者，形外之乐也；精神之乐者，内心之乐也。故其对于墨子之非乐固非之，即对世俗之乐亦深致不满。如曰：

> 自三代以下者，匈匈焉，终以赏罚为事，彼何暇安其性命之情哉。而且说明邪，是淫于色也；说聪邪，是淫于声也；说仁邪，是乱于德也；说义邪，是悖于理也；说礼邪，是相于技也；说乐邪，是相于淫也；说圣邪，是相于艺也；说知邪，是相于疵也。天下将安其性命之情，之八者，存可也，亡可也？天下将不安其性命之情，之八者，乃始脔卷獊囊而乱天下也。而天下乃始尊之惜之，甚矣天下之惑也！《在宥》

至其精神之乐如何？《天道》篇曰：

……夫明白于天地之德者，此之谓大本大宗，与天和者也；所以均调天下，与人和者也。与人和者，谓之人乐；与天和者，谓之天乐。庄子曰："吾师乎，吾师乎！齑万物而不为戾，泽及万世而不为仁，长于上古而不为寿，覆载天地、刻雕众形而不为巧，此之谓天乐。故曰：'知天乐者，其生也天行，其死也物化。静而与阴同德，动而与阳同波。'故知天乐者，无天怨，无人非，无物累，无鬼责。故曰：'其动也天，其静也地，一心定而王天下；其鬼不祟，其魂不疲，一心定而万物服。'言以虚静推于天地，通于万物，此之谓天乐。天乐者，圣人之心以畜天下也。

清刘鸿典释之曰："天地万物皆不离乎道，道不离乎虚静，以虚静推而通之，莫不同，此大本大宗，故谓之天乐。夫天乐者，不在乎外，在乎圣人之心。圣人之心畜天下，即恃天乐以畜之。畜者，涵育之意。千古圣人无不同此心，即无不同此天乐，此天下之所以赖有圣人也。"《庄子约解》卷二洵有见之言也。

第九章 庄子之心理学

吾国心理学古无专科，其所有者率为经验律令，纵有从事因果之说明者，亦多限于同性事例，鲜有组织为首尾毕具之体系者。此盖各国学术发达程序之所同然，无足为异。《庄子》一书，言心理学固多为零篇断节，然依今世科学法则以整理之、结构之，亦为吾人所应有事也。

第一节 论身心之关系

庄子论身心之关系，至为密切。生命者，即身心互用之现象也。存储内者为心，发乎外者为行为。心为主动，有辨别外界事物之作用，观察人之行为，可推测其人之思想。如曰：

身心

以其知得其心，以其心得其常心。《德充符》。按知即意识，形体与意识并合作用始有生命。徒有形体而无意识，则不知所以为生；无形体便无意识，更无生命之可言矣。

目之与形，吾不知其异也，而盲者不能自见；耳之与形，吾不知其异，而聋者不能自闻；心之与形，吾不知其异也，而狂者不能自得。形之与形亦辟矣，而物或间之邪，欲相求而不能相得？《庚桑楚》

备物以将形，藏不虞以生心，敬中以达彼。《庚桑楚》

可行已信而不见其形，有情而无形。百骸、九窍、六藏，赅而存焉，吾谁与亲？《齐物论》

游心

至人之用心若镜，不将不逆，应而不藏，故能胜物而不伤。《应帝王》。成云：用心不劳，故无损害。霄按：此为心灵自动之说，与待刺激而后动之说不相容。

耳目聪明，其用心不劳，其应物无方。《知北游》

……汝游心于淡，合气于漠，顺物自然，而无容私焉。《应帝王》

且夫乘物以游心，托不得已以养中。……《人间世》

天下脊脊大乱，罪在撄人心。撄，挠人心。《在宥》

……“敢问心斋。”曰：“若一志！无听之以耳而听之以心，无听之以心而听之以气。听止于耳，心止于符。气也者，虚而待物者也。唯道集虚，虚者，心斋也。"《人间世》。陆长庚曰：精神愈敛，则气息愈微；气息愈微，则灵关愈澈。故心静则听止于耳，息微则心止于符。符即道家火符之符，一消一息，顺其自然，则与天符暗合。

养形

……夫昭昭生于冥冥，有伦生于无形，精神生于道，形本生于精，而万物以形相生。故九窍者胎生，八窍者卵生。其来无迹，其往无崖，无门无房，四达之皇皇也。邀于此者，四肢彊，思虑恂达，耳目聪明，其用心不劳，其应物无方。天不得不高，地不得不广，日月不得不行，万物不得不昌，此其道与？《知北游》。陆长庚曰：知精神之生于道，则知性之所自出矣；知形本之生于精，则知命之所由立矣。精神之精，即道家所谓先天之精，清通而无象者也。形本之精，即《易·系》所谓男女媾精之精，有气而有质者也。

形莫若就，心莫若和。虽然，之二者有患。就不欲入，和不欲出。形就而入，且为颠为灭，为崩为蹶；心和而出，且为声为名，为妖为孽。……《人间世》

……形劳而不休则弊，精用而不已则劳，劳则竭。水之性，不杂则清，莫动则平，郁闭而不流，

> 亦不能清，天德之象也。故曰：纯粹而不杂，静一而不变，惔而无为，（世本惔作淡）动而以天行，此养神之道也。《刻意》

就以上各条而观之，则知庄子心理学说中，身心二分之法，显而易见。但彼谓身心二者，互相为用，不能分离，与机能派皮斯勃莱（Pillsbury）论意识与行为之关系，言颇似近。皮氏谓大概而言，意识常为觉知行为之重要工具，行为与意识相关至切，他人之意识，惟藉其行为以知之，吾人自己之行为与他人之行为，惟恃意识始得以知之。简言之，无意识不能得知行为，无行为亦不能表示意识，二者犹唇齿之相依也。皮氏此意，与庄子所谓“以其知，得其心”适相吻合。又上列各条中所论身心修养方法亦颇精到。其言心一任虚浑，毫不执持，后世宋明儒言心，多袭取其义焉。

第二节　论性

道家认性为原始状态，不涉人为，故主张返本复初。老子曰：

> 绝圣弃智，民利百倍；绝仁弃义，民复孝慈；绝

巧弃利，盗贼无有。此三者，以为文不足，故令有所属；见素抱朴，少私寡欲。《道德经》

又曰：

夫物芸芸，各复归其根。归根曰静，是曰复命。复命曰常，知常曰明。《道德经》第十六章

此老子主张全性，而庄子则主张任性。如曰：

及唐、虞始为天下，兴治化之流，澆淳散朴，离道以善，险德以行，然后去性而从于心。心与心识，知而不足以定天下，然后附之以文，益之以博。文灭质，博溺心，然后民始惑乱，无以反其性情而复其初。《缮性》

吾所谓臧者，任其性命之情而已矣。《骈拇》

天在内，人在外。……牛马四足，是谓天；落落即络字马首，穿牛鼻，是谓人。故曰：无以人灭天，无以故灭命，无以得殉名。《秋水》

无为而尊者，天道也；有为而累者，人道也。《在宥》

彼以为加上人工，皆为戕性而悖天。又曰：

马，蹄可以践霜雪，毛可以御风寒，龁草饮水，翘足而陆。此马之真性也，虽有义台、路寝，无所用之。及至伯乐，曰："我善治马。"烧之剔之，刻之雒之，连之以羁𫈲，编之以皁栈，马之死者十二三矣；饥之渴之，驰之骤之，整之齐之，前有橛饰之患，而后有鞭策之威，而马之死者，已过半矣。《马蹄》

此与老子所谓"代大匠斫，伤其手"之理相同。因是庄子对于性有二主张：

一、不失其性，
二、不淫其性。

何谓失性？庄子曰：

且夫失性有五：一曰五色乱目，使目不明；二曰五声乱耳，使耳不聪；三曰五臭薰鼻，困惾中颡；四曰五味浊口，使口厉爽；五曰趣舍滑心，使性飞扬。此五者，皆生之害也。《天地》

何谓淫性?

在之也者，恐天下之淫其性也。苏舆云：在，存也。存诸心而不露是非善恶之迹，以使民相安于混沌 宥之也者，恐天下之迁其德也。天下不淫其性，不迁其德，有治天下者哉?《在宥》

如前所引伯乐治马，即失马之真性。后世治民，立政令赏罚，亦使民失真性。如曰：

……使人喜怒失位，居处无常，思虑不自得，中道不成章，于是乎天下始乔诘卓鸷，而后有盗跖、曾、史之行。故举天下以赏其善者不足，举天下以罚其恶者不给。《在宥》

其主去智、无情，盖亦为妨止淫性也。

第三节　论精神

精神者，人之灵气也。蒙庄主出世主义，超然外物，故重精神、不重形体也。如曰：

精神生于道，形本生于精。《齐物论》

此言精神所自出也。又曰：

……“至人潜行不窒，蹈火不热，行乎万物之上而不慄。请问何以至于此？”曰：“是纯气之守也，非知巧果敢之列。”《达生》

一其性，养其气，合其德，以通乎物之所造。夫若是者，其天守全，其神无郤，物奚自入焉！《达生》

意谓保守纯和之气，非心智巧诈、勇决果敢而得之也。又曰：

圣人之静也，非曰静也善，故静也；万物无足以铙心者，故静也。水静则明烛须眉，平中准，大匠取法焉。水静犹明，而况精神！圣人之心静乎，天地之鉴也，万物之镜也。……《天道》

……汝齐戒，疏瀹而心，澡雪而精神，掊击而知。《知北游》

无劳女形，无摇女精。《在宥》

此论气之修养也。又曰：

察其始而本无生；非徒无生也，而本无形；非徒无形也，而本无气。杂乎芒芴之间，变而有气，气变而有形，形变而有生，今又变而之死，是相与为春秋冬夏四时行也。《至乐》

人之生，气之聚也；聚则为生，散则为死。若死生为徒，吾又何患？故万物一也。《知北游》

此论生死为一气也。又曰：

夫欲免为形者，莫如弃世。弃世则无累，无累则正平，正平则与彼更生，更生则几矣。事奚足弃而生奚足遗？弃世则形不劳，遗生则精不亏。夫形全精复，与天为一。天地者，万物之父母也，合则成体，散则成始。形精不亏，是谓能移；精而又精，反以相天。《达生》

精神四达并流，无所不极，上际于天，下蟠于地，化育万物，不可为象，其名为同帝。纯素之道，唯神是守。守而勿失，与神为一。一之精通，合于天伦。《刻意》

独与天地精神往来，而不敖倪于万物。《天下》

此论形全精复、与天为一之旨也。

总之，庄子以为心有知觉，犹起攀缘；气无情虑，虚柔任物；故重气不重心也。

第四节　普通心理学

（甲）感觉

何谓感觉？感觉乃感官、感觉神经、感觉中枢对感觉的刺激而起之活动，如视、听、味 、嗅、触皆是。庄子之智识论中经验与推论并重，彼谓“欲是其所非而非其所是，则莫若以明。”（《齐物论》）所谓“以明”者，即谓智识由五官亲历所得之经验而成者也。然此尚偏于哲学上之经验论，至其论感觉方面，可观下列数条：

> 知者，接也。
>
> 知者，谟也。谟，谋也
>
> 知者之所不知，犹睨也。《庚桑楚》

前者谓感官与外物相接，而摄取其印象，始成视觉。后者谓即见事而虑之故，则知其性质，确与机能派谓注意有预备、选择之力者无异。

（乙）知觉

感官受一种刺激，即得一种经验，而成印象，但印象须加以组织，成一明确之观念，是谓之“知觉”。庄子曰：

> 视而可见者，形与色也；听而可闻者，名与声也。悲夫！世人以形色名声为足以得彼之情！夫形色名声果不足以得彼之情，则知者不言，言者不知，而世岂识之哉？《天道》
>
> ……且举世而誉之而不加劝，举世而非之而不加沮，定乎内外之分，辩乎荣辱之境，斯已矣。世本境作竟。《逍遥游》

此谓吾人对于外物，不仅有感觉，且觉知该事物之性质，“辩乎荣辱之境”之“辩”，含有辨别、反省之作用。其论知觉与时空之关系，如曰：

> 井蛙不可以语于海者，拘于虚也；夏虫不可以语于冰者，笃于时也；曲士不可以语于道者，束于教也。《秋水》

可见知觉亦受时空之限制，义颇精微。

又论贪求知识之害，亦曰：

> 吾生也有涯，而知也无涯。以有涯随无涯，殆已！已而为知者，殆而已矣！《养生主》
>
> 知也者，争之器也。《人间世》

（丙）感情

感情者，乃种种情的生活所特有之精神元素也。喜乐与悲愁、爱恋与憎恶、忿怒与恐惧等种种情的生活，加以分析，其最后之结果，皆为感情。至感情之本质，只有快不快，其余如喜怒哀乐好恶欲七情者，均根据此快不快之原质也。

庄子论感情，其特点有二，即“爱”与“恶”是也。彼以为吾人对于事物，有二种态度，一好之，二恶之，如曰：招其所好，去其所恶”（《庚桑楚》）。但所好所恶，必各有其对象，此与近代勃兰泰诺（Brentano）谓任何心理现象必有对象之说相吻合也。

其云爱：

> 父子相爱，何为不仁？《天运》
>
> 圣人之爱人也终无已者。……《知北游》

其云美：

……其美者自美，吾不知其美；其恶者自恶，吾不知其恶。《山木》

……夫得是，至美至乐也。得至美而游乎自乐，谓之至人。《田子方》

其云哀：

仰天而嘘，荅焉若丧其耦。《齐物论》

……是其死也，我独何能无概（同慨）然。《至乐》

其云乐：

其生可乐，其死可葬。《山木》

与人和者，谓之人乐；与天和者，谓之天乐。《天道》

……上神乘光，与形灭亡，此谓照旷；致命尽情，天地乐而万事销亡，万物复情，此之谓混冥。《天地》

其云怒与惧：

> 夫两喜必多溢美之言，两怒必多溢恶之言。《人间世》
>
> 胥靡登高而不惧，遗死生也。《庚桑楚》
>
> 敬之而不喜，侮之而不怒者，唯同乎天和者为然。出怒不怒，则怒出于不怒矣。出为无为，则为出于无为矣。《庚桑楚》

总之，庄子所谓喜怒哀乐等情绪之发生时，必有对象，易言之，即我人对外界事物之种种态度也。

（丁）意志

意志者，乃精神作用之复合作用也。精神作用之元素，仅有感觉与感情两种，此外更无可为第三元素者。意志作用亦成自感觉、感情等之复合，未尝含有特异之元素。意志作用有一种特质，即吾人行动之感与之随伴，此殆为他种精神作用所无有。又意志之动作，与他种心的程序相仿佛，亦有三方面：即意、情、知是也。而尤以意为中心，其特性且可于其余之二方面中见之。在意志之经验中，常觉已为原动。“我欲为此”，即为吾人之断语；既有此断语，再继之以动作，终必能达预定之目的；间或有阻碍发生，但在意志活动中，亦定能扫而空之。

盖有意的动作，不仅与个人人格有关，即与社会文化亦有所系。社会学者常以意志力的强弱，为半开化民族与开化民族动作之区别。意志在心理学上之价值概可想见。

庄子似谓心之作用，分为两种：一认识外界，二努力进行。彼曰“一若志”《人间世》“其志无穷”《则阳》，意谓我人对于外界事物，知其有利于我者，必爱而求之，非达目的不止。此种行为之主动作用，谓之意志。庄子之意志论与麦孤独所谓之“意”volition几全同。麦孤独谓：“意也者，即自重情操之系统内部所激起之冲动与欲望或奋力互相作用，扶助其势力，或使之增强也。”见《社会心理学导言》总之，庄子言意志有发动之主宰之力，使机体向前推进，以达最后之目的。

《达生》篇曰：

> 子列子问关尹曰：“至人潜行不窒，蹈火不热，行乎万物之上而不栗。请问何以至于此？”关尹曰：“是纯气之守也，非知巧果敢之列。”

《缮性》篇亦曰：

> ……古之所谓得志者，非轩冕轩冕，即显贵之同称

之谓也，谓其无以益其乐而已矣。今之所谓得志者，轩冕之谓也。轩冕在身，非性命也。物之傥来，寄者也。寄之，其来不可圉，其去不可止。故不为轩冕肆志，不为穷约趋俗。不贬志以徇俗其乐彼与此同，故无忧而已矣。

又论“意志”，实含有“勇”之性质，如曰：

夫水行不避蛟龙者，渔父之勇也；陆行不避兕虎者，猎夫之勇也；白刃交于前、视死若生者，烈士之勇也；知穷之有命、知通之有时、临大难而不惧者，圣人之勇也。《秋水》

谁谓庄子消极无为哉？

（戊）思想

思想者，是以已知之事物为根据，由此推测他种事物或真理之作用也。是种作用，在论理学上名为“推理作用”inference，即由既知之一判断或二判断为根据，以推出他种新判断之作用也。

庄子思想属怀疑派，其言思维有选择、比较、总括、判断、推论诸作用。如曰：

思而不能去也。《德充符》

思虑善否。《至乐》

思虑恂达。恂，通也。《知北游》

顾以所闻思其列。《人间世》

欲是其所非而非其所是，则莫若以明。《齐物论》

是庄子所谓思虑，盖自就所志事物反复思考之谓。如于决意以前，审查其目的之当否，兼思所以达此目的之方法及其结局影响等，然后从而决定之者，是也。至其所谓“欲是其所非而非其所是，则莫若以明”，殆与近世逻辑之学不谋而合也。

第五节　社会心理学

研究团体中之个人，不能仅就个人以研究之。演化论谓个人与其环境极有关系。发育心理学之研究亦深以此为然。儿童之精神生活，往往带有家庭之精神生活之特征；野蛮人之精神生活，亦常为其族属之种种观念所支配。因此研究团体之精神生活与研究个人之精神生活有同等之需要，此即社会心理学之所由起也。

社会心理学以人群集合之心意作用为研究对象，与普通心理学之性质迥异。从表面观之，一群人集合于一地，其心意作用应等于各个人心意作用相加之总和。但事实上绝非如此，因团体所表现之心理现象有三种特质，即:（1）暗示、（2）同情、（3）模仿，足以影响个人，使其心意作用改变。或者谓此三特质不过悦耳之词，非个人本有此类特别之现象，乃社会环境影响个人之后天习惯动作耳。至庄子之社会心理学，意似偏重习惯焉。

（甲）模仿动作

庄子以为模仿非本能，“习而后能”。如曰：

善人不得圣人之道不立，跖不得圣人之道不行，天下之善人少而不善人多，则圣人之利天下也少，而害天下也多。故曰：唇竭则齿寒。《胠箧》

颜渊问于仲尼曰：“夫子步亦步，夫子趋亦趋，夫子驰亦驰，夫子奔逸绝尘，而回瞠若乎后矣。”夫子曰：“回何谓邪？”曰：“夫子步亦步也，夫子言亦言也，夫子趋亦趋也，夫子辩亦辩也，夫子驰亦驰也；夫子言道，回亦言道也。”《田子方》

彼且为婴儿，亦与之为婴儿；彼且为无町畦，亦与之为无町畦；彼且为无崖，亦与之为无崖。《人间世》

善夭善老，善始善终，人犹效之，而况万物之所系，而一化之所待乎。《大宗师》

周之言模仿，为“有意识之模仿动作”也。

（乙）习惯风俗与人生关系

庄子谓环境影响于人生甚大，吾人品格之善恶，均由习惯而来，社会之环境，有潜移默化之势利，使人习而不察，养成其高尚或卑下之品格。如曰：

入其俗，从其俗。《山木》

丘里者，合十姓百名而以为风俗也，合异以为同，散同以为异。《则阳》

吾生于陵而安于陵，故也；长于水而安于水，性也；不知吾所以然而然，命也。《达生》

差其时，逆其俗者，谓之篡夫；当其时，顺其俗者，谓之义徒。《秋水》

君先而臣从，父先而子从，兄先而弟从，长先而少从，男先而女从，夫先而妇从。夫尊卑先后，天地之行也，故圣人取象焉。《天道》

季彻曰：“大圣之治天下也，摇荡民心，使之成教易俗，举灭其贼心而皆进其独志，若性之自为，而民不知其所由然。若然者，岂兄尧、舜之教民，溟涬然弟之哉？欲同乎德而心居矣！”《天地》

世俗之人，皆喜人之同乎己，而恶人之异于己

也。同于己而欲之，异于己而不欲者，以出乎众为心也。夫以出于众为心者，曷尝出乎众哉！因众以宁所闻，不知众技众矣。《在宥》

知士无思虑之变则不乐，辩士无谈说之序则不乐，察士无凌谇之事则不乐，皆囿于物也。招世之士兴朝，中民之士荣官，筋力之士矜难，勇敢之士奋患，兵革之士乐战，枯槁之士宿名，法律之士广治，礼教之士敬容，仁义之士贵际。农夫无草莱之事则不比，商贾无市井之事则不比。庶人有旦暮之业则劝，百工有器械之巧则壮。钱财不积，则贪者忧；权势不尤，则夸者悲。势物之徒乐变，遭时有所用，不能无为也。此皆顺比于岁，不物于易者也。驰其形性，潜之万物，终身不反，悲夫！《徐无鬼》

……故夫三皇五帝之礼义法度，不矜于同而矜于治，故譬三皇五帝之礼义法度，其犹柤梨橘柚邪？其味相反，而皆可于口。故礼义法度，应时而变者也。今取猨狙而衣以周公之服，彼必龁齧挽裂，尽去而后慊。观古今之异，犹猨狙之异乎周公也。《天运》

此皆发挥人生与习惯之关系，与心理学大家麦孤独所谓环境之力有变身体之功用与感官之影响，使我人发生人种之区别者，见麦著《社会心理学导言》其意正复相同也。

第六节　变态心理

变态心理学以研究与常人差异或相反的行为为目的，可分为两部分：(1) 考察关于能力过于中人或不及中人的种种问题；(2) 考察关于种种所谓“神经病”、疯狂、梦与催眠等现象等问题，及此种病的行为的治疗法。

庄子学说中言及变态心理者可分为四类：

(甲) 睡眠

近代睡眠学说，约分数种：(1) 生理说，以为睡眠是血液流行迟缓之结果。(2) 化学说，以为睡眠为疲劳毒质积在血液之结果。(3) 神经说，为神经中之 neuralgia 质有涨缩性。涨时，能受外界之刺激；缩时，则拒外界之刺激。睡眠者，即外界刺激完全拒绝后之状态也。(4) 心理说，谓睡眠为意识的休息时间 the resting time of consciousness。(5) 生物说，谓睡眠乃有机体卫生之本能。庄子之论睡眠，与以上各说不同，虽无特别奥义，而界说则甚精确。彼意谓卧时，官能不与外界事物相接，发生直接感觉之经验，此种状态谓之睡眠。彼曰：

> 逍遥乎寝卧其下。《逍遥游》

又曰：

> 其寐也魂交，其觉也形开。与接为搆，日以心斗。《齐物论》

惜此类资料，书中罕见，未能遍举，为可憾耳。

（乙）梦

子书中言梦者以《列》《庄》最为特色。列子对于梦会做详细之分类，其《周穆王》篇云："梦有六候……奚谓六候？一曰正梦，二曰噩梦，三曰思梦，四曰寤梦，五曰喜梦，六曰惧梦。此六者，神所交也。"

何谓正梦？平居自梦之谓也。何谓噩梦？因惊愕而起之梦也。何谓思梦？因思念而起之梦也。何谓寤梦？觉时道之而梦之之谓也。何谓喜梦？因喜悦而起之梦也。何谓惧梦？因恐怖而起之梦也。见《列子》张湛注梦虽不同，而起于内界的心理作用则一。故列子曰："昼想夜梦。"彼且举例以明之曰："阴气壮，则梦涉水而恐惧；阳气壮，则梦涉大火而燔焫；阴阳俱壮，则梦生杀。甚饱，则梦与；甚饥，则梦取。是以以浮虚为疾者，则梦扬；以沈实为疾者，则梦溺。藉带而寝，则梦蛇；飞鸟衔发，则梦飞。将阴梦火，将疾梦食。饮酒者忧，歌舞者哭。"并举尹氏大治与其役夫之事以证之。事或失之无稽，理固颇有可信。此列子之释梦也。

吾人既知梦之作成，大半属于心之作用，则欲求梦与事实之关系，不若求心与事实之关系。庄子曰：

> 梦饮酒者，旦而哭泣；梦哭泣者，旦而田猎。方其梦，不知其梦也。梦之中又占其梦焉，觉而后知其梦也。且有大觉，而后知此其大梦也。《齐物论》

又曰：

> 昔者，庄周梦为胡蝶，栩栩然胡蝶也。自喻适志与？不知周也。俄然觉，则蘧蘧然周也。不知周之梦为胡蝶与？胡蝶之梦为周与？周与胡蝶，则必有分矣，此之谓物化。《齐物论》

又曰：

> ……且汝梦为鸟而厉乎天，梦为鱼而没于渊。不识今之言者，其觉者乎？梦者乎？造适不及笑，献笑不及排。安排而去化，乃入于寥天一。《大宗师》

庄子谓梦中所见、所闻宛似真实，意即谓梦非特别意识灵魂之作用。吾人卧时，官能虽弗与外界事物相接，但身体内部血液之动、呼吸之动、肌肉之动种种动，仍能引起由各官体来之一切过去之经验，使其互相联合，发生隐动，犹日间躬为其事，或躬历其境者然。易言之，庄子谓梦殆亦一种感觉耳。故曰：

> 古之真人，其寝不梦，其觉无忧。《大宗师》

总之，心与梦之关系可谓为必然的，因大半属于心的作用，假若心地清闲，无忧无虑，则梦自不期然而然减少以至于无。若心地烦忧、思念纷纷，一念未灭，一念又起，则精神既疲，奇梦自多，故列子云“昼想夜梦，神形所欲”，职是故也。

（丙）幻觉

幻觉者，因机体的或想象的刺激而发生一切虚幻的知觉也。错觉者，对于实际的感觉而予以错误之解释也。然实际上每难指出其间之差异，盖幻觉中常有多少外界之刺激，以引起幻觉时所有之主观的状态，而错觉亦常含有幻觉之元素焉。例如某种癫狂症及各种神经昏乱症与一种药性作用，常以幻觉与错觉为其特点。梦之经验多属错觉，而催眠现象则大都属于纯粹之幻觉也。

庄子曰：

> 知天乐者，其生也天行，其死也物化。静而与阴同德，动而与阳同波。故知天乐者，无天怨，无人非，无物累，无鬼责。故曰：其动也天，其静也地，一心定而王天下；其鬼不祟，其魂不疲。《天道》

庄子既谓“其死也物化”，又谓“其鬼不祟”，就此而论，岂非矛盾其词乎？但“其鬼不祟”一句，宜以心理之眼光解释之，意谓鬼起于心的作用，盖人心不宁则鬼祟，心一定则鬼自灭。俗语云“心疑则鬼生”，此之谓也。又曰：

> 为不善乎显明之中者，人得而诛之；为不善乎幽闭之中者，鬼得而诛之。明乎人、明乎鬼者，然后能独行。《庚桑楚》

郭庆藩云：“幽显无愧于心，故独行而不惧。”可证庄子所谓鬼者，亦起于心的作用也。又《至乐》篇载庄子之楚见空髑髅之问答，亦属幻觉。此盖发挥既死不足哀、将死不足悲、复生不足贪，通命观化者也。

（丁）犯罪

由心理学之观点以研究犯罪，与由法律之观点以研究犯罪，两者之目的不同。法律上之所研究者为某种行为须具备何等条件，然后方能构成某罪，及其应科以相当之刑罚。心理学上之研究犯罪则不然，其目的在探究犯罪之原因，及其根本消弭之方策。若以单简之语表之，可以谓前者之目的在治标，而后者之目的在治本也。

犯罪者确有犯罪的行为，乃为一般人所了解者。吾人对于犯罪之变态的研究，即在犯罪者违犯法律及道德的变态现象。庄子亦认犯罪盖起于心理及环境，并谓犯罪后亦不自状其过。《德充符》篇云：

> 子产曰："子既若是矣，犹与尧争善。计子之德，不足以自反邪？"申徒嘉曰："自状其过，以不当亡者众；不状其过，以不当存者寡。知不可奈何而安之若命，唯有德者能之。游于羿之彀中，中央者，中地也，然而不中者，命也。人以其全足笑吾不全足者多矣，（多，世本作众）我怫然而怒；而适先生之所，则废然而反。不知先生之洗我以善邪？吾与夫子游十九年矣，而未尝知吾兀者也。今子与我游于形骸之内，而子索我于形骸之外，不亦过乎？"子产蹴然改容更貌，曰："子无乃称。"

明叶秉敬曰：“愚谓状，善状也，强以善状饰过，自谓可以保身不当亡也，此众人之见也。不以善状饰过，谓性不残形，形不当独存也，此众人中之寡有者。然见未出于自然犹非其至，惟知不可奈何而安之若命，德斯至矣。”（《书肆说铃》，载《皇明小说》中）清宣颖曰：“子产欲申屠自反，乃申屠劈口先征子产自反。世人漫自回护，无一个肯认罪过。究竟犯刑者，未必皆出己招，而泄泄者，大半是国家漏网。”（《南华经解》）叶、宣所论，洵确评也。

彼论犯罪者非其罪一节，尤有合于社会主义。《则阳》篇载老聃问答，盖寓言也。如曰：

> 柏矩学于老聃，曰：“请之天下游。”老聃曰：“已矣！天下犹是也。”又请之。老聃曰：“汝将何始？”曰：“始于齐。”至齐，见辜人焉。俞樾曰：《周官》注，辜之言枯也，谓磔之。《汉书》注，磔谓张其尸也推而强之，解朝服而幕之，号天而哭之，曰：“子乎子乎！天下有大菑，子独先离之！”曰：“莫为盗，莫为杀人？荣辱立，然后睹所病；货财聚，然后睹所争。今立人之所病，聚人之所争，穷困人之身，使无休时，欲无至此，得乎？古之君人者，以得为在民，以失为在己；以正为在民，以枉为在己；故一形

有失其形者，退而自责。今则不然，匿为物而愚不识，大为难而罪不敢，重为任而罚不胜，远其涂而诛不至。民知力竭，则以伪继之。日出多伪，士民安取不伪。吴汝纶曰：日出多伪二句，疑为注文，误入正文 夫力不足则伪，知不足则欺，财不足则盗。盗窃之行，于谁责而可乎！”

故倡无为而治之说，并认刑不足以止乱也。

尧治天下，伯成子高立为诸侯。尧授舜，舜授禹，伯成子高辞为诸侯而耕。禹往见之，则耕在野。禹趋就下风，立而问焉，曰：“昔尧治天下，吾子立为诸侯。尧授舜，舜授予，而吾子辞为诸侯而耕，敢问其故何也？”子高曰：“昔者尧治天下，不赏而民劝，不罚而民畏；今子赏罚而民且不仁，德自此衰，刑自此立，后世之乱自此始矣！……”《天地》

第七节　动物心理学

人类自来对于动物之本能、习惯、经验、生活史与其构造，身体机能及发展皆表示亲切之兴味。亚里斯多德 Aristotle 时即有动物心理学，惟近代科学于此远古之记载，颇不重视，因其观察浮滥，记载疏略也。近二十年来，动物心理学之进步异常迅速，实验结果较诸人类心理学更佳。因动物的行为较为简单而易于节制，且可以纯粹的物观法实验，故易获良好的成绩。又研究动物的行为者可不必探求动物意识的内容，因一切动物不能言，其行为有无意识殊难证明。庸讵知二千二百年前之庄子，对于动物心理亦以纯粹物观法试验，其研究结果与近代动物学家所探讨者几无二致焉。兹引之如下：

（甲）雌雄间之爱情及其交接

动物之雌雄配偶，多依其种类，否则其生殖不繁，且不愿与非同类翔息。庄子曰：

> 麋与鹿交，鳝与鱼游。《齐物论》

又曰：

> ……夫白鶂之相视，眸子不运而风化。虫，雄鸣于上风，雌应于下风而化。类自为雌雄，故风化。……乌鹊孺，鱼傅沫，（各本傅作传）细要者化，有弟而兄啼。《天运》

郭象曰："鶂以眸子相视，虫以鸣声相应，俱不待合而生子，故曰风化。"王先谦亦曰："风，读如马牛其风之风，谓雌雄相诱也。化谓感而成孕。"两氏之说良是。

（乙）动物之认识

动物亦有认识性者，例如雏鸽初飞，多在屋之四周，不敢远行，追墙头屋角，认识既定，逐随其母飞行天空中，虽在昼夜，昏黑莫辨，宁为终夜之飞翔，而不敢冒险而下者。鸽既如此，他种动物亦莫不类是。庄子曰：

> 且鸟高飞以避矰弋之害，鼷鼠深穴乎神丘之下以避熏凿之患。《应帝王》

又曰：

> 子独不见狸狌乎，卑身而伏，以候敖者，东西跳梁，不辟高下。《逍遥游》

是动物有认识性也。

（丙）动物猎食之技

动物有猎食本能，《庄子》书尝述及之，如曰：

鹪鹩巢于深林，不过一枝；偃鼠饮河，不过满腹。《逍遥游》

又曰：

泽雉十步一啄，百步一饮。《养生主》

其次再论动物之储食。动物中之储食者以蚁为最显著。而庄子则言蜩、鸠亦有储食之技。如曰：

蜩与学鸠笑之，曰："我决起而飞，枪榆枋，（崇本枪作抢）时则不至，而控于地而已矣，奚以之九万里而南为？"（《预览》九四四引而下有图字）适莽苍者，三餐而反，腹犹果然；适百里者，宿舂粮隔宿擣米储食；适千里者，三月聚粮。《逍遥游》

此虽未能尽信，然所论储食一层，似非虚构。

第十章　庄子之辩证法

春秋以属辞比事为教，战国之际学者益究辩言正辞之术。先是墨翟作《辩经》，名家之徒颇宗之。且当时以游谈相高，苏张之徒腾其合纵连横之说，而又有谈天之驺衍、雕龙之驺奭、炙毂之淳于髡；专以名家之学显者，有尹文、惠施、公孙龙等，可谓极辩论之大观矣。庄子出墨子之后，受潮流影响，故自立辩证法，用述其学说焉。

第一节　辩之起源

庄子阐明争辩起源，约有三端：

（甲）由于成心。庄子云："夫随其成心而师之，谁独且无师乎？奚必知代而心自取者有之？愚者与有焉。未成乎心而有是非，是今日适越而昔至也。是以无有为有。无有为有，虽有神禹且不能知，吾独且奈何哉？"（《齐物论》）此攻击师心好辩，何等痛快淋漓！

（乙）由于感情。庄子云："劳神明为一，而不知其同也，谓之朝三。何谓朝三？狙公赋芧，曰：‘朝三而暮四。’众狙皆怒。曰：‘然则朝四而暮三。’众狙皆悦。名实未亏而喜怒为用，亦因是也。”（《齐物论》）此形容感情影响于论理之势利又何等确当乎！

（丙）由于偏蔽。庄子曰：“辩也者，有不见也。”又曰：“物无非彼，物无非是。自彼则不见，自知则知之。”“道隐于小成，言隐于荣华；故有儒墨之是非，以是其所非而非其所是。”此皆谓辩起于知识浅陋与文字含糊也。

总之，庄子以辩多起于心理之原因，而非事理之实际，故辩论终无已时也。

第二节　辩证法

庄子之辩证法，约举之分为三项：

（甲）是非之辩

是非之情生，由于彼我之念立之故。《齐物论》起首所谓“荅焉若丧其耦”者，即遗我之对偶，即遗彼者也。曰“今者吾丧我”者，明叶秉敬《书肆说铃》云：丧我，非是把在我的都丧去了，正是不以我为，而以天地万物都合为我，故名。虽为丧我，其实所以成我也。丧我与篇末物化二字正相应。盖不见有物，物化而合为一；我不见有我，我丧而同乎万物，此一为大齐也。（原书载《皇明小说》中）忘彼之对偶即忘我者也。忘我者忘彼，忘彼者忘我，忘我不自是，遗彼者不非彼，于是是非之情，不复成立。然不能忘者必自是，不能遗彼者必非彼，即彼我之念立，而是非之情生。故庄子说明彼我是非之关系，曰：

> 道恶乎隐而有真伪？言恶乎隐而有是非？道恶乎往而不存？言恶乎存而不可？道隐于小成，言隐于荣华，故有儒、墨之是非，以是其所非而非其所是。《齐物论》

又曰：

> 夫随其成心而师之，谁独且无师乎？奚必知代而心自取者有之？愚者与有焉。未成乎心而有是非，是今日适越而昔至也。《齐物论》

道之所以隐于小成，正因人各师其成心。既成乎心，故是非日彰，莫可究诘。章炳麟为之释云：

> 此即原型观念也……此中且举世识一例：节序

递迁，是名为代。夫现在必有未来，今日必有明日，此谁所证明者？然婴儿初生，狸鼠相遇，宁知代之名言哉？儿嗁号以索乳者，固知现在索之，未来可以得之也。鼠奔轶以避狸者，亦知现在见狸，未来可以被噬也。此皆心所自取，愚者与有。……此非取之原型观念，何可得邪？《齐物论释》

依章氏所说，若离开一切，谨言成心，或者尚可讲得通，但求之《庄子》本书似未尽然。盖庄子既谓未成乎心而有是非，是今日适越而昔至；又谓物无非彼，物无非是，自彼则不见，自知则知之。由是非根究到彼是。彼是谓互相对待者。若如章氏所谓儿啼索乳、鼠奔避狸，物情同然，了无彼此。既无彼此，便成绝对，更何有是非之可言？反之，求之郭庆藩、王先谦两氏注中，尚得近狸之解说。郭谓“域情滞著、执一家之偏见者，谓之成心”。王谓“心之所至，随而成之，以心为师，人人皆有”。两氏所言大旨相同。若谓心本无拘而先入为主，既先得某种暗示，熏陶既久，习见益深，故结果则成：

唯其好之也以异于彼，其好之也欲明之彼。《齐物论》

执此偏见，以异于人，而循环反复，易地皆然。又曰：

> 物无非彼，物无非是。自彼则不见，自知则知之。故曰：彼出于是，是亦因彼。彼是方生之说也。虽然，方生方死，方死方生；方可方不可，方不可方可；因是因非，因非因是。是以圣人不由而照之于天，亦因是也。是亦彼也，彼亦是也。彼亦一是非，此亦一是非。果且有彼是乎哉，果且无彼是乎哉？彼是莫得其偶，谓之道枢。枢始得其环中，以应无穷。是亦一无穷，非亦一无穷也。……《齐物论》

"物无非彼，物无非是"，郭象注云："物皆自是，故无非是；物皆相依，故无非彼。""彼处于是，是亦因彼"，郭注云："夫物之偏也，皆不见彼之所见，而独自知其所知。自知其所知，则自以为是。自以为是，则以彼为非矣。"然是非之所由生，盖起于物之自我而相彼矣。物之自我而相彼者，岂有穷乎？则是非者乃至无穷而无定之物矣。岂能定其一为必是，而其一为必非乎？而世必欲定之，此辩之所以起也。然辩其果足以明是非否乎？又曰：

> 既使我与若辩矣，若胜我，我不若胜，若果是也？我果非也邪？我胜若，若不吾胜，我果是也？而果非也邪？其或是也，其或非也邪？其俱是也，其俱非也邪？我与若不能相知也，则人固受其黮暗。吾谁使正之？使同乎若者正之，既与若同矣，恶能正之？使同乎我者正之，既同乎我矣，恶能正之？使异乎我与若者正之，既异乎我与若矣，恶能正之？使同乎我与若者正之，既同乎我与若矣，恶能正之？然则我与若与人俱不能相知也，而待彼也邪？《齐物论》

成玄英疏云："我与汝及人，故受黮暗之人，总有三人，各执一见，咸言我是，故俱不相知。三人既不能定，岂复更须一人，若别待一人，亦与前何异？待彼也邪？言其不待之也。"然则虽辩，而是非仍莫能定也。然则将奈之何乎？曰：莫若以明。

> 欲是其所非而非其所是，则莫若以明。《齐物论》

所谓"以明"者，系以彼明此、以此明彼。郭象注曰："欲明无是无非，则莫若还以儒墨反覆相明。反覆相明，则所是者非是，而所非者非非。非非则无非，非是则无是。"故曰：和之以天倪而已。

> 何谓和之以倪？曰：是不是，然不然。是若果是也，则是之异乎不是也，亦无辩。然若果然也，则然之异乎不然也，亦无辩。《齐物论》

斯则各任其自是，而不以为非，则天下无是非矣。

（乙）相对之辩

庄子之意旨，在于逍遥肆志，无为而自得。其显于此逍遥之正旨而立辩证法者，莫详于《逍遥游》篇。宇宙之内，品物万殊，能各安其本性，则无不逍遥自得；虽大小不同，而逍遥则一。

庄子曰：

> 穷发之北，有冥海者，天池也。有鱼焉，其广数千里，未有知其修者，其名为鲲。有鸟焉，其名为鹏，背若太山，（世本太作泰）翼若垂天之云，抟扶摇羊角而上者九万里，（世本抟作搏）绝云气，负青天，然后图南，且适南冥也。斥鴳笑之曰："彼且奚适也？我腾跃而上，不过数仞而下，翱翔蓬蒿之间，此亦飞之至也。而彼且奚适也？"

盖由相对之境言之，则鹏大而斥鴳小，斥鴳笑鹏，乃不知鹏之大志之小知小言，然一云大，一云小，终不外相对界中小大之辩，由绝对之见地言之，无所谓大小也。鹏比斥鷃固大，然不得云与风，亦不能有所为，是非真大也。离相对之境，达绝对之境，大小遂归于一，此为真大也。又《秋水》篇云：

> 以道观之，物无贵贱；以物观之，自贵而相贱；以俗观之，贵贱不在己。以差观之，因其所大而大之，则万物莫不大；因其所小而小之，则万物莫不小。知天地之为稊米也，知毫末之为丘山也，则差数睹矣。以功观之，因其所有而有之，则万物莫不有；因其所无而无之，则万物莫不无。知东西之相反而不可以相无，则功分定矣。以趣观之，因其所然而然之，则万物莫不然；因其所非而非之，则万物莫不非。知尧、桀之自然而相非，则趣操睹矣。

由此以观，则大小、有无莫不平等矣，是非、寿夭之说亦由是可明矣。

（丙）大同之辩

庄子述于《齐物论》中，打破天下流行之一切物论，而归之于无差别之境。是时儒、墨、名、法之徒，各持已说，互相争论。庄子乃说拘泥于区区差别论之愚，以启其蒙，以此大见识而试其论证；以为天下物论纷纷，皆由世人因于相对的差别相，不能达绝对的无差别之故。盖人智有大小之区别，其思考亦因之不同，于是各是其所是，非其所非，而生物论。使人悉至大智之境，自无生物论之理由。彼小人迷于小智，不能达大智之境，乃为情所妨碍。情有十二：即喜、怒、哀、乐、虑、叹、变、热、姚、佚、启、态等。人有此情，乃生成心（僻心）。此不仅愚者为然，即智者亦在所难免。人以一己之成心，以判他人之是非。于是一人所是，他人非之；一人所非，他人是之；是非之争纷纠，大道乃不能明矣。彼甘以小智，断以成心，此道之所以隐也。如达观大本，则道明，而悟是非之论等于虚无云云。盖庄子之《齐物论》，乃由绝对无差别之见地，而与拘束于相对的差别者论难也。（本段取材三浦藤作《东洋伦理学史》）

以上所述是非之辩、相对之辩、大同之辩，为庄子辩证法之大旨也。

第三节 止辩法

今欲泯是非、祛物我，而返于元始一往平等之境，其道何由？曰：泯是非则用以明，绝名言则凭通一，二者行而齐物之道竟矣。今请得而言之：

（甲）以明。以明者，比类而观，以明其本相之谓也。事非绝对，故可比物以明真；理居一篇，不难证他而自得；本相明而是非之迹泯矣。喻如儒、墨之相非也，各执其是非之端，以是其所是而非其所非也。儒之是己而非墨也，必以己之是非为是，而以墨之自是而非我也为非。验之彼宗，亦复同然，墨之是己而非儒也，亦必以己之是非为是，而以儒之自是而非我也为非，此在儒者视之则其说为无当也。比类而观，验之己说，其是己而非墨，亦同于无当矣。夫然，俱非也而俱是也，俱是其所是而非其所非也，则是非平而物反其本矣。凡秋毫太山之量、彭祖殇子之年，寝处色味之正，生死觉梦之变，莫非以相明也。取辟近则其情真，本相明则是非绝。《诗》曰："伐柯伐柯，其则不远。"以明之谓也。

（乙）通一。通一者，反其本原，复通为一，则绝名言之术也。凡名生于所命，因命而成习，因习而弗改。故曰：名无固宜，约定俗成谓之宜也。名约既成，遂习以为当然，而执以为是非之本，则不达之过也。指之为指，非生而为指也，人命之为指也，相与然之，遂习而为指矣。今曰指本为指，非目也、口也，则为惑于名言之蔽者矣。喻如新见一物焉，命之曰甲，则相与承之曰甲；命之曰乙，则相与承之曰乙；甲乙初无定命也，在人相与习承之而已矣。实例西土“裴洛索裴”，此言爱知，旧繙道学、理学，东译哲学，今则相承以为哲学矣。则据哲学以非爱知、道学、理学，谓非此物，可乎？以知哲学之初不必为哲学也，故明者则曰：哲学非哲学也。以此非指——哲学——以喻指，则指之为非指也明矣。虽马亦然，相与然之，则习承以为马矣。故曰：“道行之而成，物谓之而然。”以此推之，则天地一指也，万物一马也，无难矣。知名非定命，则然此也可，然彼也可，可此也可，可彼也可，无物不然，无物不可。反之，不然不可，推类亦见。夫然，名之恒性，初已弗存，更何能据是以为是非设变之表准哉？知天地万物本无定名，则名言之执绝而是非之辨亡矣。故为是举莛与楹，厉与西施，恢诡谲怪，道通为一。彼是反观而得其情，是亦以明之术也。

明斯二者，则是非之辨亡，而名言之执绝，茫茫万类，反于大通，而息于天籁自然之门。忘年忘义，振于无竟，一往平等，而齐物之功全矣。

第十一章　庄子之文学

文学之定义涵广、狭二义。自狭义言之，惟美的文学乃得有是名，论内容则情感丰富，而不必合义理；论形式则音韵铿锵，而或出以整比，可以被弦诵，可以欣赏，此狭义的文学，殆韵文家之专利品耳。自广义言之，则一切著于文字者皆文学之范围也。庄子法《易》尚虚，其书亦寓言少文。梁昭明太子《文选序》云：“老、庄之作，管、孟之流，盖以立意为宗，不能以文章为本。”故今兹命名当从广义。

第一节　庄子之文体

庄子文思宽大，文体不一。据周自谓，不外乎寓言、重言、卮言三者。《寓言》篇云：

寓言十九，重言十七，卮言日出，和以天倪。寓言十九，藉外论之。亲父不为其子媒，亲父誉之，不若非其父者也。非吾罪也，人之罪也。与己同则应，不与己同则反；同于己为是之，异于己为非之。重言十七，所以已言也，是为耆艾。年先矣，而无经纬本末以期年耆者，是非先也。人而无以先人，无人道也。人而无人道，是之谓陈人。卮言日出，和以天倪，因以曼衍，所以穷年。不言则齐，齐与言不齐，言与齐不齐，故曰无言。言无言，终身言，未尝不言；终身不言，未尝不言。有自也而可，有自也而不可；有自也而然，有自也而不然。恶乎然？然于然。恶乎不然？不然于不然。恶乎可？可于可。恶乎不可？不可于不可。物固有所然，物固有所可。无物不然，无物不可。非卮言日出，和以天倪，孰得其久？

盖所谓寓言者，寄之于他人之言；重言者，本诸耆老之说；卮言者，随时日新之论也。陆西星《南华经副墨》云：寓言者，意在于此，寄言于彼也。重言者，假借古人，以自重其言也。卮言者，旧说有味之言，可以饮，人看来只是卮酒间曼衍之说。寓言意于言外，卮言味在言内，重言征在言先。若以目今文学眼光观之，则又可别为五类：《逍遥游》《齐物论》《养生主》《人间世》《德充符》《大宗师》《应帝王》等为一类，盖为庄子自作者也；《马蹄》《秋水》《在宥》《天地》《天运》《天道》《知北游》《达生》《缮性》《骈拇》《庚桑楚》《则阳》《胠箧》等为一类，盖庄子之演说词，而庄子之徒所随地纪录也；《寓言》《天下》为一类，盖庄子自叙其学说之大旨者也；《列御寇》《徐无鬼》《至乐》《外物》《山木》《说剑》《田子方》为一类，盖庄子弟子所记庄子言行之实录也；《渔父》《让王》《盗跖》《刻意》为一类，盖庄子之杂谈而其徒记述增益之者也。除内篇外，余间有后人羼入之语

是故第一类为论说体，第二类为演讲体，第三类为书序体，第四类为列传体，第五类为杂记体。

诸体之中，论说体文旨华妙，演讲体文最雄放，序体最简洁，传体最严整，记体亦平实。至各体内容，因举例过繁，兹姑从略。

第二节　庄子之浪漫派文学

中国文学派别约分之为二，即浪漫文学与现实文学是也。现实文学者，现实描写之文学也；浪漫文学者，超现实描写之文学也。浪漫文学富感兴，骛玄想，而现实文学则主理知，记实在；浪漫文学辞繁不杀，而现实文学则语约而意尽。《论语》现实文学也，而《孟子》则富有浪漫之色彩矣！《春秋》现实文学也，而《左氏传》

则饶有浪漫之兴味矣！《老子》虽主玄识，而文则谨约，犹不脱现实风度也。《庄子》洸洋自恣以适己，《天下》篇所谓“谬悠之说，荒唐之言，无端崖之辞”，则浪漫文学矣。庄子又曰：“不离于宗，谓之天人。”又曰：“以天为宗，谓之圣人。”其后自道复曰：“其于宗也，可谓稠适而上遂矣。”以上见《天下篇》测庄子之意，盖以天人自方。自斯以观，浪漫派之人生观，概慕夫所谓大人与天下者，不可与现实派同日而语矣。清姚鼐曰：“其末《天下》一篇，为其后序，所云‘其在于《诗》《书》《礼》《乐》者，邹鲁之士缙绅先生，多能明之’，意谓是道之末者耳。”《庄子章义序》而《天下》篇又曰：“以仁为恩，以义为理，以礼为行，以乐为和，熏然慈仁，谓之君子。”由鼐言而验，所谓君子者，庄子心实小之，此二派之分橛也。

战国之盛也，而超现实之浪漫文学兴焉，史之《战国策》，子之《庄》《列》，集之《楚辞》，其代表作品也，而《庄子》为尤著者也。兹略论庄子浪漫文学如左：

（一）神话及传说

何谓神话？神话者，即初民对于宇宙之猜想也。盖初民无知，目睹太空渺茫，自然景色，峨峨高山，滔滔流水，暴风烈雨，猛兽毒虫，凡诸现象，又出于人力所能以上，则自造臆说以解释之，其所解释，今谓之神话。近人鲁迅有云“神话大抵以一‘神格’为中枢，又推演为叙说，而于所叙说之神、之事，又从而信仰敬畏之，于是歌颂其威灵，致美于坛庙，久而愈进，文物遂繁。故神话不特为宗教之萌芽，美术所由起，且实为文章之渊源。惟神话虽生文章，而诗人则为神话之仇敌，盖当歌颂记叙之际，每不免有所粉饰，失其本来，是以神话虽托诗歌以光大、以存留，然亦因之而改易、而销歇也。”见《中国小说史略》我国古书所载神话最早者如《书经》《诗经》《左氏传》等书常有关于神话之记录；志怪之作，庄子谓有《齐谐》，列子则称《夷坚》，然皆寓言，不足征信。迨至战国，学术思想异常发达，则此种神话渐趋减少，惟《庄子》书中则仍有之，且语辞艳丽，描写生动，颇有艺术价值。兹略引如左：

> 藐姑射之山有神人居焉，肌肤若冰雪，淖约若处子；不食五谷，吸风饮露；乘云气，御飞龙，而游乎四海之外；其神凝，使物不疵疠而年谷熟。吾以是狂而不信也。《逍遥游》

此文写姑射神人，其文境何其幽渺邪！

夫道，有情有信，无为无形；可传而不可受，可得而不可见；自本自根，未有天地，自古以固存；神鬼神帝，生天生地，在太极之先而不为高，在六极之下而不为深，先天地生而不为久，长于上古而不为老。（世本无为字）豨韦氏得之，以挈天地；伏羲氏得之，（各本羲作戏，无氏字）以袭气母；维斗得之，终古不忒；日月得之，终古不息；勘坏得之，以袭昆仑；冯夷得之，以游大川；肩吾得之，以处太山（各本太作大）；黄帝得之，以登云天；颛顼得之，以处玄宫；禺强得之，立乎北极；西王母得之，坐乎少广，莫知其始，莫知其终；彭祖得之，上及有虞，下及五伯（崇本五作王）；傅说得之（世本傅作传），以相武丁，奄有天下，乘东维、骑箕尾而比于列星。《大宗师》

上举诸神，如豨韦氏，古圣帝；北斗，天之纲维，故曰维斗；堪坏，神名，人面兽形；冯夷，河伯，水神之名；肩吾，山神；禺强，海神；西王母，《山海经》曰："状如人，狗尾，蓬头戴胜，善啸，居洵水之涯。"参看《庄子约解》盖假神道而发其义，以坚民信焉。此不独庄子为然也，即儒、墨亦不外是，惟庄子以艺术手腕出之，则稍异耳。

南海之帝为儵，北海之帝为忽，中央之帝为浑沌。儵与忽时相与遇于浑沌之地，浑沌待之甚善。儵与忽谋报浑沌之德，曰："人皆有七窍，以视听食息，此独无有，尝试凿之。"日凿一窍，七日而混沌死。《应帝王》

此系寓言而阐发其虚无学说也。

天根游于殷阳，至蓼水之上，适遭无名人而问焉，曰："请问为天下？"无名人曰："去！汝鄙人也，何问之不豫也？予方将与造物者为人，厌则又乘夫莽眇之鸟，以出六极之外，而游无何有之乡，以处圹埌之野。汝又何帛以治天下感予之心为？"又复问。无名人曰："汝游心于淡，合气于漠，顺物自然而无容私焉，而天下治矣。"《应帝王》

此亦假至人而发挥其无为而治之理也。然则其艺术高妙，千载而下，岂能与其媲美邪？

（二）小说

小说之名，昔者见于庄周之云"饰小说以干县令"《外物》乃谓寓言异记，不本经传，背于儒术者矣。桓谭言:“小说家合残丛小语,近取譬喻,以作短书,治身理家,有可观之辞。”李善注《文选》三十一引论 始若与后之小说近似。近人胡适云:“短篇小说是用最经济的文学手段,描写事实中最精彩的一段或一方面,而能使人充分满意的文章。”见《胡适文存·论短篇小说》胡适此论尚欠允当,如彼所云描写事实中最精彩的一段,谅指现实派现实描写之小说而言,至浪漫派超现实描写之小说,则未提及,想为一时疏忽耳。考吾国古小说,首推先秦诸子之寓言,《庄》《列》《吕览》诸书每有用心绝构,可当短篇小说之称者,但此尤以《庄》书所载为多,古人称庄子为小说家之祖,信不诬也。兹先引《列子·汤问》篇,以窥古代小说风格之一斑:

太行、王屋二山,方七百里,高万仞,本在冀州之南、河阳之北。北山愚公者,年且九十,面山而居。惩山北之塞,出入之迂也,聚室而谋曰:“吾与汝毕力平险,指通豫南,达于汉阴,可乎?”杂然相许。其妻献疑曰:“以君之力,曾不能损魁父之丘;如太行、王屋何?且焉置土石?”杂曰:“投诸渤海之尾,稳土之北。”遂率子孙荷担者三夫,叩石垦壤,箕畚运于渤海之尾。邻人京城氏之孀妻有遗男,始龀,跳往助之。寒暑易节,始一反焉。河曲智叟笑而止之曰:

“甚矣，汝之不惠！以残年余力，曾不能毁山之一毛。其如土石何？”北山愚公长息曰：“汝心之固，固不可彻，曾不若孀妻弱子！虽我之死，有子存焉。子又生孙，孙又生子，子又有子，子又有孙；子子孙孙，无穷匮也。而山不加增，何苦而不平？”河曲智叟亡以应。操蛇之神闻之，惧其不已也，告之于帝。帝感其诚，命夸娥氏二子负二山，一厝朔东，一厝雍南。自此冀之南、汉之阴，无陇断焉。

胡适评云：“此篇大有小说风味！第一因为他要说至诚可以动天地，却平空假造一段太行、王屋两山的历史。第二这段历史之中，处处用人名、地名，用直接会话，写细事小物；即写天神，也用操蛇之神、夸娥氏二子等私名，所以看来好像真有此事。这两层，都是小说家的家数。”见《论短篇小说》所评略有卓见。

庄子小说风格与列子同而且过之，世人仅知庄生为哲学家而不知其为文学家也。兹略论庄子小说如下：

（1）人事界的描写

《庄子·徐无鬼》篇：

庄子送葬，过惠子之墓，顾谓从者，曰：“郢人垩漫其鼻端，若蝇翼，使匠石斫之。（斫原作断，世本同，今正）匠石运斤成风，听而斫之，尽垩而鼻不伤。郢人立不失容。宋元君闻之，召匠石，曰：‘尝试为寡人为之。’匠石曰：‘臣则尝能斫之；虽然，臣之质死久矣。’自夫子谓惠子之死也，吾无以为质矣，吾无与言之矣。”

此篇写“知己之感”，从古迄今，无人能及！观其写垩漫其鼻端，若蝇翼；写匠石运斤成风；俱似实有其事者，故有文学上价值。至于此篇仅寥寥七十字，而写尽无限感慨，为何等经济的手腕焉。

《庄子·逍遥游》篇：

宋人资章甫而适诸越，越人断发文身，无所用之。

《庄子·天运》篇：

……故礼义法度者，应时而变者也。今取猨狙而衣以周公之服，彼必龁齧挽裂，尽去而后慊。观古今之异，犹猨狙之异乎周公也。

《列子·汤问》篇：

南国之人祝发而裸，北国之人鞨巾而裘，中国之人冠冕而裳。……越之东有辄沐之国，其长子生，则鲜而食之，谓之宜弟。其大父死，负其大母而弃之，曰："鬼妻不可以同居处。"楚之南有炎人之国，其亲戚死，剐其肉而弃，然后埋其骨，乃成为孝子。秦之西有仪渠之国者，其亲戚死，聚柴积而焚之，熏则烟上，谓之登遐，然后成为孝子。此上以为政，下以为俗，而未足为异也。

由是可知一地之道德风俗，绝不能施诸异地也。吾人试观各地道德风俗之不同，即可知有改善之可能，而非一成不变者。若泥于成见，以先入为主，而谓道德须"仍旧贯"，知识亦须崇奉旧学，则为不善于怀疑耳。

《庄子·天地》篇：

尧观乎华，华封人曰："嘻，圣人！请祝圣人，使圣人寿！"尧曰："辞。""使圣人富。"尧曰："辞。""使圣人多男子。"尧曰："辞。"封人曰："寿、富、多男子，人之所欲也；女独不欲，何邪？"尧曰："多男子则多惧，富则多事，寿则多辱。是三者，非所以养德也，故辞。"封人曰："始也我以女为圣人邪？今然君子也。天生万民必授之职。多男子而授之职，则何惧之有？富而使人分之，则何事之有？夫圣人鹑居而鷇食，鸟行而无彰；天下有道，则与物皆昌；天下无道，则修德就闲；千岁厌世，去而上仙，乘彼白云，至于帝乡；三患莫至，身常无殃，则何辱之有？”封人去之，尧随之，曰：“请问。”封人曰：“退已。”阙误引江南古藏本，作入已、之已

寥寥二百言，已将养生处世之法，民生经济问题，发挥殆尽。非富于思想辞藻者，曷能臻此？

（2）自然界的描写

《庄子》辞趣华深，言多诡诞，纵横变化，殆不可端倪，是其特色也。至其极形容之妙者，见诸描风叙唾诸条，最明晰也。

写水与风：

……且夫水之积也不厚，则其负大舟也无力。覆杯水于坳堂之上，则芥为之舟；置杯焉，则胶；水浅而舟大也。《逍遥游》

……平者，水停之盛也。其可以为法也，内保之而外不荡也。《德充符》

……壶子曰：“乡吾示之以太冲莫胜，是殆见吾衡气机也。鲵桓之审为渊，止水之审为渊，流水之

审为渊。渊有九名，此处三处。尝又与来。”《应帝王》

此描写水也。而状风尤为巧妙。

夫大块噫气，其名为风。是惟无作，作则万窍怒号。而独不闻之翏翏乎？山林之畏佳，大木百围之窍穴，似鼻、似口、似耳、似枅、似圈、似臼、似洼者、似污者；激者、謞者、叱者、吸者、叫者、譹者、宎者、咬者，前者唱于而随者唱喁；泠风则小和，飘风则大和；厉风济，则众窍为虚。而独不见之调调、之刁刁乎？刁刁世本作刀刀《齐物论》

陆西星释之云：

盖天地间之有风，如人之郁将畅而有噫气者。翏翏，长风声也。畏佳，林木摇动之貌。木大百围之窍穴，有两孔而似鼻者，有一孔似口者，有孔斜入似耳者，有孔方似枅者，有孔圆深似圈者，有浅似臼者，有曲似洼者，有广似污者。描写窍穴，意态如画。复写窍穴之声：激者戛而声止，謞者去而声疾，叱者出而声粗，吸者入而声细，叫者高而声扬，譹者下而声浊，宎者深而声留，咬者吷而声续。

于，轻唱也；喁，重和也；前后，风之前后阵也。盖以形容声气、先后相和之变态。冷风，小风也；飘风，疾风也；厉风，猛风也。济，止也，言风止，则众窍为之一虚，不复如许作声也。调调、刁刁，皆众木动摇之貌，之调调，之刁刁。看他文字奇处，写出风木形声，笔端如画，千古摛文，罕有如其妙者。《南华经副墨》

陆氏之赞，洵非过誉矣。

写树：

惠子谓庄子曰："吾有大树，人谓之樗。其大本拥肿而不中绳墨，其小枝卷曲而不中规矩，立之涂，匠者不顾。今子之言，大而无用，众所同去也。"《逍遥游》

南伯子綦游乎商之丘，见大木焉，有异，结驷千乘，隐将芘其所藾。子綦曰："此何木也哉？此必有异材夫！"仰而视其细枝，则拳曲而不可以为栋梁；俯而视其大根，则轴解而不可以为棺椁；咶其叶，则口烂而为伤；嗅之，则使人狂酲三日而不已。子綦曰："此果不材之木也，以至于此其大也。嗟乎神人，以此不材！"宋有荆氏者，宜楸柏桑。其拱把而上者，求狙猴之杙斩之；三围四围，求高名之丽者斩之；七围八围，贵人富商之家求椫傍者斩之。故未终其天年而中道之夭于斧斤，此材之患也。《人间世》

此言大木以无用自全也。

（3）动物界的描写

庄子亦善于描写动物，如虫鱼鸟兽之类，颇能体贴入微：

北冥有鱼，其名为鲲。鲲之大，不知其几千里也。化而为鸟，其名为鹏。鹏之背，不知其几千里也。怒而飞，其翼若垂天之云。是鸟也，海运则将徙于南冥。南冥者，天池也。《齐谐》者，志怪者也，《谐》之言曰："鹏之徙于南冥也，水击三千里，抟扶摇而上者九万里，（各本抟作搏）去以六月息者也。"野马也，尘埃也，生物之以息相吹也。天之苍苍，其正色邪？其远而无所至极邪？其视下也，亦若是则已矣。……《逍遥游》

朝菌不知晦朔，蟪蛄不知春秋。《逍遥游》

鹪鹩巢于深林，不过一枝；偃鼠饮河，不过满腹。《逍遥游》

> 庄子曰："子独不见狸狌乎？卑身而伏，以候敖者，东西跳梁，不避高下，（各本避作辟）中于机辟，死于罔罟。今夫斄牛，其大若垂天之云。此能为大矣，而不能执鼠。……"《逍遥游》
>
> 夫白鶂之相视，眸子不运而风化。虫，雄鸣于上风，雌应于下风而化。类自为雌雄，故风化。《天运》

观其选材之自由，修辞之技工，诚驾乎孟、荀之上，而为后世小品之文所宗也。

（三）散文

司马迁称庄子于学无所不窥，善属书离辞，指事类情，盖庄子文学之优美，早已有定论矣。兹略论其散文如左：

（1）古趣

如《德充符》篇云：

> 闉跂支离无脤说卫灵公，灵公悦之；（各本悦作说，下同）而视全人，其脰肩肩。瓮㼜大瘿说齐桓公，桓公悦之；而视全人，其脰肩肩。故德有所长，而形有所忘。人不忘其所忘，而忘其所不忘，此谓诚忘。

又《知北游》篇云：

天地有大美而不言，四时有明法而不议，万物有成理而不说。圣人者，原天地之美，而达万物之理。是故至人无为，大圣不作，观于天地之谓也。今彼神明至精，与彼百化，物已死生方圆，莫知其根也，扁（同翩）然而万物自古以固存。六合为巨，未离其内；秋豪为小，待之成体。天下莫不沉浮，终身不故；阴阳四时运行，各得其序。惛然若亡而存，油然不形而神，万物畜而不知。此之谓根本，可以观于天矣。

其状人述道，行文极有古趣。

（2）谐趣

庄子文学，属于喜剧 comedy 性质。故其对世间一切持包容的、欣赏的态度。即就谐趣论，亦有幽默、诙谐、讽刺、谑弄等类别。兹因限于篇幅，未能俱引。

惠子闻之，而见戴晋人。戴晋人曰："有所谓蜗者，君知之乎？"曰："然。""有国于蜗之左角者，曰触氏；有国于蜗之右角者，曰蛮氏。时相与争地而战，伏尸数万，逐北旬有五日而后反。"君曰："噫，其虚言与？”曰：“臣请为君实之。君以意在四方上下有穷乎？”君曰：“无穷。”曰：“知游心于无穷，而反在通达之国，若存若亡乎？”君曰：“然。”曰：“通达之中有魏，于魏中有梁，于梁中有王，王与蛮氏有辩乎？”君曰：“无辩。”客出而君惝然若有亡也。《则阳》

何谓朝三？狙公赋芧，曰：“朝三而暮四。”众狙皆怒。曰：“然则朝四而暮三。”众狙皆悦。名实未亏而喜怒为用，亦因是也。”《齐物论》

孔子西游于卫。颜渊问师金曰：“以夫子之行为奚如？”师金曰：“惜乎，而夫子其穷哉！”颜渊曰：“何也？”师金曰：“夫刍狗之未陈也，盛以箧衍，巾以文绣，尸祝齐戒以将之。及其已陈也，行者践其首脊，苏者取而爨之而已。将复取而盛以箧衍，巾以文绣，游居寝卧其下，彼不得梦，必且数眯焉。今而夫子亦取先王已陈刍狗，取弟子游居寝卧其下。故伐树于宋，削迹于卫，穷于商周，是非其梦邪？围于陈蔡之间，七日不火食，死生相与邻，是非其眯邪？夫水行莫如用舟，而陆行莫如用车。以舟之可行于水也，而求推之于陆，则没世不行寻常。古今非水陆与？周鲁非舟车与？今蕲行周于鲁，是犹推舟于陆也，劳而无功，身必有殃。彼未知夫无方之传，应物而不穷者也。”《天运》

上引数则，及其滑稽，大有喜剧文学风味也。

(3) 想象

庄子文学亦富于想象，而想象中又有怪诞、幽眇、新奇、浓丽等之别。惜在此未能详引。《山木》篇云：

> 方舟而济于河，有虚船来触舟，虽有褊心之人不怒。（各本褊作惼）有一人在其上，则呼张歙之。一呼而不闻，再呼而不闻，于是三呼邪，则必以恶声随之。向也不怒而今也怒，向也虚而今也实。人能虚己以游世，其孰能害之。

此说明虚己处世，无一非逍遥世界，人亦无从加害矣。但此抽象之处世理论，不易使人明了，故用此方舟济河故事一寓托，则整个思想之体系轻妙表现矣。又如《秋水》篇云：

> 北海若曰："井蛙不可以语于海者，（各本蛙作鼃）拘于墟也；夏虫不可以语于冰者，笃于时也；曲士不可以语于道者，束于教也。今尔出于崖涘，观于大海，乃知尔丑。尔将可与语大理矣。天下之水，莫大于海，万川归之，不知何时止而不盈；尾闾泄之，不知何时已而不虚；春秋不变，水旱不知。此其过

江河之流，不可为量数。而吾未尝以此自多者，自以比形于天地，而受气于阴阳，吾在于天地之间，犹小石、小木之在大山也。方存乎见少，又奚以自多。计四海之在天地之间也，不似礨空之在大泽乎？计中国之在海内，不似稊米之在大仓乎？号物之数谓之万，人处一焉；人卒九州，谷食之所生，舟车之所通，人处一焉，此其比万物也，不似豪末之在于马体乎？五帝之所连，(《阙误》引江南古藏本，连作运）三王之所争，仁人之所忧，任士之所劳，尽此矣。伯夷辞之以为名，仲尼语之以为博，此其自多也，不似尔向之自多于水乎？”河伯曰："然则吾大天地而小豪末，可乎？”北海若曰："否。夫物量无穷，时无止，分无常，终始无故。是故大知观于远近，故小而不寡，大而不多，知量无穷；证向今故，故遥而不闷，掇而不跂，知时无止；察乎盈虚，故得而不喜，失而不忧，知分之无常也；明乎坦涂，故生而不悦，死而不祸，知终始之不可故也。计人之所知，不若其所不知；其生之时，不若未生之时。以其至小，求穷其至大之域，是故迷乱而不能自得也。由是观之，又何以知毫末之足以定至细之倪？又何以知天地之足穷至大之域？”

此亦以象征文学明物各有其分量，各就其主观论之，无不自足也。

（4）比喻

比喻法，在庄子时已甚发达。今试检阅周秦诸子及《战国策》，触处皆是；而庄子尤善用之。兹略引如左：

马，蹄可以践霜雪，毛可以御风寒，龁草饮水，翘足而陆。此马之真性也，虽有义台、路寝，无所用之。及至伯乐，曰："我善治马。"烧之剔之，刻之雒之，连之以羁馽，编之以皁栈，马之死者十二三矣；饥之渴之，驰之骤之，整之齐之，前有橛饰之患，而后有鞭策之威，而马之死者，已过半矣。陶者曰："我善治埴。圆者中规，方者中矩。"匠人曰："我善治木，曲者中钩，直者应绳。"夫埴木之性，岂欲中规矩钩绳哉？然且世世称之，曰："伯乐善治马，而陶匠善治埴木。"此亦治天下者之过也。《马蹄》

此借治马治埴木者，以明治天下之过也。

子祀、子舆、子犁、子来四人相与语曰："孰能以无为首，以生为脊，以死为尻，孰知死生存亡之一体者，吾与之友矣。"四人相视而笑，莫逆于心，遂相与为友。俄而子舆有病，子祀往问之。曰:“伟哉！夫造物者，将以予为此拘拘也！”曲偻发背，上有五管，颐隐于齐，肩高于顶，句赘指天。阴阳之气有沴，其心闲而无事，跰𨇤而鉴于井，曰:“嗟乎！夫造物者又将以予为此拘拘也！”子祀曰:“汝恶之乎？”曰:“亡。予何恶！浸假而化予之左臂以为鸡，予因以求时夜；浸假而化予之右臂以为弹，予因以求鸮炙；浸假而化予之尻以为轮，以神为马，予因以乘之，岂更驾哉？且夫得者时也，失者顺也，安时而处顺，哀乐不能入也，此古之所谓悬解也；而不能自解者，物有结之。且夫物不胜天久矣，吾又何恶焉！”俄而子来有病，喘喘然将死。其妻子环而泣之。子犁往问之，曰:“叱！避！无怛化！”倚其户而与之语，曰:“伟哉造化！又将奚以汝为？将奚以汝适？以汝为鼠肝乎？以汝为虫臂乎？”子来曰:“父母于子，东西南北，唯命之从。阴阳于人，不翅于父母。彼近吾死而我不听，我则捍矣，(各本捍作悍)彼何罪焉？夫大块载我以形，劳我以生，佚我以老，息我以死。故善吾生者，乃所以善吾死也。今大冶铸金，金踊跃曰:‘我且必为镆铘！’大冶必以为不祥之金。今一犯人之形，而曰‘人耳人耳’，夫造化者必以为不祥之人。今一以天地为大炉，以造化为大冶，恶乎往而

不可哉？”成然寐，蘧然觉。《大宗师》

此篇父母、大冶二喻，何其精切邪！

庄子比喻法，至有趣味。凡为文者，不可不熟玩也。限于篇幅，不能详列其文而说明之。

（5）雄辩

凡人之发明一义也，必将证明此义之根据，而后其义方能颠扑不破，而有以坚人之信也。庄子所立一切义，皆根源于道。而道也者，无形不可见、不可闻者也。欲加肯定，碍难形容。而庄子则云：

夫道，有情有信，无为无形；可传而不可受，可得而不可见；自本自根，未有天地，自古以固存；神鬼神帝，生天生地，在太极之先而不为高，在六极之下而不为深，先天地生而不为久，长于上古而不为老。……《大宗师》

是道在未有天地，自古以固存。所论颇辩。至且论无为之治，亦极其雄放。《在宥》篇云：

闻在宥天下，不闻治天下也；在之也者，恐天下之淫其性也；宥之也者，恐天下之迁其德也；天下

> 不淫其性，不迁其德，有治天下者哉？昔尧之治天下也，使天下欣欣焉人乐其性，是不恬也。桀之治天下也，使天下瘁瘁焉人苦其性，是不愉也。夫不恬不愉，非德也。非德也而可长久者，天下无之。人大喜邪？毗于阳，大怒邪？毗于阴，阴阳并毗，四时不至，寒暑之和不成，其反伤人之形乎。使人喜怒失位，居处无常，思虑不自得，中道不成章，于是乎天下始乔诘卓鸷，而后有盗跖、曾、史之行。故举天下以赏其善者不足，举天下以罚其恶者不给；故天下之大不足以赏罚。……

此衍老子无为而无不为之旨也。宋秦观曰："自无为说到有为，复自有为而返于无为。抑扬开阖，变化无穷，鸿蒙以下，突起三峰，断而不断，文字之妙，非言说可尽。"洵确评也。

（6）善写情

如《则阳》篇云：

> 旧国旧都，望之畅然。虽使丘陵草木之缗，入之者十九，犹之畅然，况见见闻闻者也，以十仞之台县众间者也。

此段极有情致。又《山木》篇云：

市南宜僚见鲁侯，鲁侯有忧色。市南子曰："君有忧色，何也？"鲁侯曰："吾学先王之道，修先君之业；吾敬鬼尊贤，亲而行之，无须臾离居；然不免于患，吾是以忧。"市南子曰："君之除患之术浅矣！夫丰狐文豹，栖于山林，伏于岩穴，静也；夜行昼居，戒也；虽饥渴隐约，犹旦胥疏于江湖之上而求食焉，定也。然且不免于罔罗机辟之患，是何罪之有哉？其皮为之灾也。今鲁国独非君之皮邪？吾愿君刳形去皮，洒心去欲，而游于无人之野。南越有邑焉，名为建德之国。其民愚朴，少私而寡欲；知作而不知藏，与而不求其报；不知义之所适，不知礼之所将；猖狂妄行，乃蹈乎大方；其生可乐，其死可葬。吾愿君去国捐俗，与道相辅而行。"君曰："彼其道远而险，又有江山，我无舟车，奈何？"市南子曰："君无形倨，无留居，以为君车。"君曰："彼其道幽远而无人，吾谁与为邻？吾无粮，我无食，安得而至焉？"市南子曰："少君之费，寡君之欲，虽无粮而乃足。君其涉于江而浮于海，望之而不见其崖，愈往而不知其穷。送君者皆自崖而反，君自此远矣。"

“送君者皆自崖而反，君自此远矣。”其文情何其深耶？

（四）学术批评

学术之有评论，自庄子始，其对古籍作一总评曰：“《诗》以道志，《书》以道事，《礼》以道行，《乐》以道和，《易》以道阴阳，《春秋》以道名分。”《天下篇》非有学术批评眼光，不能作是言也。至批评二字之涵义，西学者析之为五：指正一也，赞美二也，判断三也，比较及分类四也，鉴赏五也。若夫批评学术，则考验作品性质及形式者也。故其对于批评也，必先由比较、分类、判断而及于鉴赏，赞美、指正特其余事耳。此五条件，《庄子》之文已具之矣。

《庄子·天下》篇盖庄子之自叙，前总论，后分列诸家，可考见古代学术源流，亦吾国最古之学术批评文字者也。

第三节　庄子文学与后世文学之关系

古文学之酝酿为期有三，迄唐之韩、柳而学说始成，至宋代欧、苏势乃大昌，蔚为文学界中之四巨杰，凡略读中国文学者皆所熟知者也。然韩、柳、苏其为文，后世所奉为散文之宗师者，其得于《庄子》亦正不浅。淮海称韩文能钩《庄》《列》，说者颇为退之辩护，其实《答李翊书》等篇之学《庄》，前人早已见及矣。

《答李翊书》：抑又有难者，愈之所为，不自知其至犹未也。虽然，学之二十余年矣。始者非三代两汉之书不敢视，非圣人之志不敢存。处若忘，行若遗，俨乎其若思，茫乎其若迷，当取于心而注于手也，惟陈言之务去，戛戛乎其难哉！其观于人，不知其非笑之为非笑也。如是者亦有年，犹不改。然后识古书之正伪，与虽正而不至焉者，昭昭然白黑分矣，而务去之，乃徐有得也。当其取于心而注于手也，汩汩然来矣。其观于人也，笑之则以为喜，誉之则以为忧，以其犹有人之说者存也。如是者亦有年，然后浩乎其沛然矣。吾又惧其杂也，迎而距之，平心而察之，其皆醇也，然后肆焉。虽然，不可以不养也，行之乎仁义之途，游之乎《诗》《书》之源，无迷其途，无绝其源，终吾身而已矣。气，水也；言，浮物也。水大而物之浮者大小毕浮。气之与言犹是也，气盛则言之短长与声之高下者皆宜。虽如是，其敢自谓几于成乎？虽几于成，其用于人也奚取焉？虽然，待用于人者，其肖于器邪？用与舍属诸人。君子则不然。处心有道，行己有方，用则施诸人，舍则传诸其徒，垂诸文而为后世法。如是者，其亦足乐乎？其无足乐也？有志乎古者希矣，志乎古必遗乎今。吾诚乐而悲之。亟称其人，所以劝之，非敢褒其可褒而贬其可贬也。问于愈者多矣，念生之言不志乎利，聊相为言之。

此段盖自《庄子·养生主》篇化出，兹举《庄子》文为对照如下：

吾生也有涯，而知也无涯。以有涯随无涯，殆已！已而为知者，殆而已矣！为善无近名，为恶无近刑。缘督以为经，可以保身，可以全生，可以养亲，可以尽年。

庖丁为文惠君解牛，手之所触，肩之所倚，足之所履，膝之所踦，砉然响然，奏刀騞然，莫不中音，合于《桑林》之舞，乃中《经首》之会。文惠君曰："嘻，善哉！技盖至此乎？"庖丁释刀，对曰："臣之所好者，道也，进乎技矣。始臣之解牛之时，所见无非全牛者；三年之后，未尝见全牛也。方今之时，臣以神遇而不以目视，官知止而神欲行。依乎天理，批大郤，导大窾，因其固然，技经肯綮之未尝，而况大軱乎？良庖岁更刀，割也；族庖月更刀，折也。今臣之刀十九年矣，所解数千牛矣，而刀刃若新发于硎。彼节者有间，而刀刃者无厚，以无厚入有间，恢恢乎其于游刃必有余地矣。是以十九年而刀刃若新发于硎。虽然，每至于族，吾见其难为，怵然为戒，视为止，行为迟，动刀甚微。謋然已解，如土委地。提刀而立，为之四顾，为之踌躇满志，善刀而藏之。”文惠君曰：“善哉！吾闻庖丁之言，得养生焉。”

观此，则退之此段之意，乃驯从《庄子》改易而出，盖非诬矣。

《送高闲上人序》：苟可以寓其巧智，使机应于心，不挫于气，则神完而守固，虽外物至，不胶于心。尧、舜、禹、汤治天下，养叔治射，庖丁治牛，师旷治音声，扁鹊治病，僚之于丸，秋之于奕，伯伦之于酒，乐之终身不厌，奚暇外慕？夫外慕徙业者，皆不造其堂、不哜其胾者也。

此文之意，盖得自《庄子·胠箧》篇：

> ……绝圣弃知，大盗乃止；擿玉毁珠，小盗不起；焚符破玺，而民朴鄙；剖斗折衡，而民不争；殚残天下之圣法，而民始可与论议；擢乱六律，铄绝竽瑟，塞瞽旷之耳，而天下始人含其聪矣；灭文章，散五彩，胶离朱之目，而天下始人含其明矣；毁绝钩绳而弃规矩，攦工倕之指，而天下始人含其巧矣。故曰："大巧若拙。"削曾、史之行，钳杨、墨之口，攘弃仁义，而天下之德始玄同矣。……

退之之意，出自《庄子》，岂非明甚？不特此也，即久传盛名之《原道》，其笔势亦多自此篇脱化而来。

> 《原道》：古之为民者四，今之为民者六。古之教者处其一，今之教者处其三。农之家一，而食粟之家六。工之家一，而用器之家六。贾之家一，而资焉之家六。奈之何民不穷且盗也？古之时，人之害多矣。有圣人者立，然后教之以相生相养之道。为之君，为之师。驱其虫蛇禽兽而处之中土，寒然后为之衣，饥然后为之食。木处而颠，土处而病也，然后为之宫室。为之工以赡其器用，为之贾以通其有无，为之医药以济其寿夭，为之葬埋祭祀以长其恩爱，为之礼以次其先后，为之乐以宣其湮郁，为

之政以率其怠倦，为之刑以锄其强梗。相欺也，为之符玺、斗斛、权衡以信之；相夺也，为之城郭甲兵以守之。害至而为之备，患生而为之防。今其言曰：“圣人不死，大盗不止；剖斗折衡，而民不争。”呜呼！其亦不思而已矣。如古之无圣人，人之类灭久矣。何也？无羽毛鳞介以居寒热也，无爪牙以争食也。是故君者，出令者也；臣者，行君之令而致之民者也；民者，出粟米麻丝、作器皿、通货财以事其上者也。君不出令，则失其所以为君；臣不行君之令而致之民，民不出粟米麻丝、作器皿、通货财以事其上，则诛。……

而《庄子·胠箧》篇亦云：

……善人不得圣人之道不立，跖不得圣人之道不行，天下之善人少而不善人多，则圣人之利天下也少而害天下也多。故曰：唇竭则齿寒，鲁酒薄而邯郸围，圣人生而大盗起。掊击圣人，纵舍盗贼，而天下始治矣。夫川竭而谷虚，丘夷而渊实。圣人已死，则大盗不起，天下平而无故矣！圣人不死，大盗不止。虽重圣人而治天下，则是重利盗跖也。为之斗斛以量之，则并与斗斛而窃之；为之权衡以称之，则并与权衡而窃之；为之符玺以信之，则并与符玺而窃之；为之仁义以矫之，则并与仁义而窃之。何以知其然邪？彼窃钩者诛，窃国者为诸侯，诸侯之门而仁义存焉，则是非窃仁义圣知邪？

两相比较，立意虽相反，而笔势则毫无二致。若谓其非模仿《庄子》，谁其信之？

退之之文既多由《庄子》文化出，即退之之诗，莫不受《庄子》寓言之影响。兹举《赤藤杖歌》一首如下：

赤藤为杖世未窥，台郎始携自滇池。滇王扫宫避使者，跪进再拜语嗢咿。绳桥拄过免倾堕，性命造次蒙扶持。途经百国皆莫识，君臣聚观逐旌麾。共传滇神出水献，赤龙拔须血淋漓。又云羲和操火鞭，暝到西极睡所遗。几重包裹自题署，不以珍怪夸荒夷。归来捧赠同舍子，浮光照手欲把疑。空堂昼眠倚牖户，飞电著壁搜蛟螭。南宫清深禁闱密，唱和有类吹埙篪。妍辞丽句不可继，见寄聊且慰分司。《韩昌黎全集》卷四

黄震亦云："《赤藤杖歌》赤龙拔须、羲和遗鞭等语，形容奇怪。韩诗多类此，然此类皆从庄生寓言来。"《黄氏

日抄文集》五十九卷所论确有见地。

柳柳州之文多出于《老》《庄》，尝曰："吾少以辞为工，及长乃知文以明道，不苟为炳炳烺烺、采色夸声也。未敢轻心掉之，惧其剽也；未敢怠心易之，惧其弛也；未敢昏气出之，惧其杂也；未敢矜气作之，惧其骄也。本诸《书》以求质，《诗》以求恒，《礼》以求宜，《春秋》求断，《易》以求动，此取道之原也。参之《谷梁》以励其气，参之《孟子》以畅其支，参之《老》《庄》以肆其端，参之《国语》以博其趣，参之《离骚》以致其幽，参之太史公以著其洁，此旁推交通而以为文也。"《答韦中立书》而其《报袁君陈书》亦云："《左传》《国语》、庄周、屈原之辞，稍采取之。谷梁子、太史公甚峻洁，可以出入。"自叙其得力于《老》《庄》之处，一曰"参之以肆其端"，再曰"稍采取之"，反复言之，可见受《庄子》影响之深切也。

子厚又考证诸子之文多篇，其在唐代思想界中较有怀疑精神，间有发人所未发者。惜《辨列子》篇，谓庄周放依其辞，殊非笃论。以周之雄于文，一切陈言，皆所吐弃，安有仿《列》之理，而况《列子》实伪书耶？其他诸篇，颇有所得，可见其研究诸子之功深矣。

子厚之文一部分出于《庄子》，如《三戒》《蝜蝂传》等文，全为庄生之寓言。

《三戒》中有《临江之麋》《黔之驴》《永某氏之鼠》三者，兹录后一首：

《永某氏之鼠》：永有某氏者，畏日，拘忌异甚。以为己生岁值子；鼠、子神也，因爱鼠。不畜猫犬，禁僮勿击鼠。仓廪庖厨，悉以恣鼠，不问。由是鼠相告，皆来某氏，饱食而无祸。某氏室无完器，椸无完衣，饮食大率鼠之余也。昼累累与人兼行，夜则窃啮斗暴。其声万状，不可以寝，终不厌。数岁，某氏徙居他州。后人来居，鼠为态如故。其人曰："是阴类恶物也，盗暴尤甚。且何以至是乎哉？"假五六猫，阖门撤瓦灌穴，购僮罗捕之。杀鼠如丘，弃之隐处，臭数月乃已。呜呼，彼以其饱食无祸为可恒也哉！

《蝜蝂传》：蝜蝂者，善负小虫也。行遇物，辄持取，卬其首负之。背愈重，虽困剧不止也。其背甚涩，物积因不散，卒踬仆不能起。人或怜之，为去其负；苟能行，又持取如故。又好上高，极其力不已，至坠地死。今世之嗜取者，遇货不避，以厚其室，不知为己累也，唯恐其不积；及怠而踬也，黜弃之，迁徙之，亦以病矣；苟能起，又不艾。日思高其位、大其禄，而贪取滋甚，以近于危坠，观前之死亡，不知戒。虽其形魁然大者也，其名人也，而智则小虫也。亦足哀夫！

此两篇盖取义与《庄子·骈拇》篇，兹略举《庄子》文为对照如下：

……臧与谷，二人相与牧羊而俱亡其羊。问臧奚事，则挟策读书；问谷奚事，则博塞以游。二人者，事业不同，其于亡羊均也。伯夷死名于首阳之下，盗跖死利于东陵之上。二人所死不同，其于残生伤性均也。……

观此，则子厚此两篇之意，乃驯从《庄子》脱化而出，盖非虚语矣。即著名之《郭橐驼传》一文，以种树喻治民，亦俱为老、庄学说。兹录其原文如下：

郭橐驼，不知始何名。病偻，隆然伏行，有类橐驼者，故乡人号之“驼”。驼闻之，曰：“甚善！名我固当。”因舍其名，亦自谓“橐驼”云。其乡曰丰乐乡，在长安西。驼业种树，凡长安豪富人为观游及卖果者，皆争迎取养。视驼所种树，或移徙无不活，且硕茂，早实以蕃。他植者虽窥伺效慕，莫能如也。有问之，对曰："橐驼非能使木寿且孳也，能顺木之天，以致其性焉尔。凡植木之性，其本欲舒，其培欲平，其土欲故，其筑欲密。既然已，勿动勿虑，去不复顾。其莳也若子，其置也若弃，则其天者全而其性得矣。故吾不害其长而已，非有能硕茂之也；不抑耗其实而已，非有能早而蕃之也。他植者则不然。根拳而土易，其培之也，若不过焉则不及。苟有能反是者，则又爱之太恩，忧之太勤。旦视而暮抚，已去而复顾。甚者，爪其肤以验其生枯，摇其本以观其疏密，而木之性日以离矣。虽曰爱之，其实害之；虽曰忧之，其实仇之：故不我若也。吾又何能为哉？问者曰："以子之道，移之官理可乎？"驼曰："我知种树而已，理非吾业也。理一本亦作官理 然吾居乡，见长人者好烦其令，若甚怜焉，而卒以祸。旦暮吏来而呼曰：'官命促尔耕，勖尔植，督尔获，早缫而绪，早织而缕，字而幼孩，遂而鸡豚。'鸣鼓而聚之，击木而召之。吾小人辍飧饔以劳吏者，且不得暇，又何以蕃吾生而安吾性邪？故病且怠。若是，则与吾业者其亦有类乎？"问者曰："嘻，不亦善夫！吾问养树，得养人术。"传其事以为官戒。

此篇发挥无治思想甚显，读之令人神往，盖由《庄子·养生主》篇脱化而出者也。

苏东坡文亦出《庄子》。其尝读《庄子》，欢曰："吾昔有见，口未能言。今见是书，得吾心矣。"其教人云："读《战国策》学说利害，读贾谊、晁错、赵充国章疏学论事，读《庄子》学论理性，读韩、柳知作文体面。"见《李方叔文集》其自言行文曰："如行云流水，初无定质，但常行于所当行，止于所不可不止。虽喜笑怒骂之辞，皆可书而诵之。"此其自述得力于蒙庄也。宋谢叠山云："东坡自《庄子》觉悟来。"《文章轨范》清刘熙载亦云："东坡多微妙语，其论曰快、曰达、曰了。正为非此不足以发微阐妙也。"又云："东坡文，只是拈来，此由悟性绝人，故处处触着耳。"见其所著《文概》总之，东坡之文出于《庄子》，参以《国策》、佛书，而能变化者也。

盖庄文尚虚，而东坡文亦善写虚，如《凌虚台记》《清风阁记》《超然亭记》《喜雨亭记》、前后《赤壁赋》等篇之类是也。

《喜雨亭记》：……既以名亭，又从而歌之，曰："使天而雨珠，寒者不得以为襦；使天而雨玉，饿者不得以为粟。一雨三日，伊谁之力？民曰太守，太守不有；归之天子，天子曰不然；归之造物，造物不自以为功；归之太空，太空冥冥，不可得而名。吾以名吾亭。"

此段盖取意于《庄子·大宗师》篇：

……南伯子葵曰："子独恶乎闻之？"曰："闻诸副墨之子，副墨之子闻诸洛诵之孙，洛诵之孙闻之瞻明，瞻明闻之聂许，聂许闻之需役，需役闻之于讴，于讴闻之玄冥，玄冥闻之参寥，参寥闻之疑始。"

不特文旨似，即笔势亦似焉。又其著名之前后《赤壁赋》亦多得力于《庄子》。

《前赤壁赋》：……"况吾与子，渔樵于江渚之上，侣鱼虾而友麋鹿。驾一叶之扁舟，举匏樽以相属。寄蜉蝣于天地，渺沧海之一粟。哀吾生之须臾，羡长江之无穷。挟飞仙以遨游，抱明月而长终。知不可乎骤得，托遗响于悲风。"苏子曰："客亦知夫水与月乎？逝者如斯，而未尝往也；盈虚者如彼，而卒莫消长也。盖将自其变者而观之，则天地曾不能以一瞬；自其不变者而观之，则物与我皆无尽也。而又何羡乎？胥按：此两句亦由庄子脱化而出。庄子《德充符》篇云：自其异者视之，肝胆楚越也；自其同者视之，万物皆一也。

《后赤壁赋》：……须臾客去，予亦就睡。梦一道士，羽衣蹁跹，过临皋之下，揖予而言曰："赤壁之游乐乎？”问其姓名，俯而不答。呜呼！噫嘻！我知之矣！畴昔之夜，飞鸣而过我者，非子也邪？道士顾笑，予亦惊寤。开户视之，不见其处。

善乎李耆卿云：“子瞻《喜雨亭记》结云：‘太空冥冥，不可得而名。吾以名吾亭。’是化无为有。《凌虚台记》结云：‘盖世有足恃者，而不在乎台之存亡也。’是化有为无。”《文章精义》所论颇有卓见。

第四节　庄子文评

《庄子》之书义理最为丰富，其文虽质浅而甚博辩，诚子部中之宝书也。至评论《庄子》之文最早者为庄子之徒所撰《天下》篇，（一说谓庄子之自叙）论庄子前后学术界之趋势，兼断定庄子之地位，大可参考也。其言曰：

以谬悠之说，荒唐之言，无端崖之辞，时恣纵而不傥，不以觭见之也。以天下为沈浊，不可与庄语。以卮言为曼衍，以重言为真，以寓言为广。独与天地精神往来，而不敖倪于万物，不谴是非，以与世俗处。其书虽瑰玮，而连犿无伤也；其辞虽参差，而諔诡可观。

次为汉司马迁，其《老、庄、申、韩列传》云：

……著书十余万言，大抵率寓言也，……然善属书离辞，指事类情，用剽剥儒、墨，虽当世宿学不能自解免也。其言洸洋自恣以适己。

由司马迁之说观之，足见庄子之文多超逸，肖其为人也。

次有晋郭象作《庄子注序》曰：

故观其书超然自以为已当经昆仑、涉太虚，而游惚怳之庭矣。虽复贪婪之人、进躁之士，暂而揽其余芳、味其溢流，仿佛其音影，犹足旷然有忘形自得之怀，况探其远情而玩永年者乎？遂绵邈清遐，去离尘埃，而返冥极者也。

明蔡毅中曰：

善绘者传其神，善书者模其意。庄子传老氏之神，模九经之意，而变其刻画，不在一字一句之奇也。后世学庄生者，得其句法章法，而深严之体未备也，变化之机未熟也，超妙之理未臻也，得为庄

子也欤哉？见其所著《归有光南华经评注序》

又曰：

其言虽无会而独应，若超无有而独存，其狂怪变化，能使骨惊神悚，不称文章大观哉？

又譬之水曰：

洪涛层起，而溛漖横生，如蜃市宵灯，不可方物。

胡应麟曰：

夫庄周文章绝奇，而理致玄妙。读之未有不手舞足蹈，心旷神怡者。故古今才士，亡弗沈冥其说，第以为空青水碧，物外奇观，可矣。必为说文之，是以火济火也。《少室山房笔记》卷二十七

清张廉卿曰：

夫文章之道，莫要于雅健。欲为健而厉之已甚，则或近俗；求免于俗而务为自然，又或弱而不能振。

古之为文者，若左丘明、庄周……之徒，沛然出之，言厉而气雄，然无有一言一字之强附而致之者也！措焉而皆得其所安。文惟此最为难。《濂卿文集》

近人顾实评云：

……所谓中国文学中，可推为天才之作品，最俊隽者，庄子之书与李白之诗乎。天下之书，汗牛充栋而未已，然其中有终身不见之而无恨者，但此两书万不可不读。何则，有所不见于寻常之书故也。夫《庄子》之高也若是，故读之亦甚不易。后世拘泥于儒家说之辁才小竖，每以为一种诡道，隐遁曲士之所修，而天下无用之骨董也。此由不善读其书所生之谬见，固不足齿数也。然试观若辈对于其文字之巧妙，而犹不惜盛呈赞辞，则庄子亦诚伟矣哉。

庄子之思想、辞藻两者，俱极丰富。盖彼有化哲理之谈理，而为具体事实之倾向也。至其选材亦极自由，不论何事，一经其笔，则发挥一种妙致，虽土砂而为黄金，褴褛而为锦绣矣。更有进者，庄子与孟子俱染受战国之风，而英迈豪隽之气，自有不可当者，故发露其激越之感情，不少顾惜。竖说横论，而痛言快语，毫不藏锋芒，两者全类似，但以人种之差异，与南方之天然，使《庄子》更比《孟子》成就文学之价值。故庄子自极端而驰于极端，一说大，则曰“北冥有鱼，其名为鲲。鲲之大，不知其几千里也……”一说小，则曰“有国于蜗之左角者，曰触氏；有国于蜗之右角者，曰蛮氏。时相与争地而战，伏尸数万，逐北旬有五日而后反……”要之，庄子之笔，殆具万能，所向无不如意，而滑稽谐谑自恣者，其间有无限之热泪，最善动人者也。尝思少年之士、学文者读之，自然有所契合于其志操，而快适不自禁，且所得颇多也。《中国文学史大纲》

然则《庄子》在文学上之价值岂小也邪？

第十二章　庄子与诸子比较论

《庄子·天下》篇云：

> 古之人其备乎！配神明，醇天地，育万物，和天下，泽及百姓，明于本数，系于末度，六通四闢（各本闢作辟），小大精粗，其运无乎不在。其明而在数度者，旧法、世传之史尚多有之。其在于《诗》《书》《礼》《乐》者，邹鲁之士，缙绅先生多能明之。《诗》以道志，《书》以道事，《礼》以道行，《乐》以道和，《易》以道阴阳，《春秋》以道名分。其数散于天下而设于中国者，百家之学时或称而道之。天下大乱，贤圣不明，道德不一，天下多得一察焉以自好。譬之耳目鼻口，皆有所明，不能相通；犹百家众技也，皆有所长，时有所用。虽然，不该不遍，一曲之士也。判天地之美，析万物之理，察古人之全，寡能备于天地之美，称神明之容。是故内圣外王之道，暗而不明，郁而不发，天下之人各为其所欲焉以自为方。悲夫！

百家往而不反，必不合矣！后世之学者，不幸不见天地之纯、古人之大体，道术将为天下裂。

由是可知（一）先秦诸子之学，原或本于六艺。（二）诸子多得一察焉以自好，故如耳目鼻口皆有所明，不能相通。前者暂不俱论，今请论后者，以明庄学与诸子异同之故焉。

第一节　墨翟

第一项　墨翟略传

司马迁不为墨子立传，仅于《孟轲、荀卿列传》后附述云："盖墨翟宋之大夫，善守御，为节用。或曰并孔子时，或曰在其后。"寥寥二十余字，不能窥大哲生平。因史文阙略，故其姓氏籍贯年代胥成为问题矣。

《四库全书·总目提要》云："诸书多称墨子名翟；《因树屋书影》清周亮工著 则曰：墨子姓翟，母梦乌而生，故名之曰乌，以墨为道。今以姓为名，以墨为姓，是老子当姓老邪？其说不著所出，清孙诒让谓周亮工说本元伊世珍《琅嬛记》未足为据也。"他如《孟子》《庄子》《吕氏春秋》等书亦皆称墨翟。且古时本有墨姓，后汉王符《潜夫论》云"禹师墨如"，可以知也。

墨子之生国，旧有三说：唐杨倞《荀子·修身篇注》曰：“墨翟，宋人。”后汉高诱《吕氏春秋注》曰：“墨子，鲁人。”而清毕沅《墨子注序》则曰：“楚人。”宋人之说不过沿袭《史》《汉》旧闻，非有详密之考订，能确证墨子之为宋人也。楚人之说因本书多有鲁阳文君问答，鲁阳，楚邑，疑彼为鲁阳人。考《墨子·贵义》篇云：“墨子南游于楚。”若自楚之鲁阳往，当云游郢，不当云游楚。《渚宫旧事》载：“鲁阳文君说楚惠王曰：‘墨子，北方贤圣人。’”其非楚人可知。至于鲁人之说较为近似。《墨子·公输》篇曰：“公输般为楚造云梯之械成，将以攻宋。子墨子闻之，起于齐，行十日十夜而至于郢。”《吕氏春秋·爱类》篇亦曰：“公输般为高云梯，欲以攻宋。墨子闻之，自鲁往，裂裳裹足，日夜不休，十日十夜而至于郢。”若依《吕氏春秋》及《文选注》改齐为鲁。齐鲁接境，因应为鲁卫之鲁，决非楚之鲁阳。且就墨子之学说言，据《吕氏春秋》墨子实学于鲁史角之后。《淮南子》亦云：“墨子学儒之业，受孔子之术。”史角后及孔子，皆居于鲁，此亦足证墨子为鲁人也。

至于墨子之生卒，各家之说不一。大概生于周定王初年，元年至十年之间 卒于周安王中叶，十二年至二十年之间 约当孟子生前十余年云。

自昔学者以孔墨并称。韩非《显学》篇曰：“孔墨之后，儒分为八，墨离为三。”吕不韦《吕贤·当染》篇曰：“孔墨之后学显荣于天下者众矣，不可胜数。”墨学之昌，盖与洙泗相埒。然自两汉以还，孔子之言满天下，墨学之传殆已衰威。晋有鲁胜独注《墨辩》，同好无人，肸蠁中绝。清乾嘉间，汪中、毕沅、孙星衍诸人始从事于校注《墨子》，迨光绪间孙诒让著《墨子间诂》，广征群籍，旁罗异说，剔抉疑滞，疏证讹文，而斯学骎骎乎如日中天矣。

第二项　兼爱节用非攻

夫老、庄、墨之同异，有可得而言者。司马谈曰：“墨者强本节用，家给人足之道。”而《汉书》称“道家清虚以自守，卑弱以自持”。盖自表面观之，墨子近于积极主义，而老、庄近于消极主义，此其异之较然易知者也。然吾尝求其说亦多有同者焉。如《老子》第六十七章云：

> 我有三宝，持而保之：一曰慈，二曰俭，三曰不敢为天下先。

而庄子亦云：

> ……相爱而不知以为仁。《庄子·天地》篇
>
> ……无欲而天下足。《庄子·天地》篇

……掊斗折衡，而民不争。《庄子·胠箧》篇

此老子之慈、庄子之相爱，即墨子之兼爱也。老子之俭、庄子之无欲，即墨子之节用也。老子之不敢为天下先、庄子之不争，即墨子之非攻也。此非言之偶同而已也。《道德经》第五十三章云：

朝甚除，田甚芜，仓甚虚；服文采，带利剑，厌饮食，财货有余；是谓盗竽。盗竽非道也哉！

《庄子·刻意》篇亦云：

不与物交，惔之至也。

《道德经》第三十一章云：

夫佳兵者，不祥之器，物或恶之。故有道者不处。

第八十一章云：

天之道，利而不害；圣人之道，为而不争。

诸如此类，均足以见老、庄之兼爱、节用、非攻之宗旨与墨子同也。即其立言最相反者，如老子云："不上贤，使民不争。"庄子云："不尚贤，不使能。"而墨子乃大倡尚贤之旨，固似甚戾矣。

第三项　法天

老、庄之言法天，而墨子亦未尝不言法天。如《老子》第五章云：

> 天地不仁，以万物为刍狗；圣人不仁，以百姓为刍狗。

第二十五章云：

> 人法地，地法天，天法道，道法自然。

《庄子·至乐》篇亦云：

> 天无为以之清，地无为以之宁，故两无为相合，万物皆化。芒乎芴乎，而无从出乎！芴乎芒乎，而无有象乎！万物职职，皆从无为殖。故曰：天地，无为也，而无不为也。人也孰能得无为哉？

而《墨子·法仪》篇云：

> 天之行广而无私，其施厚而不德，其明久而不衰。故圣王法之。既以天为法，动作有为，必度于天。天之所欲则为之，天所不欲则止。

又曰：

> 然而天何欲何恶者也？天必欲人之相爱相利而不欲人之相恶相贼也。奚以知天之欲人之相爱相利而不欲人之相恶相贼也？以其兼而爱之，兼而利之也。《墨子·法仪》篇

则墨子未尝不言法天也。然老、庄卒与墨子大异者，盖墨子之天为有意志之天，而老、庄之天为不仁之天，无意志之天也。惟墨子以为天有意志，而天之意志不可以信于人；而人之意志反太深。故兼爱之说，亦陷入自利之涂而不自知也。惟老、庄则不然，以天无意志，故圣人法天而治民，亦当生而不有、为而不恃、长而不宰，绝无容稍存计较利害之心于其间；故不贵难得之货，使民不为盗；不见可欲，使民心不乱。是以货利不足以动其心，而慈、俭、不敢先之三宝，可以持而保之。是则

老、庄之廓然大公为墨子所不及，则甚昭灼矣。

第四项　非命

墨子非难宿命论，而倡非命论，与庄子适相反。我国古哲多倡定命论，而非命论实墨子之创见。其非难当时运命论者之主张，如曰：

> 命富则富，命贫则贫，命众则众，命寡则寡，命治则治，命乱则乱，命寿则寿，命夭则夭，命虽强劲，何益也？上以说王公大人，下以驵百姓之从事，故执有命者不仁。《墨子·非命》下

其次彼更引数例：第一、征于古人事迹，不能信运命之存在。桀、纣时天下大乱者，桀、纣之罪也；汤、武时天下大治者，汤、武之力也。治乱安危之所分，乃在于为政者，不当归诸运命也。第二、圣人之书，咸说为善而不为恶，无如宿命论者为善而无益、为恶而无碍者。古来万民之中，若不见运命之体者，亦不闻运命之声，察之于万民耳目，亦无运命存在之证迹也。第三、定命论，若应用于政治上，则国家必陷灭亡之途，盖一切归诸运命则王侯不尽力国事，万民不励治家业，此乱之始也。所论颇中时弊，无如言者谆谆，听者藐藐何？

至于庄子则积极主张定命论。《德充符》篇云："知不可奈何而安之若命，唯有德者能之。"《大宗师》篇云："物之所不得遁。"既然不得遁逃，则不如仍乐天安命焉。

第五项　非乐

乐者，和也，为和乐于心之美术。然自墨子实利主义观之，固不得不非之。盖美术恒与实用相反，美者或愈远于实用，而愈实用者或愈远于美。故知墨子之俭勤实益主义者，当不以非乐之说为怪也。墨子曰：

> 仁者之事，必务求兴天下之利、除天下之害；将以为法乎天下，利人乎即为，不利人乎即止。且夫仁者之为天下度也，非为其目之所美、耳之所乐、口之所甘、身体之所安，以此亏夺民衣食之财，仁者弗为也。是故子墨子之所以非乐，非以大钟鸣鼓琴瑟竽笙之声，以为不乐也；非以刻镂文章之色，以为不美也；非以犓豢煎炙之味，以为不甘也；非以高台厚榭邃野之居，以为不安也。虽身知其安也，口知其甘也，目知其美也，耳知其乐也；然上考之，不中圣王之事；下度之，不中万民之利；是故子墨子曰：为乐非也。《墨子·非乐》篇

而庄子则反对物质上的乐而主张精神上的乐，如曰：

且夫失性有五：一曰五色乱目，使目不明；二曰五声乱耳，使耳不聪；三曰五臭薰鼻，困惾中颡；四曰五味浊口，使口厉爽；五曰趣舍滑心，使性飞扬。此五者，皆生之害也。《庄子·天地》篇

又曰：

天下有至乐无有哉？有可以活身者无有哉？今奚为奚据？奚避奚处？奚就奚去？奚乐奚恶？夫天下之所尊者，富、贵、寿、善也；所乐者，身安、厚味、美服、好色、音声也；所下者，贫贱、夭恶也；所苦者，身不得安逸，口不得厚味，形不得美服，目不得好色，耳不得音声。若不得者，则大忧以惧，其为形也亦愚哉！夫富者，苦身疾作，多积财而不得尽用，其为形也亦外矣！夫贵者，夜以继日，思虑善否，其为形也亦疏矣！人之生也，与忧俱生，寿者惛惛，久忧不死，何苦也？其为形也亦远矣！烈士为天下见善矣，未足以活身。吾未知善之诚邪？诚不善邪？若以为善矣，不足活身；以为不善矣，足以活人。故曰："忠谏不听，蹲循勿争。"

> 故夫子胥争之，以残其形；不争，名亦不成。诚有善无有哉？今俗之所为与其所乐，吾又未知乐之果乐邪？果不乐邪？吾观夫俗之所乐，举群趣者，誙誙然如将不得已，而皆曰乐者，吾未之乐也，亦未之不乐也。果有乐无有哉？吾以无为诚乐矣，又俗之所大苦也。故曰："至乐无乐，至誉无誉。"天下是非果未可定也。……《庄子·至乐》篇

墨子以为乐属于奢侈生活，与元元之福利大相径庭，绳之以"圣人为法乎天下，利人乎即为，不利人乎即止"之例，则乐必须非矣。斯种观念固为狭义的实利主义之流弊，但吾人须知墨子以自苦为极，故不得不反对一切美术也。至庄子则亦以为乐不过为'残生害性'之具，绳之以"其理人生也以率性，依乎天理，因其固然，上与造物者游，而下与外死生、无终始者为友，安排去化，而入于寥天一"之例，则乐亦必须去矣。斯种观念固为自由放任主义之所致，然吾人须知庄子逍遥无待，故不得不解物情之羁尔也。总之，墨、庄之非乐，其出发点同而其目的则迥异焉。

第六项　庄子对于墨子之批评

一　对于墨学全体之批评

《庄子·天下》篇云：

不侈于后世，不靡于万物，不晖于数度，以绳墨自矫，而备世之急。古之道术有在于是者，墨翟、禽滑厘闻其风而说之。为之太过，（世本太作大）已之大循。（世本崇本循作顺）作为《非乐》，命之曰《节用》。生不歌，死无服。墨子泛爱兼利而非斗，其道不怒。又好学而博，不异，不与先王同，毁古之礼乐。黄帝有《咸池》，尧有《大章》，舜有《大韶》，禹有《大夏》，汤有《大濩》，文王有辟雍之乐，武王、周公作《武》。古之丧礼，贵贱有仪，上下有等。天子棺椁七重，诸侯五重，大夫三重，士再重。今墨子独生不歌，死不服，桐棺三寸而无椁，以为法式。以此教人，恐不爱人；以此自行，固不爱己。未败墨子道，虽然，歌而非歌，哭而非哭，乐而非乐，是果类乎？其生也勤，其死也薄，其道大觳。使人忧，使人悲，其行难为也。恐其不可以为圣人之道，反天下之心。天下不堪。墨子虽独能任，奈天下何！离于天下，其去王也远矣！墨子称道曰："昔禹之湮洪水，（世本昔下有者字）决江河而通四夷九州也。名山三百，支川三千，小者无数。禹亲自操橐耜，崇本橐作橐而九杂天下之川。腓无胈，胫无毛，沐甚雨，栉

> 疾风，置万国。禹大圣也，而形劳天下也如此。”使后世之墨者，多以裘褐为衣，以屐蹻为服，日夜不休，以自苦为极，曰：“不能如此，非禹之道也，不足谓墨。”相里勤之弟子，五侯之徒，南方之墨者若获、已齿、邓陵子之属，俱诵《墨经》，而倍谲不同，相谓别墨。以坚白同异之辩相訾，以奇偶不仵之辞相应，以巨子为圣人。皆愿为之尸，冀得为其后世，至今不决。墨翟、禽滑厘之意则是，其行则非也。将使后世之墨者，必以自苦腓无胈、胫无毛相进而已矣。乱之上也，治之下也。虽然，墨子真天下之好也，将求之不得也，虽枯槁不舍也，才士也夫！

庄子所论可谓深中墨学之利弊。盖庄子之道，在贵身任生，以无为而治，见墨者之教，劳形动生，以自苦为极，“反天下之心，天下不堪”，行拂乱其所为而已矣！故曰“乱之上也”。使用墨者之教而获有治焉，终以“逆物伤性”而不得跻无为之上治也，故曰“治之下也”。然其用心笃厚，利天下为之，岂非“天下之好”也哉！则墨之流而为侠，亦明矣。

二　对于非乐说之反对

《庄子·天下》篇：“墨子泛爱兼利而非斗，其道不怒。又好学而博，不异，不与先王同，毁古之礼乐。黄帝有《咸池》，尧有《大章》，舜有《大韶》，禹有《大夏》，汤有《大濩》，文王有辟雍之乐，武王、周公作《武》。”庄子虽未显斥墨子非乐之非，然历引先王之乐，则其意可知。

三　对于好辩之反对

《庄子·齐物论》：“辩也者，有不见也。……既使我与若辩矣，若胜我，我不若胜，若果是也？我果非也邪？我胜若，若不吾胜，我果是也？而果非也邪？其或是也，其或非也邪？其俱是也，其俱非也邪？我与若不能相知也，则人固受其黮暗。吾谁使正之？使同乎若者正之，既与若同矣，恶能正之？使同乎我者正之，既同乎我矣，恶能正之？使异乎我与若者正之，既异乎我与若矣，恶能正之？使同乎我与若者正之，既同乎我与若矣，恶能正之？然则我与若与人俱不能相知也，而待彼也邪？”

《庄子·骈拇》篇：“骈于辩者，累瓦结绳，窜句，游心于坚白同异之间，而敝跬誉无用之言非乎？而杨墨是已。”

《庄子·天下》篇：“相里勤之弟子，五侯之徒，南方之墨者若获、已齿、邓陵子之属，俱诵《墨经》，而倍谲不同，相谓别墨。以坚白同异之辩相訾，以奇偶不仵之辞相应。”

此可见墨子之好辩，故后世之墨多以诡辩相胜。

四　对于节葬说之反对

《庄子·天下》篇："古之丧礼，贵贱有仪，上下有等。天子棺椁七重，诸侯五重，大夫三重，士再重。今墨子独生不歌，死不服，桐棺三寸而无椁，以为法式。以此教人，恐不爱人；以此自行，固不爱己。"

《韩非子·显学》篇曰："墨者之葬也，冬日冬服，夏日夏服，桐棺三寸，服丧三月；儒者破家而葬，服丧三年，大毁扶杖。夫是墨子之俭将非孔子之侈也，是孔子之孝将非墨子之戾也。"然以韩非子之刻，犹以墨子为戾，则墨子节葬之过，势必流于残忍可知。

第二节　列御寇

第一项　列御寇略传

列子者，郑人也，与郑缪公同时。见刘向《叙录》居郑圃四十年，人无识者，国君卿大夫眎之，犹众庶也。《列子·天瑞》篇

> 有神巫自齐来处于郑，命曰季咸，知人死生、存亡、祸福、寿夭，期以岁、月、旬、日，如神。郑人见之，皆避而走。列子见之而心醉，而归以告壶丘子，曰："始吾以夫子之道为至矣，则又有至焉者矣。"壶

子曰:“吾与汝无其文,未既其实,而固得道与?众雌而无雄,而又奚卵焉?而以道与世抗,必信矣。夫故使人得而相汝。尝试与来,以予示之。”《列子·黄帝》篇

列子自以为未始学而归,三年不出,为其妻爨,食豨如食人,于事无亲,雕琢复朴,块然独以其形立,纷然而封戎,一以是终。子列子之齐,中道而反,遇伯昏瞀人。伯昏瞀人曰:“奚方而反?”曰:“吾惊焉。”“恶乎惊?”“吾食于十浆,而五浆先馈。”伯昏瞀人曰:“若是,则汝何为惊已?”曰:“夫内诚不解,形谍成光,以外镇人心,使人轻乎贵老,而齑其所患。夫浆人特为食羹之货,多余之嬴,其为利也薄,其为权也轻,而犹若是。而况万乘之主,身劳于国,而智尽于事,彼将任我以事,而效我以功。吾是以惊。”《列子·黄帝》篇

列子既师壶丘子林,友伯昏瞀人,乃居南郭。从之处,日数而不及。虽然,子列子亦微焉。朝朝相与辨,无不闻。而与南郭子连墙二十年,不相谒请;相遇于道,目若不相见者。门之徒役以为子列子与南郭子有敌不疑。有自楚来者,问子列子曰:“先生与南郭子奚敌?”子列子曰:“南郭子貌充心虚,耳无闻,目无见,口无言,心无知,形无惕,往将奚为?虽然,试与汝偕往。”阅弟子四十人同行。

见南郭子，果若欺魄焉，而不可与接。顾视子列子，形神不相偶，而不可与群。南郭子俄而指子列子之弟子末行者与言，衎衎然若专直而在雄者。子列子之徒骇之。反舍，咸有疑色。《列子·仲尼》篇

列子师老商氏，友伯高子，进二子之道，乘风而归。尹生闻之，从列子居，数月不省舍。因间请蕲其术者，十反而十不告。尹生怼而请辞，列子又不命。尹子退，数月，意不已，又往从之。《列子·黄帝》篇

列子问关尹曰："至人潜行不空，蹈火不热，行乎万物之上而不慄。请问何以至于此？"关尹曰："是纯气之守也，非智巧果敢之列。姬！鱼语汝。凡有貌像声色者，皆物也。物与物何以相远也？夫奚足以至乎先？是色而已。则物之造乎不形，而止乎无所化；夫得是而穷之者，焉得为正焉？彼将处乎不深之度，而藏乎无端之纪，游乎万物之所终始。一其性，养其气，含其德，以通乎物之所造。夫若是者，其天守全，其神无郤，物奚自入焉？夫醉者之坠于车也，虽疾不死。骨节与人同，而犯害与人异，其神全也。乘亦弗知也，坠亦弗知也，死生惊惧不入乎其胸，是故忤物而不慑。彼得全于酒而犹若是，而况得全于天乎？圣人藏于天，故物莫之能伤也。"《列子·黄帝》篇

列子(之宋)穷，容貌有饥色。客有言之郑子阳者曰:“列御寇，盖有道之士也，居君之国而穷。君无乃不好士乎？”郑子阳即令官遗之粟。子列子出见使者，再拜而辞。使者去。子列子入，其妻望之而拊心曰:“妾闻为有道者之妻子皆得佚乐。今有饥色，君遇一本作过或作适而遗先生食。先生不受，岂不命也哉！”子列子笑谓之曰:“君非自知我也，以人之言而遗我粟；至其罪我也，又且以人之言。此所以不受也。”《列子·说符》篇

列子学射中矣，请于关尹子。尹子曰:“子知子之所以中者乎？”对曰:“弗知也。”关尹子曰:“未可。”退而习之三年，可以报关尹子。尹子曰:“子知子之所以中乎？”列子曰:“知之矣。”关尹子曰:“可矣！守而勿失也，非独射也，为国与身，亦皆如之。故圣人不察存亡，而察其所以然。”《列子·说符》篇

列子之学本于黄帝、老子，号曰道家。道家者秉要执本、清虚无为，及其治身接物，务崇不竞，合于六经。而《穆王》《汤问》二篇，迂诞恢诡，非君子之言也；至于《力命》篇，一推分命;《杨子》之篇，唯贵放逸二义；乖背不似一家之书，然各有所明，亦有可观者。刘向《叙录》

抑更有进者，列子年代及《列子》书问题，颇有考证之必要。唐柳子厚曰："刘向古称博极群书，然其录列子，独曰'郑穆公时人'。郑穆公在孔子前几百载，《列子》书言'郑杀其相驷子阳'，则郑缪公二十四年，当鲁缪公之十年。向盖因鲁缪公而误为郑尔。"按柳之驳向诚是，晋张湛《注》已疑之。若其谓因鲁而为郑，则非也。向明云郑人，故因言郑缪公，岂鲁缪公乎？况书中孔穿、魏牟亦在鲁缪公后，则又岂得为鲁缪公乎？宋高似孙曰："太史公不传列子，如庄周所载许由、务光，迁犹疑之；所谓列御寇之说，独见于寓言耳，迁于此讵得不致疑邪？庄周末篇叙墨翟、禽滑厘、慎到、田骈、关尹之徒以及于周，而御寇独不在其列。岂御寇者，其亦所谓鸿蒙、列缺者欤？然则是书与《庄子》合者十七章，其间尤有浅近迂僻者，特出于后人会萃而成之耳。"《子略》按高氏此说最为有见。然意战国时本有其书，或庄子之徒依托为之者；但自无多，其余尽后人所附益也。以庄称列，则列在庄前，故多取庄书以入之。后人不察，咸以《列子》中有《庄子》，谓《庄子》用《列子》；不知实《列子》用《庄子》也。黄震谓："列子之学，不过爱身自利，全类杨朱。其书八篇，虽与刘向校雠之数合，实则典午氏渡江后方杂出诸家。"《黄氏日抄》近人章炳麟亦谓："其书疑汉末人依附刘向《叙录》为之。"而马叙伦则谓："为魏晋间王弼之徒所伪作者。”见《天马山房丛著》要之，此书虽非列子所作，然会萃诸书而成，书中大旨与《庄子》相类，其精义不逮《庄子》之多，而其文较《庄子》易解，殊足与《庄子》相参证焉。

第二项　怀疑主义

怀疑主义者为道家思想之特色也。老子首倡之，其言曰：“绝圣弃智，民利百倍。”“古之善为道者，非以明民，将以愚之。民之难治，以其智多。故以智治国，国之贼；不以智治国，国之福。”见《道德经》之数言者，可谓表现怀疑主义之极致也。迨至列、庄，更发皇而光大之。《列子·天瑞》篇云：

> 杞国有人忧天地崩坠，身亡所寄，废寝忘食。又有忧彼之所忧者，因往晓之，曰：“天积气耳！亡处亡气。若屈伸呼吸，终日在天中行止，奈何忧崩坠乎？”其人曰：“天果积气，日月星宿，不当坠邪？”晓之者曰：“日月星宿，亦积气中之有光耀者。只使坠，亦不能有所中伤。”其人曰：“奈地坏何？”晓者曰：“地积块耳，充塞四虚，亡处亡块。若躇步跐蹈，终日在地上行止，奈何忧坏。”其人舍音释然大喜，晓之者亦舍然大喜。长卢子闻而笑之曰：“虹蜺也，云

雾也，风雨也，四时也，此积气之成乎天者也；山岳也，河海也，金石也，火木也，此积形之成乎地者也。知积气也，知积块也，奚谓不坏？夫天地，空中之一细物，有中之最巨者，难终难穷，此固然矣；难测难识，此固然矣。忧其坏者，诚为大远；言其不坏者，亦为未是。天地不得不坏，则会归于坏。遇其坏时，奚为不忧哉？”子列子闻而笑曰：“言天地坏者亦谬，言天地不坏者亦谬。坏与不坏，吾所不能知也。虽然彼一也，此一也，故生不知死，死不知生；来不知去，去不知来。坏与不坏，吾何容心哉！”

此怀疑精神，求之子书殆不多觏，而《汤问》篇更发挥此项理论：

孔子东游，见两小儿辩斗。问其故，一儿曰：“我以日始出时去人近，而日中时远也。”一儿以日初出远，而日中时近也。一儿曰：“日初出，大如车盖；及日中，则如盘盂。此不为远者小而近者大乎？”一儿曰：“日初出，沧沧凉凉；及其日中，如探汤。此不为近者热而远者凉乎？”孔子不能决也。两小儿笑曰：“孰为汝多知乎？”

由是观之，吾人若仅凭感觉以断物象，为不可能焉。例如日之遐迩，眼窥肤触，已生两种不同之知识，又如以竿纳入水中，观之似曲，触之是直，吾人究竟信念视觉邪？抑信念触觉邪？准斯以谈，可知由感官所得之知识殆难凭信矣。感官所得之知识既不足信，何况及于天下之大乎？故“言天地坏者亦谬，言天地不坏者亦谬”也。

知识之为物，因人异而岁不同也。异其人，差其时，则亦因之而异。知识既异，则是非莫辩；是非莫辩，则人事上之善恶亦将无一定准则焉。故世间绝无万世不易、四海俱准之真理也。《列子·说符》篇云：

> 鲁施氏有二子：其一好学，其一好兵。好学者以术干齐侯；齐侯纳之，以为诸公子之傅。好兵者之楚，以法干楚王；王悦之，以为军正。禄富其家，爵荣其亲。施氏之邻人孟氏，同有二子，所业亦同，而窘于贫。羡施氏之有，因从请进趋之方。二子以实告孟氏。孟氏之一子之秦，以术干秦王。秦王曰：“当今诸侯力争，所务兵食而已。若用仁义治吾国，是灭亡之道。”遂宫而放之。其一子之卫，以法干卫侯。卫侯曰：“吾弱国也，而摄乎大国之间。大国，吾事之；小国，吾抚之；是求安之道。若赖兵权，灭

亡可待矣。若全而归之，适于他国，为吾之患不轻矣。”遂刖之，而还诸鲁。既反，孟氏之父子叩胸而让施氏。施氏曰：“凡得时者昌，失时者亡。子道与吾同，而功与吾异，失时者也，非行之谬也。且天下理无常是，事无常非。先日所用，今或弃之；今之所弃，后或用之。此用与不用，无定是非也。投隙抵时，应事无方，属音烛乎智；智苟不足，使若博如孔丘、术如吕尚，焉往而不穷哉？”孟氏父子舍音捨然无愠容，曰：“吾知之矣，子勿重言。”

《庄子·秋水》篇亦云：

差其时，逆其俗者，谓之篡夫；当其时，顺其俗者，谓之义之徒。

应机则是，失会则非；得时者昌，失时则亡。由此足证天下本无一定之真理也。

要而言之，怀疑主义本为促进文化、发达学术之工具，然趋于极端，则具独断论调，遂使有用之怀疑精神，反成为因循放荡、守旧绝望之导线，列、庄之学仍不免蹈此弊也。

第三项　宇宙论

列子以宇宙之本体为虚无，与庄子同。《列子·天瑞》篇云：

> 子列子笑曰："壶子何言哉？虽然，夫子尝语伯昏瞀人。吾侧闻之，试以告女。其言曰：'有生不生，有化不化。不生者能生生，不化者能化化；生者不能不生，化者不能不化；故常生常化。常生常化者，无时不生，无时不化。阴阳尔，四时尔。不生者疑独，不化者往复，往复，其际不可终；疑独，其道不可穷。'《黄帝书》曰：'谷神不死，是谓玄牝。玄牝之门，是谓天地之根。绵绵若存，用之不勤。'故生物者不生，化物者不化。自生自化，自形自色，自智自力，自消自息。谓之生、化、形、色、智、力、消、息者，非也。"子列子曰："昔者圣人，因阴阳以统天地。夫有形者，生于无形，则天地安从生？故曰：'有太易，有太初，有太始，有太素。'太易者，未见气也；太初者，气之始也；太始者，形之始也；太素者，质之始也。气、形、质具而未相离，故曰'浑沦'。浑沦者，言万物相浑沦而未相离也。视之不见，听之不闻，循之不得，故曰'易'也。易无形埒，易变而为一，一变而为七，七变而为九。九变者，究也，乃复

变而为一。一者，形变之始也。清轻者上为天，浊重者下为地，冲和气者为人。故天地含精，万物化生。”

而庄子亦云：

芒乎芴乎，而无从出乎？芴乎芒乎，而无有象乎？万物职职，皆从无为殖。《庄子·至乐》篇

出无本，入无窍。有实而无乎处，有长而无乎本剽。有所出而无窍者有实。有实而无乎处者，宇也；有长而无本剽者，宙也。有乎生，有乎死。有乎出，有乎入。入出而无见其形，是谓天门。天门者，无有也。万物出乎无有。有不能以有为有，必出乎无有，而无有一无有。《庄子·庚桑楚》篇

泰初有无，无有无名。一之所起，有一而未形。物得以生，谓之德。未形者有分，且然无间，谓之命。留动而生物，物成生理，谓之形。形体保神，各有仪则，谓之性。《庄子·天地》篇

列子以为万物之初为混沦，混沦变而为一，一变而为七，七变而为九；九，变之极也。变极又复于初之一。清轻者上升而为天，重浊者下降而为地，冲和之气为人，于是乃生万物云。此较老、庄之一生二、二生三、三生

万物之说更进一筹矣。

第四项　定命论

列子为极端之定命论者，人生一切——生死、寿夭、贫富、贵贱等，悉归于定命焉。《力命》篇者，力与命之问答也。力者，吾人自由意志之努力也；命者，虽以吾人之意志难以如何之运命也。《力命》篇云：

> 力谓命曰："若之功奚若我哉！"命曰："汝奚功于物，而欲比朕？"力曰："寿夭、穷达、贵贱、贫富，我力之所能也。"命曰："彭祖之智，不出尧舜之上，而寿八百；颜渊之才，不出众人之下，而寿四八；仲尼之德，不出诸侯之下，而困于陈蔡；殷纣之行，不出三仁之上，而居君位；季札无爵于吴，田恒专有齐国，夷齐饿于首阳，季氏富于展禽。若是，汝力之所能，奈何寿彼而夭此、穷圣而达逆、贱贤而贵愚、贫善而富恶邪？"力曰："若如若言，我固无功于物，而物若此邪，此则若之所制邪？"命曰："既谓之命，奈何有制之者邪？朕直而推之，曲而任之。自寿自夭，自穷自达，自贵自贱，自富自贫，朕岂能识之哉！朕岂能识之哉！"

而庄子亦云：

> 生死存亡，穷达贫富，贤与不肖毁誉，饥渴寒暑，是事之变，命之行也。《庄子·德充符》篇

总之，列、庄绝对否定自由意志，以为人之一举一动，均归诸于命之自然也。

第五项　死生观

列子之死生观，与庄子略同，大意谓死生为生物必须之历程，无所悲喜。如云：

> ……形动不生形而生影，声动不生声而生响，无动不生无而生有。形，必终者也。天地终乎？与我偕终。终进乎？不知也。道终乎？本无始，进乎本不久。有生则复于不生，有形则复于无形。不生者，非本不生者；无形者，非本无形者也。生者，理之必终者也。终者不得不终，亦如生者之不得不生。而欲恒其生，画其终，惑于数也。精神者，天之分；骨骸者，地之分。属天清而散，属地浊而聚。精神离形，各归其真，故谓之鬼。鬼，归也，归其真宅。真宅，太虚之域。《列子·天瑞》篇

而庄子亦云：

夫大块载我以形，劳我以生，佚我以老，息我以死。《庄子·大宗师》

可知人之死亡，不过生命中告一段落，故列子云：鬼、归也。而庄子云“息我以死”，其意义正复相同。

列子更以人类自生至死，分婴孩、少壮、老耄、死亡四期，如云：

人生自生至终，大化有四：婴孩也，少壮也，老耄也，死亡也。其在婴孩，气专志一，和之至也，物不伤焉，德莫加焉。其在少壮，则血气飘溢，欲虑充起，物所攻焉，德故衰焉。其在老耄，则欲虑柔焉，体将休焉，物莫先焉；虽未及婴孩之全，方于少壮间矣。其在死亡也，则之于息焉，反其极矣。《列子·天瑞》篇

又云：

子贡曰：“大哉死乎！君子息焉，小人伏焉。”

> 仲尼曰："赐！汝知之矣！人胥知生之乐，未知生之苦；知老之惫，未知老之佚；知死之恶，未知死之息。晏子曰：'善哉！古之有死也！仁者息焉，不仁者伏焉。'死也者，德之徼也。古者谓死人为归人。夫言死人为归人，则生人为行人矣。行而不知归，失家者也。一人失家，一世非之；天下失家，莫知非焉。"《列子·天瑞》篇

而庄子亦云：

> 古之真人，不知说生，不知恶死，其出不欣，其入不距；翛然而往，翛然而来而已矣。不忘其所始，不求其所终，受而喜之，忘而复之。是之谓不以心捐道，不以人助天，是之谓真人。《庄子·大宗师》

是列、庄均主安其性命，顺应自然也。惟列子又以死为归，明倡轮回转生说云：

> 死之与生，一往一返，故死于是者，安知不生于彼？《列子》

而庄子则认死生为自然变化之迹，故曰"其死也物

化”，并未发见有轮回转生之论，此与列子则小异耳。

第三节　杨朱

第一项　杨朱略传

杨子，名朱，字子居，生于春秋之末、战国之初，受老子之道而自成一派者。有弟曰杨布，其他系谱，不得而知。今就《列》《庄》《孟》等书所载杨子事迹胪列如左：

杨子所生之里居，已不可考；惟其历游之地，所可知者，沛、梁、秦、宋、鲁是也。《庄子·寓言》篇曰：“阳子居南之沛，老聃西游于秦。邀于郊，至于梁，而遇老子。”《列子·黄帝》篇曰：“杨朱过宋，东之于逆旅。”《杨朱》篇曰：“杨朱游于鲁，舍于孟氏。”又曰：“杨朱见梁王。”《周穆王》篇曰：“秦人逢氏有子，少而惠，及壮而有迷罔之疾。闻歌以为哭，视白以为黑，飨香以为朽，尝甘以为苦，行非以为是；意之所之，天地四方，水火寒暑，无不倒错者焉。杨氏告其父曰：‘鲁之君子多术艺，将能已乎？汝奚不访焉。’其父之鲁过陈，遇老聃，因告其子之证。”云。

杨朱之所交游，今可知者，不过禽滑厘见《列子·杨朱》篇，为墨翟之弟子、梁王亦见《列子·杨朱》篇，其名已不可考、季梁见《列子·力命》篇等三数人而已。

杨子之学，战国时盛行。孟轲云："杨、墨之言盈天下。"见《孟子》盖可知也。其直传弟子当亦不鲜，然今所知者，不过孟孙阳、心都子、段干生三人耳。均见《列子·杨朱》篇

杨子曾受道于老子，《列子·黄帝》篇曰："杨朱南之沛，老聃西游于秦。邀于郊，至梁，而遇老子。老子中道仰天而叹曰：'始以汝为可教，今不可教也。'杨朱不答。至舍，进涫漱巾栉，脱履户外，膝行而前曰：'向者夫子仰天而叹曰："始以汝为可教，今不可教。"弟子欲请，夫子辞行不闲，是以不敢。今夫子闲矣，请问其过。'老子曰：'而睢睢，而盱盱，而谁与居？大白若辱，盛德若不足。'杨朱蹴然变容，曰：'敬闻命矣。'其往也，舍者迎将家，公执席，妻执巾栉，舍者避席，炀者避灶。其反也，舍者与之争席矣。"是明明杨子仰慕老子而访之受其教化者也。清陈澧云："杨朱是老子弟子，见《列子·黄帝》篇及庄子《寓言》篇故禽滑厘问杨朱云：'以子之言，问老聃、关尹，则子言当矣。'《列子·杨朱》篇 荀子云：'言谈议说，已无异于老、墨，而不知分，是俗儒者也。'《儒效》篇 所谓老、墨，即杨、墨也。老子云：'故贵以身为天下，则可以寄天下；爱以身为天下，则可以托天下。'吴草庐注云：'爱惜贵重此身，不肯以之为天下，杨朱为

我之学原于此。'"《东塾读书记》卷十二·诸子 盖陈氏深信老、杨二子之直接授受，故发是论焉。

第二项 唯我论

杨子之学，本于老子。老子谓："名可名，非常名；无名天地之始，有名万物之母。"杨子亦曰："实无名，名无实。名者，伪而已矣。"此为杨子之根本观念。其利己主义、快乐主义与人生观，亦无不根据此观念而来也。杨子之利己主义，以为当各养护其天赋之生命，保之爱之，全其自然之性。故曰：

> ……"伯成子高不以一毫利物，舍国而隐耕。大禹不以一身自利，一体偏枯。古之人损一毫利天下不与也，悉天下奉一人不取也。人人不损一毫，人人不利天下，天下治矣。"禽子问杨朱曰："去子体之一毛以济一世，汝为之乎？"杨子曰："世固非一毛之所济。"禽子曰："假济，为之乎？"杨子弗应。禽子出语孟孙阳。孟孙阳曰："子不达夫子之心，吾请言之。有侵苦肌肤获万金者，若为之乎？"曰："为之。"孟孙阳曰："有断若一节得一国，子为之乎？"禽子默然有间。孟孙阳曰："一毛微于肌肤，肌肤微于一节，省矣。然则积一毛以成肌肤，积肌肤以成一节。一毛固

一体万分中之一物，奈何轻之乎！”禽子曰：“吾不能所以答子。然则以子之言问老聃、关尹，则子言当矣。以吾言问大禹、墨翟，则吾言当矣。”《列子·杨朱》篇

然细绎杨说意旨，所谓爱身者，即养天赋之生以保身耳；此与庄子全生之旨相同。惟所取方法则异，如杨子主爱己利己，而庄子则主丧我忘物也。

第三项　快乐论

杨朱曰：

“百年，寿之大齐；得百年者，千无一焉。设有一者，孩抱以逮昏老，几居其半矣。夜眠之所弭，昼觉之所遗，又几居其半矣。痛疾哀苦，亡失忧惧，又几居其半矣。量十数年之中，逌然而自得，亡介焉之虑者，亦亡一时之中尔。则人之生也，奚为哉？奚乐哉？为美厚尔，为声色尔，而美厚复不可常厌足，声色不可常玩闻。乃复为刑赏之所禁劝，名法之所进退。遑遑尔，竞一时之虚誉，规死后之余荣。偊偊尔，慎耳目之观听，惜身意之是非。徒失当年之至乐，不能自肆于一时。重囚累梏，何以异哉？太古之人，知生之暂来，知死之暂往，故从心而动，不违自然所好，

当身之娱，非所去也，故不为名所劝；从性而游，不逆万物所好。死后之名，非所取也，故不为刑所及。名誉先后，年命多少，非所量也。”《列子·杨朱》篇

由杨子此文观之，颇与《庄子》之《逍遥游》相似。是其快乐主义乃守静的抱朴的快乐主义也。《淮南子》云：“全性保真，不以物累形，杨子之所立也。”由是可知杨学之本旨矣。

第四项　养生论

《列子·杨朱》篇：

晏平仲问养生于管夷吾。管夷吾曰：“肆之而已，勿壅勿阏。”晏平仲曰：“其目奈何？”夷吾曰：“恣耳之所欲听，恣目之所欲视，恣鼻之所欲向，恣口之所欲言，恣体之所欲安，恣意之所欲行。夫耳之所欲闻者音声，而不得听，谓之阏聪。目之所欲见者美色，而不得视，谓之阏明。鼻之所欲向者椒兰，而不得嗅，谓之阏颤。口之所欲道者是非，而不得言，谓之阏智。体之所欲安者美厚，而不得从，谓之阏适。意之所欲为者放逸，而不得行，谓之阏性。凡此诸阏，废虐之主。去废虐之主，熙熙然以俟死，一日、一月、一年、

十年，吾所谓养。拘此废虐之主，录而不舍，戚戚然以至久生，百年、千年、万年，非吾所谓养。”

此论引管、晏之说，盖托辞也。杨子痛恶世俗为区区之名利，而塞情阏欲，以至不能养自然之生，故以制止自然之情与杜塞耳目鼻口身意之欲者为非。此与庄子之养生说相似，兹引庄说为之对照如下：

养形必先之以物，物有余而形不养者有之矣；有生必先无离形，形不离而生亡者有之矣。生之来不能却，其去不能止，悲夫！世之人以为养形足以存生，而养形果不足以存生，则世奚足为哉？虽不足为而不可不为者，其为不免矣。夫欲免为形者，莫如弃世。弃世则无累，无累则正平，正平则与彼更生，更生则几矣。事奚足弃而生奚足遗？弃世则形不劳，遗生则精不亏。夫形全精复，与天为一。天地者，万物之父母也，合则成体，散则成始。形精不亏，是谓能移；精而又精，反以相天。《庄子·达生》篇

所谓“形全精复，与天为一”云云，是庄子亦主养自然之生也。又杨子既轻视人生，故不贪爱以求长生，而亦不欲束缚自然之生；唯“从心而动，任性而游”，以

保全自然之人生也。《列子·杨朱》篇又曰：

> 孟孙阳问杨子曰："有人于此，贵生爱身，以蕲不死可乎？"曰："理无不死。""以蕲久生，可乎？"曰："理无久生。生非贵之所能存，身非爱之所能厚；且久生奚为？五情好恶，古犹今也；四体安危，古犹今也；世事苦乐，古犹今也；变易治乱，古犹今也。既闻之矣，既见之矣，既更之矣，百年犹厌其多，况久生之苦也乎？"孟孙阳曰："若然，速亡愈于久生，则践锋刃、入汤火，得所志矣。"杨子曰："不然。既生，则废而任之，究其所欲，以俟于死。将死，则废而任之，容其所之，以放于尽。无不废，无不任，何遽迟速于其间乎？"

此阐明贵生之理。张湛《注》曰："夫一生之经历如此而已，或好或恶，或安或危，如循环之无穷。若以为乐邪？则重来之物，无所复欣；若以为苦邪？则切己之患，不可再经。故生弥久而忧弥积也。"非唯现生不必求久，当生且欲脱离，此达者所以欲解脱生死也。若欲害生以求免苦，是又不知自然之理也。

第五项　生死观

《列子·杨朱》篇：

> 杨朱曰："万物所异者，生也；所同者，死也。生则有贤愚贵贱，是所异也。死则有臭腐消灭，是所同也。虽然，贤愚贵贱非所能也，臭腐消灭亦非所能也。故生非所生，死非所死，贤非所贤，愚非所愚，贵非所贵，贱非所贱。然而万物齐生齐死、齐贤齐愚、齐贵齐贱。十年亦死，百年亦死；仁圣亦死，凶愚亦死。生则尧舜，死则腐骨；生则桀纣，死则腐骨。腐骨一矣，孰知其异。且趣当生，奚遑死后？"

不谋其前，不虑其后，无恋当今者，德之至也。见《列子》张湛注若然，安有贤愚、贵贱、臭腐、消灭之同异哉！此节与庄子齐生死之旨相同。《庄子·齐物论》云：

> ……予恶乎知悦生之非惑邪？予恶乎知恶死之非弱丧而不知归者邪？丽之姬，艾封人之子也，晋国之始得之也，涕泣沾襟；及其至于王所，与王同筐床，食刍豢，而后悔其泣也。予恶乎知夫死者不悔其始之蕲生乎？

又《至乐》篇亦云：

察其始也而本无生，非徒无生也，而本无形；非徒无形也，而本无气。杂乎芒芴之间，变而有气，气变而有形，形变而有生。今又变而之死，是相与为春秋冬夏四时行也。

夫达观大道，则生死之间无区别，故生无所喜、死无所悲，人生一梦耳。

杨子又曰：

古语有之："生相怜，死相捐。"此语至矣。相怜之道，非唯情也；勤能使逸，饥能使饱，寒能使温，穷能使达也。相捐之道，非不相哀也；不含珠玉，不服文锦，不陈牺牲，不设明器也。《列子·杨朱》篇

此杨子薄葬之旨亦与庄子同。《庄子·列御寇》篇曰：

庄子将死，弟子欲厚葬之。庄子曰："吾以天地为棺椁，以日月为连璧，星辰为珠玑，万物为赍送。吾葬具岂不备邪？何以加此？"

盖以死为自然，既死可一切不问，珠玑、文锦、牺牲、明器胡为乎！

杨子又曰：

> 人肖天地之类，怀五常之性；金木水火土有生之最灵者也。人者，爪牙不足以供守卫，肌肤不足以自捍御，趋走不足以从利逃害，无毛羽以御寒暑，必将资物以为养性，任智而不恃力。故智之所贵，存我为贵；力之所贱，侵物为贱。然身非我有也，既生不得不全之；物非我有也，既有不得不去之。身固生之主，物亦养之主。虽全生身，不可有其身；虽不去物，不可有其物。有其物，有其身，是横私天下之身、横私天下之物。知身不可私、物不可有者，其唯圣人乎！公天下之身、公天下之物，其唯至人矣！此之谓至至者也。

张湛释之云："天下之身，同之我身；天下之物，同之我物。非至人如何既觉私之为非，又知公之为是，故曰至至也。"此节亦与庄子"天地与我并生，万物与我为一"之意旨相似。此论似与唯我主义稍悖，实则为我之极，而视天地之身物皆为公有，而达乎无我之境矣。

第六项 宿命论

道家均信人生有定命，寿夭富贵，皆由天赋，人力莫能如何。《列子·力命》篇：

> 杨布问曰："有人于此，年兄弟也，言兄弟也，才兄弟也，貌兄弟也。而寿夭父子也，贵贱父子也，名誉父子也，爱憎父子也。吾惑之。"杨子曰："古之人有言，吾尝识之，将以告若，'不知所以然而然，命也'。今昏昏昧昧，纷纷若若。随所为，随所不为。日去日来，孰知其故？皆命也。夫信命者，亡寿夭；信理者，亡是非；信心者，亡逆顺；信性者，亡安危；则谓之都亡所信，都亡所不信。真矣悫矣！奚去奚就？奚哀奚极？奚为奚不为？"

而庄子则云：

> 夫大块载我以形，劳我以生，佚我以老，息我以死。《庄子·大宗师》

又云：

> 自事其心者，哀乐不易施乎前，知其不可奈何

而安之若命，德之至也。《庄子·人间世》

杨、庄均主纯任自然，无所容心于其间。世间之寿夭、是非、顺逆、安危等莫非命定，人力无所能为云。

第七项　庄子对杨朱之批评

杨子之学，战国之世盛行，然不得同时诸家之谅解，反受非难抨击者，实因门户主奴之见太深也。魏曹丕云：“文人相轻，自古而然。”此之谓与？

庄子学说与杨子多相似，前已引论之矣。惟庄子对于杨子则常加以严正批判：

> 儒、墨、杨、秉四，与夫子为五，果孰是邪？《庄子·徐无鬼》
>
> 惠子曰：“今夫儒、墨、杨、秉，且方与我以辩，相拂以辞，相镇以声，而未始吾非也，则奚若矣。”《庄子·徐无鬼》
>
> 骈于辩者，累瓦结绳，窜句，游心于坚白同异之间，而敝跬誉无用之言非乎？而杨、墨是已。《庄子·骈拇》
>
> 削曾、史之行，钳杨、墨之口，攘弃仁义，而天下之德始玄同矣。《庄子·胠箧》

且夫失性有五……而杨、墨乃始离歧自以为得，非吾所谓得也。《庄子·天地》

其抨击杨子之学谓为“无用之言”，未免失当耳。

第四节　慎到、田骈

第一项　慎到、田骈传略

慎到，赵人；田骈、接子，齐人；环渊，楚人；皆学黄老道德之术，因发明序其指意，故慎到著十二论，环渊著上下篇，而田骈、接子皆有所论焉。《史记·孟子、荀卿列传》

慎子，名道，先申、韩，申、韩称之。《汉书·艺文志》注 学于彭蒙。《庄子·天下篇》其事迹学说散见于诸子书中。清俞樾曰:《吕览·不二》篇，陈骈贵齐，即田骈也。《淮南·人间训》篇，唐子短陈骈子于齐威王云云，即田骈之事实，亦可见贵齐之一端矣。

田骈以道术说齐王。王应之曰:“寡人所有，齐国也。道术难以除患，愿闻国之政。”田骈对曰:“臣之言无政，而可以为政。譬之若林木无材，而可以为材。愿王察其所谓，而自取齐国之政焉已。虽无除其患害，天地之间，六合之内，可陶冶而变化也。齐国之政，何足问哉？”此老聃之所谓“无状之状、无物之象”者也。若王之所问者，齐也。田骈所称者，材也。材不及林，林不及雨，雨不及阴阳，阴阳不及和，和不及道。《淮南子·道应训》

齐人见田骈曰:“闻先生高议，设为不宦，而愿为役。”田骈曰:“子何闻之？”对曰:“臣闻之邻人之女。”田骈曰:“何谓也？”对曰:“臣邻人之女，设为不嫁，行年三十，而有七子。不嫁则不嫁，然嫁过毕矣。今先生设为不宦，訾养千钟，徒百人。不宦则然矣，而过富毕也。”田子辞。《战国策》

唐子短陈骈子于齐威王，威王欲杀之。陈骈子与其属出亡奔薛。孟尝君闻之，使人以车迎之。至而养以刍豢黍梁五味之膳，日三至。冬日被裘罽，夏日服絺紵，出则乘牢车，驾良马。孟尝君问之曰：“夫子生于齐，长于齐。夫子亦何思于齐？”对曰：“臣思夫唐子者。”孟尝君曰:“唐子者，非短子者邪？”曰:“是也。”孟尝君曰:“子何为思之？”对曰:“臣之处于齐也，粝粢之饭，藜藿之羹，冬日则寒冻，夏日则暑伤。自唐子之短臣也，以身归君，食刍豢，饭黍粢，服轻暖，乘牢良。臣故思之。”此谓毁人而反利之者也。《淮南子·人间训》

《汉书·艺文志》有《慎子》四十二篇,《田子》二十五篇，今多不传。《慎子》惟存佚文若干条，后人集成《慎子》五篇,(《百子全书》本)但近年出版《四部丛刊》本（影印江阴缪氏藕香簃之藏本〔写本〕)则与从来之《四库》本、守山阁本及辑收佚文之《群书治要》《太平御览》等俱异其趣，篇章增多，分内外二篇，内篇三十六事，外篇五十事。至于《田子》二十五篇今佚，仅《玉函山房辑》《佚书》中，自各书所引，辑为《田子》一篇。

第二项　尚法

慎子曰:“法者，所以齐天下之动，至公大定之制也。故智者不得越法而肆谋，辩者不得越法而肆议，士不得背法而有名，臣不得背法而有功。我喜可抑，我忿可窒，我法不可离。骨肉可刑，亲戚可灭，至法不可阙也。”(《慎子》)《荀子·非十二子》篇亦曰:“尚法而无法，下修而好作。上则取于上，下则取从于俗，终日言成文典。及纠察之，则倜然无所归宿，不可以经国定分。然而其持之有故，其言之成理，足以欺惑愚众，是慎到、田骈也。”又论法之效曰:“法虽不善，犹愈于无法，所以一人心也。夫投钩以分财，投策以分马，非钩、策为均也，使得美者不知所以美，使得恶者不知所以恶，此所以塞愿望也。”又言法所以立公义曰:“蓍龟所以立公言也，权衡所以立公正也，书契所以立公信也，法制礼籍所以立公义也。然与公义相反者莫如私，故曰法之功莫大于使私不行，君之功莫大于使民不争。今立法而行私，是与法争，其乱甚于无法。”（均见《慎子》）此慎子尚法之意也。

第三项　不尚贤

慎子既以法为主，则治天下之事，惟在奉法而已。法立，则君虽不贤可也；百官之事亦惟以守法，不须必贤也。《庄子·天下》篇云：

> 是故慎到弃知去己，而缘不得已。泠汰于物，以为道理，曰：“知不知，将薄知而后邻伤之者也。”謑髁无任，而笑天下之尚贤也；纵脱无行，而非天下之大圣。椎拍輐断，与物宛转；舍是与非，苟可以免。不师知虑，不知前后，魏然而已矣。推而后行，曳而后往，若飘风之还，若羽之旋，若磨石之隧，全而无非，动静无过，未尝有罪。是何故？夫无知之物，无建己之患，无用知之累，动静不离于理，是以终身无誉。故曰：“至于若无知之物而已，无用贤圣。夫块不失道。”豪桀相与笑之曰：“慎到之道，非生人之行，而至死人之理。适得怪焉。”

《韩非子·难势》篇云：

> 慎子曰："飞龙乘云，腾蛇游雾，云罢雾霁，而龙蛇与蚓蚁同矣，则失其所乘也。贤人而诎于不肖者，则权轻位卑也；不肖而能服于贤者，则权重位尊也。尧为匹夫，不能治三人；而桀为天下，能乱天下：吾以此'知势位之足恃，而贤智之不足慕也'。夫弩弱而矢高者，激于风也；身不肖而令行者，得助于众也。尧教于隶属而民不听，至于南面而王天下，令则行，禁则止。由此观之：贤智未足以服众，而势位足以缶贤者也。"俞樾曰缶乃诎字之误

此言恃贤为治之必败，盖亦本于道家也。老子曰："圣人之治，虚其心，实其腹，弱其志，强其骨；常使民无知无欲。"（《道德经》第三章）庄子亦曰："至德之世，不尚贤，不使能。上如标枝，民如野鹿。"（《天地》篇）此之谓也。惟老子教人如婴儿；庄子亦教人支离其所，支离其德，如祥金，如山木。而慎子更教人如土块，非生人之行而至死人之理，汩知弃虑以同于"无知之物"者。

第四项　平等观

《庄子·天下》篇云：

> 公而不当，同党易同异而无私，决然无主，趋物而不两，不顾于虑，不谋于知，于物无择，与之俱往。古之道术，有在于是者，彭蒙、田骈、慎到闻其风而悦之。齐万物以为首。曰："天能覆之，而不能载之；地能载之，而不能覆之；大道能包之，而不能辩之。"知万物皆有所可，有所不可。故曰："选则不偏，教则不至，道则无遗者矣。"

此与《庄子·齐物论》相似，万物之大小美丑，在绝对之见地上，可谓之同一；但在差别之自相上，则物各有个性，无有齐一者。"万物皆有所可，有所不可"，即此理也。

右引慎子语，并杂据他书逸文，其义犹若有可考者，信法家之宗也。至今书《慎子》，不类先秦残籍，当由后人撮录而成。《文献通考》引《周氏涉笔》曰："稷下能言者，如慎到最为屏去缪悠，剪削枝豪，本道而附于情，主法而责于上，非尹文、田骈之徒所能及。五篇虽简约，而明白纯正，统本贯末。"果如所言，其书诚伪托矣。

第五节　宋钘、尹文

第一项　宋钘、尹文传略

宋钘，宋人也，亦称“宋牼”《孟子·告子下》。“牼”“钘”古音相通。清陈澧曰：宋钘亦即宋牼，《陶潜集·圣贤群辅录》之宋锎即宋钘“宋荣子”，《庄子·逍遥游》《韩非子·显学篇》与孟子、庄子同时而略长，为继承墨子节用、非攻、兼爱之主义者，更受老子无为恬淡思想之影响，故其学说兼二家之长。惟无著书传世，其事迹思想略见于诸子书中。兹分述如左：

> 夫知效一官，行比一乡，德合一君而征一国者，其自视也亦若此矣。而宋荣子犹然笑之。且举世而誉之而不加劝，举世而非之而不加沮，定乎内外之分，辩乎荣辱之境，斯已矣。《庄子·逍遥游》
>
> 宋荣子之议，设不斗争，取不随仇，不羞囹圄，见侮不辱，世主以为宽而礼之。夫是漆雕之廉，将非宋荣之恕也；是宋荣之宽，将非漆雕之暴也。今宽廉恕暴，俱在二子，人主兼而礼之。自愚诬之学、杂反之辞争，而人主俱听之。《韩非子·显学》篇
>
> 宋牼将之楚。孟子遇于石丘，曰：“先生将何之？”曰：“吾闻秦楚构兵，我将见楚王说而罢之。楚王不悦，我将见秦王说而罢之。二王我将有所遇

> 焉。”曰：“轲也请无问其详，愿闻其指。说之将何如？”曰：“我将言其不利也。”曰：“先生之志则大矣，先生之号则不可。先生以利说秦楚之王，秦楚之王悦于利以罢三军之师，是三军之士乐罢而悦于利也。为人臣者怀利以事其君，为人子者怀利以事其父，为人弟者怀利以事其兄，是君臣父子兄弟终去仁义怀利以相接，然而不亡者，未之有也。先生以仁义说秦楚之王，秦楚之王悦于仁义而罢三军之师，是三军之士乐罢而悦于仁义也。为人臣者怀仁义以事其君，为人子者怀仁义以事其父，为人弟者怀仁义以事其兄，是君臣父子兄弟去利怀仁义以相接也，然而不王者，未之有也。何必曰利？”《孟子·告子下》

同时又有尹文，亦倡“接万物以别宥为始”之说，且与宋钘俱游稷下。《汉志》名家有《尹文子》一篇。晁子止曰：“《尹文子》二卷，周尹文撰，仲长统所定。序称‘周尹氏，齐宣王时居稷下，学于公孙龙，龙称之’，而《汉志》序此书在龙上。案龙客于平原君，君相赵惠文王，文王元年，齐宣没已四十余岁矣，则知文非学于龙者也。”宋景濂曰：“仲长统卒于献帝让位之年，而序称其‘黄初末到京师’，亦与史不合。予因知统之序，盖后人依托者也。”参看姚际恒《古今伪书考》尹文事迹散见于

《吕氏春秋》《说苑》诸书，兹略引如左：

> 齐愍王是以知说士，而不知所谓士也。故尹文问其故，而王无以应。……尹文见齐王，齐王谓尹文曰："寡人甚好士。"尹文曰："愿闻何谓士？"王未有以应。尹文曰："今有人于此，事亲则孝，事君则忠，交友则信，居乡则悌；有此四行者，可谓士乎？"齐王曰："此真所谓士已。"尹文曰："王得若人，肯以为臣乎？"王曰："所愿而不能得也。"尹文曰："使若人于庙朝中深见侮而不斗，王将以为臣乎？"王曰："否。大夫见侮而不斗，则是辱也。毕沅云：大夫疑衍大字辱则寡人弗以为臣矣。"尹文曰："虽见侮而不斗，未失其四行也。未失其四行者，是未失其所以为士一矣。未失其所以为士一，而王以为臣，失其所以为士一，俞樾云：而王以下十二字衍而王不以为臣，则向之所谓士者，乃士乎？"王无以应。尹文曰："今有人于此，将治其国，民有非则非之，民无非则非之；民有罪则罚之，民无罪则罚之，而恶民之难治；可乎？"王曰："不可。"尹文曰："窃观下吏之治齐也，方若此也。"王曰："使寡人治信若是，则民虽不治，寡人弗怨也。意者未至然乎？"尹文曰："言之不敢无说，请言其说。王之令曰：'杀

人者死，伤人者刑。’民有畏王之令，深见侮而不敢斗者，是全王之令也。而王曰‘见侮而不敢斗，是辱也’，夫谓之辱者，非此之谓也；以为臣不以为臣者，罪之也。此无罪而王罚之也。”齐王无以应。《吕氏春秋》卷十六《先识览》第四《正名》篇

齐宣王谓尹文曰：“人君之事何如？”尹文对曰：“人君之事，无为而能容下。夫事寡易从，法省易因，故民不以政获罪也。大道容众，大德容下，圣人寡为而天下理矣。《书》曰‘睿作圣’，诗人曰‘岐有夷之行，子孙其信之’。”宣王曰：“善。”刘向《说苑·君道》篇

宋、尹二氏事迹略具于此。今请进而述其学说焉。

第二项　非攻

《庄子·天下》篇云：

不累于俗，不饰于物，不苟于人，（苟，苛之误）不忮于众，愿天下之安宁，以活民命，人我之养，毕足而止，以此白心。古之道术有在于是者，宋钘、尹文闻其风而悦之。作为华山之冠以自表，接万物以别宥为始。语心之容，命之曰心之行；以聏合驩，

以调海内，请欲置之以为主。见侮不辱，救民之斗，禁攻寝兵，救世之战。以此周行天下，上说下教，虽天下不取，强聒而不舍者也，故曰‘上下见厌而强见也’。虽然，其为人太多，其自为太少，曰：“请欲固置五升之饭足矣！”先生恐不得饱，弟子虽饥，不忘天下。日夜不休，曰：“我必得活哉！”图傲乎救世之士哉！曰：“君子不为苛察，不以身假物。”以为无益于天下者，明之不如已也！以禁攻寝兵为外，以情欲寡浅为内，其小大精粗，其行适至是而止。

此文着重点在“以禁攻寝兵为外，以情欲寡浅为内”，及‘接万物以别宥为始’两句。按“别宥”之说见于《吕氏春秋·先识览·去宥》章，其言曰：

邻父有与人邻者，有枯梧树。其邻之父言梧树之不善也，邻人遽伐之。邻父因请而以为薪。其人不说曰：“邻者若此其险也，岂可为之邻哉！”此有所宥也。夫请以为薪与弗请，此不可以疑枯梧树之善与不善也。齐人有欲得金者，清旦被衣冠往鬻金者之所，见人操金，攫而夺之。吏搏而束缚之，问曰：“人皆在焉，子攫人之金，何故？”对吏曰：“殊不见人，徒见金耳。”此真大有所宥也。夫人有所宥

> 者，固以昼为昏，以白为黑，以尧为桀。宥之为败亦大矣。亡国之主，其皆甚有所宥邪？故凡人必别宥然后知，别宥则能全其天矣。

“此有所宥也。”高注云：“宥，利也，又云为也。”毕沅云：“注颇难通。疑‘宥’与‘囿’同，谓有所拘碍而识不广也。以下文观之，犹言蔽耳。”按毕说是也。盖非别宥，不知见侮之不辱；不知见侮之不辱，则不能以禁攻寝兵。非别宥，不明为人之自为；不明为人之自为，则不能以寡浅情欲。此实宋、伊二氏之第一义谛也。《荀子·正论》篇云：

> 子宋子曰：“明见侮之不辱，使人不斗。人皆以见侮为辱，故斗也；知见侮之为不辱，则不斗矣。”应之曰：然则亦以人之情，为不恶侮乎？曰：“恶而不辱也。”曰：若是，则必不得所求焉。凡人之斗也，必以其恶之为说，非以其辱之为故也。今俳优、侏儒、狎徒，詈侮而不斗者，是岂钜知见侮之为不辱哉？然而不斗者，不恶故也。今人或入其央渎，窃其猪彘，则援剑戟而逐之，不避死伤，是岂以丧猪为辱也哉？然而不惮斗者，恶之故也。虽以见侮为辱也，不恶则不斗；虽知见侮为不辱，恶之则必斗。

> 然则斗与不斗邪，亡于辱之与不辱也，乃在于恶之与不恶也。夫今子宋子不能解人之恶侮，而务说人以勿辱也，岂不过甚矣哉？金舌弊口，犹将无益也。不知其无益，则不知；知其无益也，直以欺人，则不仁。不仁不知，辱莫大焉！将以为有益于人，则与无益于人也，则得大辱而退耳！说莫病是矣。……

苟能明侵侮而不以为辱之义，则可使人不斗，而天下治矣。

要之，宋、尹二子在当时为力持非攻主义者，且为实行家，（如宋子说秦楚罢兵等是）惟其所倡“禁暴息兵，救世之斗”之论，盖亦老、墨之遗风焉。

第三项　定名分

《尹文子》曰：

> 名者，名形者也；形者，应名者也。然形非正名也，名非正形也。则形之与名居然别矣。不可相乱，亦不可相无。无名，故大道无称；有名，故名以正形。今万物具存，不以名正之，则乱；万名具列，不以形应之，则乖。故形名者，不可不正也。善名命善，恶名命恶。故善有善名，恶有恶名。圣

贤仁智，命善者也；顽嚚凶愚，命恶者也。今即圣贤仁智之名，以求圣贤仁智之实，未之或尽也。即顽嚚凶愚之名，以求顽嚚凶愚之实，亦未或尽也。使善恶尽然有分，虽未能尽物之实，犹不患其差也。故曰：名不可不辨也。名称者，别彼此而检虚实者也。自古至今，莫不用此而得，用彼而失。失者，由名分混；得者，由名分察。今亲贤而疏不肖，赏善而罚恶。贤不肖善恶之名宜在彼，亲疏赏罚之称宜属我。我之与彼，又复一名，名之察者也。名贤不肖为亲疏，名善恶为赏罚，合彼我之一称而不别之，名之混者也。故曰：名称者，不可不察也。语曰“好牛”，好则物之通称，牛则物之定形，以通称随定形，不可穷极者也。设复言“好马”，则复连于马矣，则好所通无方也。设复言“好人”，则彼属于人矣。则“好非人，人非好”也。则“好牛”“好马”“好人”之名自离矣。故曰：名分不可相乱也。五色、五声、五臭、五味，凡四类，自然存焉天地之间，而不期为人用，人必用之。终身各有好恶，而不能辨其名分。名宜属彼，分宜属我。我爱白而憎黑，韵商而舍徵，好膻而恶焦，嗜甘而逆苦。白黑、商徵、膻焦、甘苦，彼之名也；爱憎、韵舍、好恶、嗜逆，我之分也。定此名分，则万事不乱也。

故人以度审长短，以量受少多，以衡平轻重，以律均清浊，以名稽虚实，以法定治乱，以简治烦惑，以易御险难。万事皆归于一，百度皆准于法。归一者，简之至；准法者，易之极。如此则顽嚚聋瞽，可与察慧聪明同其治也。天下万事，不可备能，责其备能于一人，则贤圣其犹病诸。设一人能备天下之事，则左右前后之宜、远近迟疾之间，必有不兼者焉。苟有不兼，于治阙矣。全治而无阙者，大小、多少，各当其分；农商工仕，不易其业。老农、长商、习工、旧仕，莫不存焉。则处上者何事哉？

此尹文定形名以统万事之说也。而庄子则主张无为、无名，如曰：

名也者，相轧也；知也者，争之器也。《人间世》

盖与尹子极相悖矣。

第四项　寡欲

《荀子·正论》篇云：

子宋子曰："人之情，欲寡，而皆以己之情为欲多，是过也。”故率其群徒，辨其谈说，明其譬称，将使人知情欲之寡也。应之曰：然则亦以人之情为欲。欲字衍目不欲綦色，耳不欲綦声，口不欲綦味，鼻不欲綦臭，形不欲綦佚。此五綦者，亦以人之情为不欲乎？曰：“人之情欲是已。”曰：若是，则说必不行矣。以人之情为欲此五綦者而不欲多，譬之是犹以人之情为欲富贵而不欲货也，好美而恶西施也。古之人为之不然。以人之情为欲多而不欲寡，故赏以富厚而罚以杀损也，是百王之所同也。故上贤禄天下，次贤禄一国，下贤禄田邑，愿悫之民完衣食。今子宋子以是之情为欲寡而不欲多也，然则先王以人之所不欲者赏，而以人之所欲者罚邪？乱莫大焉。今子宋子严然而好说，聚人徒，立师学，成文曲，然而说不免于以至治为至乱也，岂不过甚矣哉！

又《解蔽》篇亦云：

宋子蔽于欲而不知得。

此宋子寡欲之说也。而庄子则亦主张绝欲，如曰：

无欲而天下足。《天地》

忘足，履之适也；忘要，带之适也；知忘是非，心之适也。《达生》

要之，二者非逆天拂性，乃为顺理复性，此宋、庄学说之相近也。

第六节 惠施

第一项 惠施略传

惠施者，宋人也。仕于魏，为惠王相，见高诱《吕氏春秋·淫辞》篇注及《淮南子·修务训》注。《庄子·秋水》篇亦云“惠子相梁”惠王甚重之。见《吕氏春秋·不屈》篇

当是时，秦任商鞅，致富强；齐有田忌、孙膑，善用兵；而三晋不和，数相侵伐，齐、秦乘之，史记魏师数败，惠子不能救。《吕氏春秋·不屈》篇

魏惠王三十年，齐、魏战于马陵。齐大破魏，杀将军庞涓，掳太子申，覆十万之军。见《史记》及《战国策》惠王召惠子而告之曰：“夫齐，寡人之仇也。怨之，至死不忘。国虽小，吾常欲悉起兵而攻之，何如？”对曰：“不可。臣闻之，王者得度而霸者知计。今王所以告臣者，疏于度而远于计。王固先属怨于赵，而后与齐战。今战不胜，国无守战之备，王又欲悉起而攻齐。此非臣之所

谓也。王若欲报齐乎，则不如因变服折节而朝齐。楚王必怒矣，王游人而合其斗，则楚必伐齐。以休楚而伐罢齐，则必为楚禽矣。是王以楚毁齐也。”惠王从其计。楚果伐齐，大败齐于徐州。见《战国策》

> 惠子为魏惠王为法。已成，以示民人，民人皆善之；献之惠王，惠王善之；以示翟翦，翟翦曰：“善也。”惠王曰：“可行邪？”翟翦曰：“不可。”惠王曰：“善而不可行，何故？”翟翦对曰：“今举大木者，前呼舆謣，后亦应之，此其于举大木者善矣。岂无郑卫之音哉？然不若此其宜也。夫国亦木之大者也。”见《吕氏春秋·淫辞》篇

惠子之术，多文美辞，而不可施于政事，故翟翦讥之。然其捷给善说，当时纵横之徒，皆自以为不逮，用此声名益著。

> 初，客谓惠王曰：“惠子之言事也，善譬。王使无譬，则不能言矣。”王曰：“诺。”明日见谓惠子曰：“愿先生言事则直言耳，无譬也。”惠子曰：“今有人于此，而不知弹者，曰：‘弹之状若何？’应曰：‘弹之状如弹。’则谕乎？”王曰：“未谕也。”“于是更

应曰：‘弹之状如弓，而以竹为弦，则知乎？’”王曰：“可知矣。”惠子曰：“夫说者，固以其所知谕其所不知，而使人知之。今王曰：‘无譬。’则不可矣。”王曰：“善。”见《说苑·善说》篇

魏惠王死，葬有日矣，天大雨雪，至于牛目，坏城郭，且为栈道而葬。群臣多谏太子者，曰：“雪甚，如此而行葬，民必甚病之，官费又恐不给。请驰期更日。”太子曰：“为人子而以民劳与官费用之故，而不行先王之丧，不义也。子勿复言。”群臣皆不敢言，而以告犀首。犀首曰：“吾未有以言之也。是其惟惠子乎！请告惠子。”惠子曰：“诺。”驾而见太子，曰：“葬有日矣。”太子曰：“然。”惠子曰：“昔王季历葬于楚山之尾，欒水啮其墓，见棺之前和。文王曰：‘嘻，先君必欲一见群臣百姓也夫，故使欒水见之。’于是出而为之张帐于朝。百姓皆见之，三日而后更葬，此文王之义也。今葬有日矣，而雪甚及牛目，难以行。太子为及日之故，得毋嫌于欲亟葬乎？愿太子更日。先王必欲少留而扶社稷、安黔首也，故使雪甚。因驰期而更为日，此文王之义也。若此而弗为，意者羞法文王乎？”太子曰：“甚善。敬驰期，更择葬日。”见《吕氏春秋·开春》篇及《战国策》

魏襄王元年，会齐宣王于徐州，相推为王。见《史记》惠子之谋也。匡章谓惠子曰："公之学去尊，今又王齐王，何其到也？"惠子曰："今有人于此，欲必击其爱子之头，石可以代之。"匡章曰："公取之代乎？其不与？"惠子曰："施取代之。子头，所重也；石，所轻也。击其所轻以免其所重，岂不可哉？"匡章曰："齐王之所以用兵而不休，攻击人而不止者，其故何也？"惠子曰："大者可以王，其次可以霸也。今可以王齐王，而寿黔首之命，免民之死，是以石代爱子头也。何为不为？"见《吕氏春秋·爱类》篇

魏襄王十三年，张仪相魏，欲令魏先事秦。见《史记》惠子不可。见《战国策》张仪怒，逐惠子。惠子之楚，楚王不敢受，乃奉惠子资而纳之宋。见《战国策》

惠子多方，其书五车，《庄子·天下》篇与庄周为友。庄子之言，惟惠子能知；见《庄子·徐无鬼》篇及《淮南子·修务训》知惠子者，亦莫如庄子。惠子尝推宇宙万物之理，名实同异之本，与辩者相应和，而要归于泛爱万物，天地一体。见《庄子·天下篇》然颇骛富贵，见《庄子·秋水》篇及《淮南子·齐俗训》不能实践其言。故惠子卒，庄子论之曰："弱于德，强于物，其涂隩矣。"见《庄子·天下》篇

第二项　宇宙观

惠子历物之意曰：

至大无外，谓之大一；至小无内，谓之小一。无厚不可积也，其大千里。天与地卑，山与泽平。日方中方睨，物方生方死。大同而与小同异，此之谓小同异；万物异同毕异，此之谓大同异。南方无穷而有穷，今日适越而昔来。连环可解也。我知天下之中央，燕之北、越之南是也。泛爱万物，天地一体也。《庄子·天下》篇

此盖由《庄子·齐物论》而出：

天下莫大于秋毫之末，而泰山为小；莫寿乎殇子，而彭祖为夭。天地与我并生，而万物与我为一。

实仍本于古代哲学宇宙万物皆同一原质所成之观念也。亦可见周秦诸子之学，同出一原矣。

惠子陈数十事，与《庄》书相发者甚多，兹粗举如左：

（一）“至大无外，谓之大一；至小无内，谓之小一”

《庄子·知北游》曰：“六合为巨，未离其内；秋毫为小，待之成体。”义与惠子相发。夫“六合为巨，未离其内”，岂非所谓“至大无外”者乎？“秋毫为小”，岂非所谓“至小无内”者乎？然而六合之巨必待秋毫之小以

成体，犹之千里之大必绳不可积之无厚以为积。

（二）“无厚不可积也，其大千里”

《释文》引司马彪曰：“苟其可积，何待千里。”此二语，即承前二语而申其指也

（三）“天与地卑，山与泽平”

按此亦证“天地一体”之义也。《荀子·不苟》篇曰：“山渊平，天地比，是说之难持也，而惠施、邓析能之。”《释文》曰：卑如字，又音婢。李云：“以地比天，则地卑于天。若宇宙之高，则天地皆也卑；天地皆卑，则山与泽平矣。”

（四）“日方中方睨，物方生方死”

《庄子·齐物论》曰：“方生方死，方死方生。”何以知“物方生方死”，可以“日方中方睨”显之。《田子方》篇曰：“日出东方而入于西极，万物莫不比方，有目有趾者，待是而后成功。是出则存，是入则亡。万物亦然，有待也而死，有待也而生。吾一受其成形，而不化以待尽。效物而动，日夜无隙，而不知其所终。薰然其成形，知命不能规乎其前，丘以是日徂。”又曰：“消息盈虚，一晦一明。日改月化，日有所为，而莫见其功。生有所乎萌，死有所乎归，始终相反乎无端，而莫知乎其所穷。”此“日方中方睨，物方生方死”之说也。日人渡边秀方亦释之云：

“是辩时间之有无限性者，方以日为中时，则日已斜，所谓百年千年，在无限时间上观之，亦不过一刹那间。时间有何区分，唯有无始无终而已。”《中国哲学史概论》

（五）“大同而与小同异，此之谓小同异；万物毕同毕异，此之谓大同异”

《庄子·知北游》曰：“物物者与物无际，而物有际者，所谓物际者也；不际之际，际之不际者也。”《德充符》曰：“自其异者视之，肝胆楚越也；自其同者视之，万物皆一也。”此可与施说互证。

（六）“南方无穷而有穷”

《庄子·则阳》曰：魏莹与田侯牟约，田侯牟背之。魏莹怒，将使人刺之。犀首闻而耻之，曰：“君为万乘之君也，而以匹夫从仇！衍请受甲二十万，为君攻之，虏其人民，系其牛马，使其君内热发于背，然后拔其国。忌也出走，然后抶其背，折其脊。”季子闻而耻之，曰：“筑十仞之城，城者既十疑七之误 仞矣，则又坏之，此胥靡之所苦也，今兵不起七年矣，此王之基也。衍，乱人，不可听也。”华子闻而丑之，曰：“善言伐齐者，乱人也；善言勿伐者，亦乱人也；谓伐之与不伐乱人也者，又乱人也。”王曰：“然则若何？”曰：“君求其道而已矣。”惠之闻之而见戴晋人。戴晋人曰："有所谓蜗者，君知之乎？"曰："然。""有国于蜗之左角者，曰触氏；有国于蜗之右角者，曰蛮氏。时相与争地而战，伏尸数万，逐北旬有五日而后反。"君曰："噫，其虚言与？"曰："臣请为君实之。君以意在四方上下有穷乎？"君曰："无穷。"曰："知游心于无穷，而反在通达之国，若存若亡乎？"君曰："然。"曰："通达之中有魏，于魏中有梁，于梁中有王，王与蛮氏有辩乎？"君曰："无辩。"客出而君惝然若有亡也。郭象《注》曰："王与蛮氏，俱有限之物耳！有限，则不问大小，俱不得与无穷者计也。虽复天地，共在无穷之中，皆蔑如也。况魏中之梁、梁中之王而足争哉。"苏辙亦曰："诚知所争若此其细也，则天下无争矣。"然而争，则是所见之有穷也！"南方无穷而有穷"，亦寻常咫尺之见耳。

（七）"今日适越而昔来"

按此语亦见《庄子》。《齐物论》"未成乎心而有是非，是今日适越而昔至也。"《释文》：昔至，崔云："昔，夕也。"向云："昔者，昨日谓也。今日适越，昨日何由至哉？思适越时，心已先到，犹之是非先成乎心也。"惟渡边秀方则引《周髀算经》所举日动地不动说以释之，云："《周髀》说日运行在极北，则北方日中，南方夜半；日在极东，东方日中，西方夜半；日在南极，则南方日中，北方夜半；日在西极，则西方日中，东方夜半。——以此地球作圆形，太阳绕转见解，在 Galileo Galilei（伽利略）未倡地动说以前，多持此说，故逐日而东至越者，自生斯种结果。”《中国哲学史概论》所论亦颇近理。

（八）“连环可解”

《庄子·齐物论》曰：“彼是莫得其偶，谓之道枢。枢始得其环中，以应无穷。”《则阳》曰：“冉相氏得其环中以随成，与物无终无始，无几无时。”《寓言》曰：“万物皆种，以不同形相禅。始卒若环，莫得其伦，是谓天均。天均者，天倪也。”明乎天倪，则连环可解矣。

（九）“我知天下之中央，燕之北、越之南是也”

夫连环无端，所行为始；天下无方，所在为中。此即申“连环可解”之旨。

（十）泛爱万物，天地一体也。

《庄子·齐物论》曰：“天地与我并生，而万物与我为一。”又《田子方》曰：“天下也者，万物之所一也。得其所一而同焉，则四支百体将为尘垢，而死生终始将为昼夜，而莫之能滑，而况得丧祸福之所介乎？”此庄子之言“泛爱万物，天地一体”也。

第三项　作用论

《逍遥游》篇两著惠说，以规庄之言大而无用。

惠子谓庄子曰:“魏王贻我大瓠之种，我树之，成，而实五石；以盛水浆，其坚不能自举也；剖之以为瓢，则瓠落无所容。非不呺然大也，吾为其无用而掊之。”庄子曰:“夫子固拙于用大矣！宋人有善为不龟手之药者，世世以洴澼絖为事。客闻之，请买其方百金。聚族而谋曰:‘我世世为洴澼絖，不过数金；今一朝而鬻技百金，请与之。’客得之，以说吴王。越有难，吴王使之将；冬，与越人水战，大败越人，裂地而封之。能不龟手一也，或以封，或不免于澼絖，则所用之异也。今子有五石之瓠，何不虑以为大樽而浮乎江湖？而忧其瓠落无所容，则夫子犹有蓬之心也夫！”

惠子谓庄子曰:“吾有大树，人谓之樗，其大本拥肿而不中绳墨，其小枝卷曲而不中规矩，立之涂，匠者不顾。今子之言，大而无用，众所同去也。”庄子曰:“子独不见狸狌乎？卑身而伏，以候敖者；东西跳梁，不避高下，（各本避作辟）中于机辟，死于罔罟。今夫斄牛，其大若垂天之云。此能为大矣，而不能执鼠。今子有大树，患其无用，何不树之于无何有之乡，广莫之野？彷徨乎无为其侧，逍遥乎寝卧其下：不夭斤斧，物无害者，无所可用，安所困苦哉？”

清刘鸿典释之云。

道有体有用，前言养气之功，至于藐姑射山有神人居，则道已成矣。道成则必见之于用，不善用之，有用等于无用，则世世洴澼絖不过数金之谓也。善用之，小用化为大用，则用之水战裂地而封之谓也。人能宏道，非道宏人。彼蓬心未化者，囿于一溪一壑之间，不知江湖之阔，宜其抱五石之瓠而苦其无用也。大树亦道之喻言，绳墨规矩，匠者所以度木；不中绳墨规矩，则匠者不顾。如后世以制科取士，而真有抱负之人，或啸傲于山林而不肯俯就，莘野躬耕，南阳高卧，皆当涂之所谓臃肿卷曲者也。狸狌跳梁，死于罔罟，以喻巧取杀身之徒；斄牛至大，不能执鼠，以喻有位无德之辈。盖人之稍有才智者，往往播弄聪明，而非道非分之谋，无所不至，当其忍心害理利己损人，或自以为得计，卒之多行不义，自取灭亡，此皆狸狌跳梁之类也。又或侥幸而窃显位，势有所凭，夜郎自大，究之德不足以称职，上误国家，下害生民，得不谓之斄牛乎？古今争为世用者，大抵不离此两种人，一则以机巧殒身，一则以昏庸丧德，皆断丧灵根而自罹苦趣者也。惟养浩然之气者，不与世争，有用而能自善其用，可以有用为用，亦可以无用为用，充其量于无何有之乡，广漠之野，而寝卧于大树之下，则蓬莱方丈，迥出尘凡，玉宇琼楼，别开妙境，而一切机械变诈之斧斤不能为害，此其所以为逍遥游也。然所谓无何有之乡，广莫之野，又岂在吾身之外哉？《庄子约解》

《外物》篇又载两氏之辩论：

惠子谓庄子曰："子言无用。"庄子曰："知无用，而始可与言用矣。天地非不广且大也，人之所用容足耳。然则厕足而垫之，致黄泉，人尚有用乎？"惠子曰："无用。"庄子曰："然则无用之为用，也亦明矣。"

观此，可知庄子之倡"无用之用"说，盖欲超外物之累，全自己之天也。惜惠子未谙斯旨，故反复问难焉。

第四项　情感论

《德充符》篇云

惠子谓庄子曰："人固无情乎？"庄子曰："然。"惠子曰："人而无情，何以谓之人？"庄子曰："道与之貌，天与之形，恶习得不谓之人。"惠子曰："既

> 谓之人，恶得无情？”庄子曰：“是非吾所谓情也。吾所谓无情者，言人之不以好恶内伤其身，常因自然而不益生也。”惠子曰：“不益生，何以有其身？”庄子曰：“道与之貌，天与之形，无以好恶内伤其身；今子外乎子之神、劳乎子之精，倚树而吟，据槁梧而瞑。天选子之形，子以坚白鸣。”

按此申无情也。益生二字，本于《老子》“益生曰详”，谓裨益于所生之外，而以人为参之也。不以好恶内伤其身，常因自然，而不益生，所以保其身也。彼不知精神之贵而哓哓于异同之辩者，奚足与言德充符哉？

《至乐》篇亦云：

> 庄子妻死，惠子吊之，庄子则方箕踞鼓盆而歌。惠子曰：“与人居，长子、老、身死，不哭，亦足矣，又鼓盆而歌，不亦甚乎？”庄子曰：“不然。是其始死也，我独何能无概然！察其始而本无生；非徒无生也，而本无形；非徒无形也，而本无气；杂乎芒芴之间，变而有气，气变而有形，形变而有生，今又变而之死，是相与为春秋冬夏四时行也。人且偃然寝于巨室，而我嗷嗷然随而哭之，自以为不通乎命，故止也。”

此则庄子深明物之“方生方死，方死方生”，而忘情于哀乐，遣意于得丧者也。

第七节　公孙龙

第一项　公孙龙传略

公孙龙，字子秉，赵人，祖述《辩经》，以正别名显于世。疾名实之散乱，因资财之所长，假物取譬，为守白之论。

初，与其徒毛公、綦毋子等适赵，游平原君赵胜家。虞卿欲以信陵君之存邯郸，为平原君请封。龙闻之，见平原君曰：“君无覆军杀将之功，而封以东武城，赵国豪杰之士，多在君之右，而君为相国者以亲故。夫君封以东武城，不让无功；佩赵国相印，不辞无能；一解国患，欲求益地，是亲戚受封，而国人计功也。为君计者，不如勿受便。”平原君曰：“谨受令。”乃不受封。”《战国策》

曾适燕，说燕昭王以偃兵，又与赵惠王论偃兵。见《吕氏春秋·审应览》

又尝与孔穿会平原君家。穿曰：“素闻先生高谊，愿为弟子久。但不取先生以白马为非马耳，请去此术，则穿请为弟子。”龙曰：“先生之言悖。龙之所以为名者，乃以白马之论尔。今使龙去之，则无以教焉。且欲师之者，以智与学不如也。今使龙去之，此先教而后师之也；先教而后师之者，悖。且白马非马，乃仲尼之所取。龙闻楚王张繁弱之弓，载忘归之矢，以射蛟兕于云梦之圃，而丧其弓。左右请求之。王曰：'止。楚王遗弓，楚人得之，又何求焉？'仲尼闻之曰：'楚王仁义而未遂也。亦曰"人亡弓，人得之"而已，何必楚？'若此，仲尼异楚人于所谓人。夫是仲尼异楚人于所谓人，而非龙异白马于所谓马，悖。先生修儒术，而非仲尼之所取；欲学而使龙去所教，则虽百龙固不能当前矣。"孔穿无以应焉。《公孙龙子·迹府》篇

后齐使邹衍过赵，见龙及綦毋子等，论白马之辩。平原君以问邹子。邹子曰："不可。彼天下之辩，有'五胜''三至'，而'辞至'为下。辩者别殊类，使不相害；序异端，使不相乱；杼意通指，明其所谓，使人与知焉，不务相迷也。故胜者，不失其所守；不胜者，得其所求。若是，故辩可为也。及至烦文以相假，饰词以相悖，巧譬以相移，引人使不得及其意；如此，害大道。"平原君悟而绌之。见谢希深《公孙龙子注》自序

又与魏国公子牟相善。乐正子舆笑曰："公孙龙之为人也，行无师，学无友，佞给而不中，漫衍而无家，好怪而妄言。欲惑人之心、屈人之口，与韩檀等肆之。"而公子牟不以为尤也，其说犹大行矣。见《列子·仲尼》篇，非原文

《汉书·艺文志》名家载《公孙龙子》十四篇，《隋志》名为《守白论》，惟是否即其书，无从详考。现行本凡六篇，其首篇《迹府》为后人增加之传，其余五篇除第四篇有后人窜改之迹外，皆可信为其所自著。

第二项　白马论

《庄子·齐物论》云“以马喻马之非马”，正指公孙龙此论。公孙龙之意，盖欲以正名之术证明马非马。欲证明马非马，故先以白马非马起难。《白马》篇曰：

> “马”者，所以命形也；“白”者，所以命色也。……求马，黄黑马皆可致；求白马，黄黑马不可致。……黄黑马，一也，而可以应“有马”，不可以应“白马”，是白马之非马，审矣。“马”者，无取于色，故黄黑皆可以应；“白马”者，有去取于色，黄黑马皆以所色去，故惟白马独可以应耳。

此盖言白所以名色，言马所以名形也。形非色也，夫言色则形不当与，言形则色不宜从。今合以为物，非也。如求白马于厩中无有，而有骊色之马，然不可以应有白马也；不可以应有白马，则所求之马亡矣；亡则白马竟非马。欲推是辩以正名实而化天下焉。

第三项 坚白论

《坚白》篇曰：

> 无坚得白，其举也二；无白得坚，其举也二。视不得其所坚而得其所白者，无坚也；拊不得其所白而得其所坚者，无白也。……得其白，得其坚，见与不见离。见不见离一；二不相盈，故离；离也者，藏也。

此盖言知觉之分析坚白石，由触觉言则为坚，由视觉言则为白，而以物体言则为石；则坚白石之概念，乃由坚性、白性与一个物之三概念、三属性成，由触觉与视觉分为白石与坚石二种。

第四项 指物论

《指物论》即《白马论》之结论。《白马》篇止论马，而此则欲推而至于一切之名也。名者，人之所指名也。故以名为指，然不谓之名而谓之指者，指较实而名较虚也。《指物》篇曰：

> 物莫非指而指非指。天下无指，物无可以为物。非指者天下无物，可谓指乎？……天下无指者，物

> 不可谓无指也，不可谓无指者，非有非指也。非有非指者，物莫非指，指非非指也。指与物非指也。

此就吾人之认识与其对象之关系言。“指”当系指物体之特性。若人无认识所指物性之知识，物之对象固不存在；若亦无指物之特性，亦无物之存在。《庄子·齐物论》曰：“以指喻指之非指，不若以非指喻指之非指也。”盖以明公孙，以公孙龙指物之义未足立也。然指物之义，实与齐物同归，惟深妙不及耳。《指物》篇曰：“物莫非指而指非指。天下无指，物无可以为物。”解者曰：物我殊能，莫非相指，故曰物莫非指。相指者，相是非也。彼此相推，是非混一，归于无指。故曰“而指非指”。指皆谓是非也。此可与《庄》义相发。

第五项　辩者二十一事

《庄子·天下》篇载有桓团、公孙龙等之辩说，约举如下：

> （1）卵有毛
> （2）鸡三足
> （3）郢有天下
> （4）犬可以为羊

(5)马有卵

(6)丁子有尾

(7)火不热

(8)山出口

(9)轮不辗地

(10)目不见

(11)指不至，至不绝

(12)龟长于蛇

(13)矩不方，规不可以为圆

(14)凿不围枘

(15)飞鸟之影，未曾动也

(16)镞矢之疾，而有不行不止之时

(17)狗非犬

(18)黄马骊牛三

(19)白狗黑

(20)孤驹未尝有母

(21)一尺之棰，日取其半，万世不竭

兹略释如下:(1)卵之种有羽毛之性质也。(2)鸡两足所以行而非动也，故行由足发，动由神御。今鸡虽两足，须神而行，故曰三足。(3)与《庄子·齐物论》"天下莫大于秋毫之末，而太山为小"之义相发。(4)即老子“名可名，非常名”之旨。（5）马之牝者有卵巢，必受雄精，始生马。（6）由卵生成之“丁子”，其初有尾，经若干时，始成蛤蟆。此亦即“万物异同”之一例。（7）火依触觉始知热，视觉上则只留有赤焰，初不知其为热为冷，故曰不热。《庄子·齐物论》云：“至人神矣，大泽焚而不能热。”则是火不热也。（8）山者，地体之高突。“口”者，人体之虚凹。人徒见山体之高突，而不知其藏用于虚，故特以“出口”表之。此其意亦本老、庄也。（9）车之转动，自有轮不胶地之瞬间在，若以时间节节分割看时，其说可成立。（10）《庄子·天运》篇曰：“目知穷乎所欲见，力屈乎所欲逐，吾既不及已夫！”然则目见者仅矣。（11）盖谓物质（指）之本性，不可得而分析之意。譬如纵分析之至于原子电子，犹不外人智之力之所能及而止，在物质自身，则概念上犹有能够分析至于无穷之可能性存在。（12）龟卵较蛇卵尤为椭圆形，故自种种共相上言，龟较蛇长。（13）从个体自相上着想，一规不能尽同样之两圆，一矩不能尽同样之两方，一模不能铸同样之两钱也。（14）“凿，孔也。枘者，内孔中之木。”无论如何巧妙，终不能免全无间隙。（15）鸟飞固见其影动，然甲之瞬间有甲之影，乙之瞬间有乙之影，其瞬间不动，故飞鸟之影不动。（16）取镞矢疾行之一瞬间立论时，矢固有不行不止之瞬间，其理与前同。（17）

狗、犬通名，若分而言之，则大者为犬，小者为狗。（18）此亦本《庄子》。《释文》引司马云“牛马以二为三。曰牛，曰马，曰牛马，形之三也。曰黄，曰骊，曰黄骊，色之三也。曰黄马，曰骊牛，曰黄马骊牛，形与色为三也。故曰‘一与言为二,二与一为三’”也。（19）白狗者黑。独眼之犬，可称眇狗，则白狗目黑，亦可谓为黑犬。（20）盖既云孤驹，其无母自无释，而有母之驹不能称孤驹，亦自不待辩。此亦以明“名可名，非常名”。（21）棰，杖也。若其可析，则常有两；若其不可析，其一常存。故曰万世不竭。

第十三章　历代庄学述评

第一节　汉代之庄学述评

愚以为自有《庄子》以来，善读其书者，首推司马氏父子。司马谈《论六家要旨》云：

> 道家使人精神专一，动合无形，赡足万物。其为术也，因阴阳之大顺，采儒、墨之善，撮名、法之要，与时迁移，应物变化，立俗施事，无所不宜，指约而易操，事少而功多。

又曰：

> 道家无为，又曰无不为，其实易行，其辞难知。其术以虚无为本，以因循为用。无成势，无常形，故能究万物之情；不为物先，不为物后，故能为万物主。有法无法，因时为业。有度无度，因物

与合。故曰：圣人不朽，时变是守。虚者道之常也，因者君之纲也。群臣并至，使各自明也。其实中其声者谓之端，实不中其声者谓之窾。窾言不听，奸乃不生；贤不肖自分，白黑乃形；在所欲用耳，何事不成！乃合大道，混混冥冥，光耀天下，复反无名。凡人所生者神也，所托者形也；神大用则竭，形大劳则敝，形神离则死；死者不可复生，离者不可复反，故圣人重之！由是观之：神者生之本也，形者生之具也；不先定其神，而曰“我有以治天下”，何由哉！

此其言可谓深得道家之要指矣。清曾涤生曰：“司马迁《自叙》中述其父太史公谈论六家要指，诸家互有得失，而终之以道家为本。此自司马氏父子学术相传如是，其指要则谈启之，其文辞则迁为之也。”盖习道论于黄子，尊其所学然也。其子迁著《史记》，书中述庄子生平事迹甚详，亦多警策之语：

……其学无所不窥，然其本归于老子之言。故其著书十余万言，大抵率寓言也。作《渔父》《盗跖》《胠箧》，以诋訾孔子之徒，以明老子之术。畏累虚、亢桑子之属，皆空语无事实。然善属书离辞，指事类情，用剽剥儒、墨，虽当世宿学不能自解免也。其言洸洋自恣以适己，故自王公大人不能器之。

《史记·老庄申韩列传》

盖子长才识绝伦，长于批评，为吾国史学界之泰斗也。其评《庄子》，一则曰庄子散道德放论，要亦归之自然；再则曰：其著书十余万言，大抵率寓言。非有文哲眼光弗能为斯言也。

班孟坚《汉书·艺文志》删存向、歆父子之说，叙及《庄子》，而不没其长，亦足尚也。

第二节 魏晋南北朝之庄学述评

汉代言道家者，常举黄、老，罕言老、庄。老、庄并称，始于魏晋。当时达官名士，多宗老、庄，如魏王弼、何晏、山涛、阮籍、嵇康、向秀、郭象，晋王济、王衍、卢谌、庾敳、庾亮、桓石秀、司马彪、崔譔、李颐，宋戴颙、李叔之，齐祖冲之、徐白珍，梁江紑、伏曼容、贺瑒、严植之、刘昭、庾曼倩，陈周弘正、徐陵、全缓、张讥、陆瑜，北魏程骏、邱晏，北齐杜弼等其最著者也。不特此也，即为君主者亦莫不嗜老、庄，自行撰著为天下倡，如魏武帝注子书；梁武帝法善老子，制

《老子讲疏》并释典诸经义记数百卷；简文帝制老、庄《法宝连璧》诸书，元帝制《老子讲疏》四卷，诚所谓上有好者下必有甚焉者也。清洪亮吉云：

> 《庄子》一书，秦汉以来皆不甚称引。自三国时何晏、阮籍、嵇康出，而书始盛行。陈寿《魏志·曹植传》末，言晏好老、庄之言。《王粲传》末，言籍以庄周为模则，于康则云好《老》《庄》。老、庄并称，实始于此。于是崔譔、向秀、郭象、司马彪等接踵为之注，而风俗亦自此移矣。《晓读书斋初录》卷下

此言虽略而不详，然当时崇尚老、庄之风，由此不难洞悉矣。

魏晋之际，学者多以老、庄为清谈之资，求其能通庄子之哲理者，则阮籍、向秀与郭象其著者也。嗣宗有《达庄论》一篇，其文云：

> 伊单阏之辰，执徐之岁，万物权舆之时，季秋遥夜之月，先生徘徊翱翔，迎风而游，往遵乎赤水之上，来登乎隐坌之丘，临乎曲辕之道，顾乎泱漭之州，恍然而止，忽然而休，不识曩之所以行，今之所以留，怅然而无乐，愀然而归白

素焉。平昼闲居，隐几而弹琴。于是缙绅好事之徒相与闻之，共议撰辞合句，启所常疑。乃窥鉴整饰，嚼齿先引，推年蹑踵，相随俱进。奕奕然步，膴膴然视，投迹蹈阶，趋而翔至。差肩而坐，恭袖而检，犹豫相林，或作林莫肯先占。

有一人，是其中雄桀也。乃怒目击势而大言曰："吾生乎唐虞之后，长乎文武之裔，游乎成康之隆，盛乎今者之世，诵乎六经之教，习乎吾儒之迹，被沙衣、冠飞翮、垂曲裙、扬双鶡有日矣；而未闻乎至道之要，有以异之于斯乎！且大人称之，细人承之；愿闻至教，以发其疑。"先生曰："何哉，子之所疑者？"客曰："天道贵生，地道贵贞，一作静圣人修之，以建其名，吉凶有分，是非有经，务利高势，恶死重生，故天下安而大功成也。今庄周乃齐祸福而一死生，以天地为一物，以万类为一指，无乃徼惑以失真，而自以为诚者也？"

于是先生乃抚琴容与，慨然而叹，俯而微笑，仰而流眄，嘘噏精神，言其所见曰："昔人有欲观于阆峰之上者，资端冕，服骅骝，至乎昆仑之下，没而不反。端冕者，常服之饰；骅骝者，凡乘之耳；非所以矫腾增城之上，游玄圃之中也。且烛龙之光，不照一堂之上；钟山之口，不谈曲室之内。今吾将堕崔巍之高，杜衍谩之流，言子之所由，几其瘖而获反乎！

“天地生于自然，万物生于天地。自然者无外，故天地名焉；天地者有内，故万物生焉。当其无外，谁谓异乎？当其有内，谁谓殊乎？地流其燥，天抗其湿。月东出，日西入，随以相从，解而后合，升谓之阳，降谓之阴。在地谓之理，在天谓之文。蒸谓之雨，散谓之风；炎谓之火，凝谓之冰；形谓之石，象谓之星；朔谓之朝，晦谓之冥；通谓之川，回谓之渊；平谓之土，积谓之山。男女同位，山泽通气，雷风不相射，水火不相薄。天地合其德，日月顺其光，自然一体，则万物经其常。入谓之幽，出谓之章，一气盛衰，变化而不伤。是以重阴雷电，非异出也；天地日月，非殊物也。故曰：自其异者视之，则肝胆楚越也；自其同者视之，则万物一体也。人生天地之中，体自然之形。身者，阴阳之精气也；性者，五行之正性也；情者，游魂之变欲也；神者，天地之所以驭者也。以生言之，则物无不寿；推之以死，则物无不夭。自小视之，则万物莫不小；由大观之，则万物莫不大。殇子为寿，彭祖为夭；秋豪为大，泰山为小；故以死生为一贯，是非为一条也。

“别而言之，则须眉异名；合而说之，则体之一毛也。彼六经之言，分处之教也；庄周之云，致意之辞也。大而临之，则至极无外；小而理之，则物有其制。夫守什五之数，审左右之名，一曲之说也；循自然、性一作佳天地者，寥廓之谈也。凡耳目之名，分之施处，官不易司，举奉其身，非以绝手足、裂肢体也。然后世之好异者不顾其本，各言我而已矣，何待于彼？残生害性，还为雠敌，断割肢体，不以为痛；目视色而不顾耳之所闻，耳所听而不待心之所思，心奔欲而不适性之所安，故疾疹萌则生不尽，祸乱作则万物残矣。夫至人者，恬于生而静于死。生恬则情不惑，死静则神不离，故能与阴阳化而不易，从天地变而不移。生究其寿，死循其宜，心气平治，不消不亏。是以广成子处崆峒之山以入无穷之门，轩辕登昆仑之阜而遗玄珠之根，此则潜身者易以为活，而离本者难与永存也。

“冯夷不遇海若，则不以己为小；云将不失于其鸿蒙，则无以知其少。由斯言之，自是者不章，自建者不立，守其有者有据，持其无者无执。月弦则满，日朝则袭咸池，不留暘谷之上，而悬车之后将入也。故求得者丧，争明者失，无欲者自足，空虚者受实。夫山静而谷深者，自然之道也；得之道而正者，君子之实也。是以作智造巧者害于物，明著是非者危其身，修饰以显洁者惑于生，畏死而崇生者失一作乱其贞。故自然之理不得作，天地不泰而日月争随，朝夕失期而昼夜无分，竞逐趋利，舛倚横驰，父子不合，君臣乖离。故复言以求信者，梁下之诚也；克己为人者，廓外之仁也；窃其雉经者，此句误亡家之子也；刳腹割肌者，乱国之臣也；曜菁华、被沆瀣者，昏世之士也；履霜露、蒙尘埃者，贪冒之民也；洁己以尤世，修身以明污者，诽谤之属也；繁称是非、背质追文者，迷罔之伦也；诚或作成非媚悦，以容求孚，故被珠玉以赴水火者，桀、纣之终也；含菽采薇，交饿而死，颜、夷之穷也。是以名利之涂开，则忠信之诚薄；是非之辞著，则醇厚之情烁也。

“故至道之极，混一不分，同为一体，得失无闻。伏羲氏结绳，神农教耕，逆之者死，顺之者生。又安知贪污之为罚，而贞白之为名乎！使至德之要，无外而已。大均淳固，不贰其纪，清静寂寞，空豁以俟，善恶莫之分，是非无所争，故万物反其所而得其情也。儒墨之后，坚白并起，吉凶连物，得失在心，结徒聚党，辩说相侵。昔大齐之雄，三晋之士，尝相与明目张胆，分别此矣，咸以为百年之生难致，而日月之蹉无常，皆盛仆马、修衣裳、美珠玉、饰帷墙，出媚君上，入欺父兄，矫厉才智，竞逐纵横，家以慧子残，国以才臣亡，故不终其天年，而大自割繁其于世俗也。是以山中之木，本大而莫伤。复或作吹万数窍一作物相和，忽焉自已。夫雁之不存，无其质而浊其文，死生无变，而龟之见宝，知吉凶也。故至人清其质而浊其文，死生无变而未始有云。夫别言者，怀道之谈也；折辩者，毁德之端也；气分者，一身之疾也；二心者，万物之患也。故夫装束马轼者，行以离支。一作交虑在成败者，坐而求敌；逾阻攻险者，赵氏之人也；举山填海者，燕楚之人也。庄周见其若此，故述道德之妙，叙无为之本，寓言以广之，假物以延之，聊以娱无为之心而逍遥于一世；岂将以希咸阳之门而与稷下争辩也哉？

"夫善接人者，导焉而已，无所逆之。故公孟季子衣绣而见，墨子弗攻；中山子牟心在魏阙，而詹子不距。因其所以来，用其所以至，循而泰之，使自居之；发而开之，使自舒之。且庄周之书何足道哉！犹未闻夫太始之论、玄古之微言乎？直能不害于物而形以生，物无所毁而神以清，形神在我而道德成，忠信不离而上下平。兹容今谈而同古，齐说而意殊，是心能守其本，而口发不相须也。"

于是二三子者，风摇波荡，相视脑脈，乱次而退，蹚跌失迹。随而望之，耳或作其后颇亦以是知其无实，丧气而惭愧于衰僻也。

且于“自然之理”三致意焉，其言颇觉简略，惟未释其全书。

《庄子》注之古者，晋向秀，次郭象。《竹林七贤论》云：“向秀为《庄义》，读之者无不超然若已出尘埃而窥绝冥始，了视听之表，有神哲元德，能遗天下、外万物，虽复使动竞之人，顾观所徇，皆怅然自有振拔之情矣。”惜秀注久佚。今传以郭象本为最古，其序云：

> 夫庄子者，可谓知本矣，故未始藏其狂言。言虽无会，而独应者也。夫应而非会，则虽当无用；言非物事，则虽高不行。与夫寂然不动、不得已而后起者，固有间矣，斯可谓知无心者也。夫心无为，则随感而应，应随其时，言唯谨尔。故与化为体，流万代而冥物，岂曾设对独遘而游谈乎方外哉！此其所以不经而为百家之冠也。然庄生虽未体之，言则至矣。通天地之统，序万物之性，达死生之变，而明内圣外王之道，上知造物无物，下知有物之自造也。其言宏绰，其旨玄妙。至至之道，融微旨雅；泰然遣放，放而不敖。故曰：不知义之所适，猖狂妄行而蹈其大方。含哺而熙乎澹泊，鼓腹而游乎混芒。

至人极乎无亲，孝慈终于兼忘，礼乐复乎已能，忠信发乎天光。用其光则其朴自成，是以神器独化于玄冥之境而源深流长也。故其长波之所荡，高风之所扇，畅乎物宜，适乎民愿。弘其鄙，解其悬，洒落之功未加而矜夸所以散。故观其书，超然自以为已当经昆仑、涉太虚而游惚怳之庭矣。虽复贪婪之人、进躁之士，暂而揽其余芳，味其溢流，仿佛其音影，犹足旷然有忘形自得之怀，况探其远情而玩永年者乎？遂绵邈清遐，去离尘埃，而返冥极者也。

可谓深得庄子要诣矣。惟注文是否郭氏手笔尚成问题，刘义庆《世说新语》以为郭氏掠向秀之美，如云：

初注《庄子》者数十家，莫能究其旨要。向秀于旧注外为解义，妙析奇致，大畅玄风。(原注)《秀别传》曰：秀与嵇康、吕安为友，趣舍不同。嵇康傲世不羁，安放逸迈俗，而秀好读书，二子颇以此嗤之。后秀将注《庄子》，先以告康、安。康、安咸曰："此书讵复须注，徒弃人作乐事耳！"及成，以示二子。康曰："尔故复胜不？"安乃惊曰："庄子不死矣！"复注《周易》，大义可观，而与汉世诸儒互有彼此，未若隐庄之绝伦也。《秀本传》或言秀游托数贤，萧屑卒岁，都无注述，唯好庄子，聊应崔譔所注以备遗忘云。《竹林七贤论》云：秀为此义，读之者无不超然，若已出尘埃而窥绝冥，始了视听之表，有神德玄哲，能遗天下、外万物。虽复使动竞之人，愿观所徇，皆怅然自有振拔之情矣。惟《秋水》《至乐》二篇未竟，而秀卒。秀子幼，其义零落，然犹有别本。郭象者，为人薄行，有俊才，（原注）《文士传》曰：象，字子玄，河南人，少有才理，慕道好学，托志老庄，时人咸以为王弼之亚。辟司空掾、太傅主簿。见秀义不传于世，遂窃以为己注。乃自注《秋水》《至乐》二篇，又易《马蹄》一篇。其余众篇，或定点文句而已。后秀义别本出。故今有向、郭二《庄》，其义一也。

《晋书》象本传全采其说，绝无异辞。钱曾独谓"世代辽远，传闻异词，《晋书》云云，恐未必信。"《读书敏求记》亦未寻出有力之反证。《四库书目提要》云：

向秀之注，陈振孙称宋代已不传，但时见陆氏《释文》。今以《释文》所载校之，如《逍遥游》有蓬之心句，《释文》郭、向并引，绝不相同。《胠箧》篇圣人不死大盗不止句，《释文》引向注二十八字，又为之斗斛以量之句，《释文》引向注十六字，郭本皆无。然其余皆互相出入。又张湛《列子注》中凡文与《庄子》相同者，亦兼引向、郭二注。所载《达

> 生篇》痀偻丈人承蜩一条，向注与郭一字不异。《应帝王》篇神巫季咸一章皆弃而走句，向、郭相同。列子见之而心醉句，向注曰：迷惑其道也；而又奚卵焉句，向注六十二字，郭注皆无之。故使人得而相汝句，郭注多七字。示之以地文句，向注块然如土也，郭注无之。是殆见吾杜德机句，乡吾示之以天壤句，名实不入句，向、郭并同。……

刘义庆谓象注窃诸向秀，据此所考校，殆非虚语。然就注文之本身论之，则妙析奇致，大畅玄风，兼可考魏晋人之哲学，实可宝也。

至注解《庄子》者，有晋向秀《注》二十卷、郭象《注》三十卷、司马彪《注》十一卷、李颐《注》三十卷、孟氏《注》十八卷、东晋崔譔《注》十卷、宋李叔之《义疏》三卷、梁简文帝《讲书》二十卷（《唐书》作三卷，非也）、陈周弘正《疏》八卷，张讥《注》四十二卷，虽或亡或存，皆当时爱《庄》者之作也。

此外《庄子·逍遥游》篇，诸家注释多不能拔理于向、郭之外，支道林在白马寺中，将冯太常共语，因及《逍遥》。支卓然标新理于二家之表，立异义于众贤之外。支氏《逍遥论》曰：

> 夫逍遥者，明至人之心也。庄生建言大道而寄指鹏鷃，鹏以营生之路旷，故失适于体外；鷃以在近而笑远者，矜伐于心内。至人乘天正而高兴，游无穷于放浪；物物而不物于物，则遥然不我得；玄感不为，不疾而速，则逍然靡不适，此所以为逍遥也。若夫有欲当其所足，足于所足，快然有似天真，犹饥者一饱、渴者一盈，岂忘烝尝于糗粮，绝觞爵于醪醴哉！苟非至足，岂所以逍遥乎！

此向、郭之注所未尽。

沈休文《宋书·谢灵运传》云："在晋中兴，玄风独扇。为学穷于柱下，博物止乎七篇，驰骋文辞，义殚乎此。"七篇即《庄子》内篇也。刘彦和《文心雕龙·序时》篇云："自中朝贵玄，江左称盛，……诗必柱下之旨归，赋乃漆园之义疏。"窃疑彼辈纵得其义，亦未见能有会于蒙庄行文之妙也。北朝魏周不习玄学，陈人之入长安者，又不能自振，故庄学益衰。

第三节　隋唐之庄学述评

隋代研究庄学者甚鲜，注《庄》书者仅张羡有《道言》五十二篇、何妥有《庄子义疏》四卷等数辈而已。迨至唐世，斯学复盛，惟崇尚庄子之主旨，已与前代异趋。何则？庄子虽列道家，但魏晋间仅谓之善谈玄理，至是则一变而为神仙。盖唐既祖老聃为玄元皇帝，老、庄为世俗所通称，故亦尊庄子为真人焉。（南华真人）匪特尊其人也，而尤重其书也。有唐一代，屡诏校定及诏求《老》《庄》等书之事：玄宗开元元年，诏中书令张说举能治《易》《老》《庄》者，见《新唐书·儒学·康子元传》；八年，马怀素卒后，诏秘书馆并号修书学士，草定四部，又令毋煚、刘彦直等治子部书，见《儒学·马怀素传》；二十年，置崇玄学，令习《老》《庄》《列》《文》等书，准明经例举送，见《旧唐书·礼仪志》；二十九年，诏求明《道德经》及《庄》《列》《文子》者，见《新唐书·玄宗本纪》及《选举志》；天宝元年，诏以《庄》《文》《列》《庚桑》为真经，又诏崇文习《道德经》，见《旧唐书本纪》及《礼仪志》。故唐代之尊崇老、庄，较汉代之尊尚孔子，且尤过之无不及焉。

唐代注解《庄子》者，有卢藏用《注》二十卷、陆德明《文义》二十卷、成玄英《疏》十卷、文如海《疏》十卷、张九垓《指要》三十三篇、元载《南华通微》十卷。注者纷拏，而于《庄》义未尽。西华法师成玄英，虽以庄子为仙人，尝谓庄子师长桑公子，受号南华仙人然彼于《庄子》一书，自谓少而习焉，研精覃思三十年矣。其撰

《南华真经疏序》中有云：

> ……所以《逍遥》建初者，言达道之士，智德明敏，所造皆适，遇物逍遥，故以《逍遥》命物。夫无待圣人，照机若镜，既明权实之二智，故能大齐于万境，故以《齐物》次之。既指马蹄天地，混同庶物，心灵凝澹，可以摄卫养生，故以《养生主》次之。既善恶两忘，境智俱妙，随变任化，可以处涉人间，故以《人间世》次之。内德圆满，故能支离其德，外以接物，既而随物升降，内外冥契，故以《德充符》次之。止水流鉴，接物无心，忘德忘形，契外会内之极，可以匠成庶品，故以《大宗师》次之。古之真圣，知天知人，与造化同功，即寂即应，既而驱驭群品，故以《应帝王》次之。

近人叶德辉跋慎思堂旧钞本《庄子》成玄英《疏》有云："玄英所见六朝以前古本古书，有出陆德明《释文》外者。《疏》于人名每详其字，地名亦必实证其处，是足补郭《注》之所略。其于内篇《养生主》老聃死，《疏》称当周平王时去周西渡流沙，适之罽宾，而内外篇竟无其迹。"按敦煌发现之《老子化胡经》云："至于照王当系周昭王其岁癸丑，二十五年公历纪元前一〇二八年便即西渡，经流沙至于阗国毗摩城所。”又云：“我昔离周时，西化向罽宾，路由函关去。”是足与法师所注互相印证，而为道教史之参考资料也。《老子化胡经》为西历道士王浮注，屡遭禁断。清末敦煌发见唐写本《化胡经》，为唐永徽以后伪作，实非王浮之旧。

唐代韩、柳之伦，为文始规抚《庄子》，而于其哲理，所见犹有未尽。淮海称韩文能钩《庄》《列》，说者颇为退之辩护。其实《答李翊书》《送高闲上人序》《原道》等篇之学《庄》，前人早已见及矣。

柳氏为文，自谓“参之《庄》《老》，以肆其端”，《答韦中立论师道书》又谓“《左传》、《国语》，庄周、屈原之辞，稍采取之。”《报袁君陈书》其深会庄文之美，概可想见。

第四节　宋代之庄学述评

魏晋之人，偏重庄子之玄学，而略其笔致；唐代之人，有取庄子之文章，而忽其哲理；二者均不能无偏。宋代学者较能从此两方面兼程并进，以分业故，所得仍有所偏。欧阳修为宋代古文大家也，其评庄子亦合混其词。如曰：

> 老子著书论道德。接乎周衰，战国游谈放荡之

> 士，田骈、慎到、列、庄之徒，各极其辩，……各成一家，自前世皆存而不绝也。《唐书·艺文志序》

未详道其要旨之所在也。

苏子瞻始致力鉴别《庄子》书之真伪，其所著《庄子祠堂记》云《盗跖》《渔父》《让王》《说剑》四篇非庄子作。虽语焉不详，然固当以读书得间许之矣。

与苏氏同时而治庄学者，则有王介甫。介甫著有《庄周论》，其文云：

> 庄子论　上
>
> 世之论庄子者不一，而学儒者曰："庄子之书务诋孔子，以信其邪说，要焚其书、废其徒而后可，其曲直固不足论也。"学儒者之言如此。而好庄子之道者，曰："庄子之德不以万物干其虑，而能信其道者也。彼非不知仁义也，以为仁义小而不足行已；彼非不知礼乐也，以为礼乐薄而不足化天下。故老子曰：'道失后德，德失后仁，仁失后义，义失后礼。'是知庄子非不达于仁义礼乐之意也；彼以为仁义礼乐者，道之末也，故薄之云耳。夫儒者之言善也，然未尝求庄子之意也；好庄子之言者固知读庄子之书也，然亦未尝求庄子之意也。昔先王之泽至庄子之

时竭矣，天下之俗谲诈大作，质朴并散，虽世之学士大夫未有知贵己贱物之道者也。于是弃绝乎礼义之绪，夺攘乎利害之际，趋利而不以为辱，殒身而不以为怨，渐渍陷溺，以至乎不可救已。庄子病之，思其说以矫天下之弊，而归之于正也。其心过虑，以为仁义礼乐皆不足以正之，故同是非、齐彼我、一利害，则以足乎心为得，此其所以矫天下之弊者也。既以其说矫弊矣，又惧来世之遂实吾说而不见天地之纯、古人之大体也，于是又伤其心于卒篇以自解。故其篇曰："《诗》以道志，《书》以道事，《礼》以道行，《乐》以道和，《易》以道阴阳，《春秋》以道名分。"由此而观之，庄子岂不知圣人者哉？又曰："譬如耳目鼻口皆有所明，不能相通，犹百家众技，皆有所长，时有所用。"用是以明圣人之道，其全在彼而不在此，而亦自列其书于宋钘、慎到、墨翟、老聃之徒，俱为不该不遍一曲之士，盖欲明吾之言有为而作，非大道之全云耳。然则庄子岂非有意于天下之弊而存圣人之道乎？伯夷之清、柳下惠之和，皆有矫于天下者也。庄子用其心，亦二圣人之徒矣。然而庄子之言不得不为邪说比者，盖其矫之过矣。夫矫枉者，欲其直也；矫之过，则归于枉矣。庄子亦曰："墨子之心则是也，墨子之行则非也。"推庄子之心以求其行，则独何异于墨子哉？后之读《庄子》者，善其为书之心，非其为书之说，则可谓善读矣。此亦庄子之所愿于后世之读其书者也。今之读者，挟庄以谩吾儒曰："庄子之道大哉，非儒之所能及知也。"不知求其意而以异于儒者为贵，悲夫！

庄子论　下

学者诋周非尧、舜、孔子，余观其书特有所寓而言耳。孟子曰："说《诗》者不以文害辞，不以辞害意，以意逆志。"是为得之。读其文而不以意原之，此为周者之所以讼也。周曰："上必无为而用天下，下必有为而为天下用。"又自以为处昏上乱相之间，故穷而无所见其材。孰为周之言皆不可措乎？君臣父子之间而遭世遇主，终不可使有为也。及其引太庙牺以辞楚之聘使，彼盖危言以惧衰世之常人耳。夫以周之才，岂迷出处之方而专畏牺者哉？盖孔子所谓隐居放言者，周殆其人也。然周之说，其于道既反之，宜其得罪于圣人之徒也。夫中人之所及者，圣人详说而谨行之，说之不详、行之不谨则天下弊；中人之所不及者，圣人藏乎其心而言之略，不略而详，则天下惑。且夫谆谆而后喻、哓哓而后服者，岂所谓可以语上者哉？惜乎周之能言而不通乎此也。

其子元泽著有《南华真经新传》。是书体例略仿郭象之注，而更约其辞，标举大意，不屑屑诠释文句。大旨谓内七篇皆有次序纶贯，其十五外篇、十一杂篇，不过藏内篇之宏绰幽广，故所说内篇为详，后附拾遗杂说一卷，以发挥余义，疑其书成后所补缀也。史称雱睥睨一世，傲然自恣，与庄周之滉漾肆论、破规矩而任自然者反若相似，故往往能得其微旨。《四库书目·提要》卷一百四十六

宋代之治庄学者，除苏轼及王氏父子外，尚有王应麟、王曙、褚伯秀、林希逸等辈。应麟辑《庄子逸》篇，今列入《玉海》中。曙亦有《旨归》三篇，于庄旨略有阐述。伯秀撰《南华真经义海纂微》一百有六卷，纂郭象、吕惠卿、林疑独、陈祥道、陈景元、王雱、刘概、吴俦、赵以夫、林希逸、李士表、王旦、范元应十三家说，而断以己意，《提要》谓宋以前解《庄子》者，梗概略具于是。希逸撰《庄子口义》十卷，前有自序，大意谓读《庄》有五难，必精于《语》《孟》《学》《庸》等书见理素定，又必知文字血脉，知禅宗解数，而后知其言意，少尝闻于乐轩，因乐轩而闻艾轩之说，文字血脉，颇知梗概又尝涉猎佛书，而后悟其纵横变化之机，于此书稍有所得，实前人所未尽究者云云。盖两书异其旨趣，一则专主义理而疏于音训，一则侧重章句而沾于文学血

脉。见《四库书目提要》以言乎哲理，彼固有所未喻；即析其文律，恐亦未臻绝诣也。

庄学得王、苏之提倡，故当时治《庄子》者已次第臻于极盛，而庄子之学遂如日之中天矣。于是有三人焉，遂著书以诋《庄子》。叶适《论庄周》云：

> 知圣人最深，而玩圣人最甚，不得志于当世，而放意狂言，其怨愤之切，异于屈原鲜矣。然而人道之伦颠错而不叙，事物之情遗落而不理，以养生送死饥食渴饮之大节，而付之倜傥不羁之人，小足以亡身，大足以亡天下，流患盖未已也。《水心文集》

高似孙所著《子略》亦论及《庄子》：

> 《道德》三千言，辞絜旨谧，澹然六经之外，其用《易》也。《庄子》则不然，浚涤沉潜，若老于玄者，而泓峥萧瑟，乃欲超遥于老氏之表。是以其说意空一尘，倜傥峻拔，无一毫蹈袭沿仍之陋。极天之荒，穷人之伪，放肆迤演，如长江大河滚滚灌注，泛滥乎天下。又如万籁怒号，澎湃汹涌，声沉影灭，不可控搏。率以荒怪诡诞、狂肆虚渺、不近人情之说，瞽乱而自呼。至于法度森严、文辞隽健、自作

环新，亦一代之奇才乎！

与水心、似孙同一口调而评《庄》者则为黄震。黄氏云：

> 庄子以不羁之材，肆跌宕之说，创为不必有之人，设为不必有之物，造为天下所必无之事，用以眇末宇宙，戏薄圣贤，走弄百出，茫无定踪，固千万世诙谐小说之祖也。然时有出于正论者，所见反过老子。老子之说可录者不过卑退自全，庄子之说可录者往往明白中节。
>
> 《庄子》之可录者固过于《老子》，然其悖理者则又甚于《老子》。盖《老子》隐士之书，而《庄子》乱世之书也。其所以变乱天下之常者，不过借天下之不常以乱其常，如麋鹿食荐，则因谓民食刍豢者为非正味；如巨盗负箧，则因谓缄縢防盗者为盗积；如瞽者不见文采，聋者不闻钟鼓，则因谓文采钟鼓为无用。于是乎混而殽之，谓是即非，非即是，即而是非之两忘，于是乎复荡而空之；谓人不必有材，心不必有知，而天下生生之理尽绝；于是乎又复引而伸之，谓入水不濡，入火不焦，为天下之至人。呜呼！此诚乱世之书，而后世禅学之所自出也！是

非之理判然，安得而使之无？人生而有血气心知，安得而使之无？果如其说，心定神全，入水入火不惊不悸犹可也，安得而不焦不濡，此固天下所必无之理，童子犹将笑之。奈何其文奇说诞，人情易惑，虽老师宿儒反或溺之邪？呜呼！悲夫！盍火其书！

道家者流，谓黄帝上天，谓老子西出关为长生不死之证。然黄帝之墓，好道之汉武亲过之；老聃之死，好道之庄子亲载之。庄子生于战国，六经之名始于汉，而《庄子》书称六经；噫！庄子之书亦未必尽出于庄子。《黄氏日抄·诸子》五十五卷

水心对庄有毁而无誉，似孙、东发于庄哲理则诋誉，而于文辞则又亟赞美，何前后矛盾其词也。噫！宋儒之不明《庄》义可窥一斑矣。至东发谓:“六经之名始于汉，而《庄子》书称六经；噫！《庄子》之书，亦未必尽出于庄子。”斯种疑古之论最精辟，为开后世考证学之先河也。

第五节　金、元之庄学述评

金、元时代崇尚庄子者殊鲜，金有赵秉文之《南华略识》、李纯甫之《庄子解集》、杨云翼之《庄列赋》各

一篇。马定国《读庄子诗》曰：“吾读漆园书，《秋水》一篇足。安用十万言，磊落载其腹？”是《秋水》一篇，信为庄周自作。元代关于《庄子》著录者仅有吴澄之《校正庄子》、赡思之《老庄精论》而已。他无闻焉。

第六节　明代之庄学述评

明代崇尚老、庄者颇多，除明太祖外，如杨慎、朱得之、陆长庚、沈一贯、焦竑等其最著者也。升庵撰《庄子阙误》一卷，校勘甚精。其尝评《庄》云：“《庄子》，愤世疾邪之论也。人皆谓其非尧、舜，罪汤、武，毁孔子，不知庄子矣。庄子未尝非尧、舜也，非彼假尧、舜之道而流为之、哙者也；未尝罪汤、武也，罪彼假汤、武之道而流为白公者也；未尝毁孔子也，毁彼假孔子之道而流为子夏氏之贱儒、子张氏之贱儒者也。”见《少室山房笔丛》卷二十七引 是后世学者中，有以庄子为非与儒家有敌意而盛推奖之者，此其根本谬见在于不认识事物之差别也。

得之有《庄子通义》十卷，于《庄》义理间有所发，其自序云：

宇宙无涯，乾坤无朕，贸贸焉，群生相禅于无穷，不有淳古先觉，察其主张纲维之物示之，人则最灵之赋，参赞之能，滔滔醉梦而莫知其形之弗践之可耻也。庄子，乐天悯世之徒，学继老、列，尝与鲁哀公论儒道，公谓国无其方。郭子玄称其文为百家之冠，厥有指矣。或乃以其命辞跌宕，设喻奇险，遂谓其荒唐谬悠，与《诗》《书》平易中常者异，而摈黜于儒门。不知其异者，辞也；不异者，道也。即其发微唱幽，尚真耻迹之多方，盖道德优裕之后，用易而藏其用，肆其才而游于艺，于以寓其顺世开迷之心者也。然则《诗》《书》固经世之准，而三子则立命之方。立命达于人人，经世存乎一遇，安得守此而弃彼乎？是故求文辞于先秦之前，《庄子》而已！求道德于三代之季，《庄子》而已！《易》曰："复其见天地之心。"欲见天地之心者，必不忽《庄子》，好古畜德者必不讶《庄子》。是用通其义而托诸梓，祈与若人者共答庄子之赐。

嘉靖庚申蜡日　靖江朱得之

稍后于朱氏，为长庚，亦治《庄》学，著有《南华经副墨》，以佛释《庄》，间有所获。其自序云：

外史既测《道德经》已，犹复测《南华》。《南华》者，《道德经》之注疏也。其说建之以常无有，而出为于不为，以破天下之贪执者。去圣远，道德之风微，儒墨并起，各持其似以相是非。上仁义，崇圣智，而首乱之民爱窃之，以嚆矢天下。以故，识者病焉。以为先疾而施剂，则君参佐耆，适以滋毒而戕人。善摄生者，不轻试以无妄之药。故曰“上德为之而无以为”“失道而后德，失德而后仁”。仁可为也，义可亏也。“见素抱朴，少思寡欲”，淡寞而天下治矣。且夫天下不可为也，将欲取天下而为之，吾知其不得已。若乃虚静恬淡、寂寞无为，则其于道也几乎？古之至人，守宗保始，欲为而为之以不为。世出世法，莫不由此。所谓以其真治身，而出其绪余以理天下，盖自几蘧以逮羲、轩，莫不通于道而合于德，退仁义而宾礼乐。明于本度，系于末数，理之所以穷也，性之所以尽也，命之所以至也。明此者，谓之大道；迕此者，谓之俗学。若乃断言语、绝名相，混溟茫沕，迥出思议之表，则竺乾先生谭之西方，未始相袭也。而符契若合，故予尝谓震旦之有《南华》，竺西之《贝典》也。《贝典》专谭实相，而此则兼之命宗。盖妙窍同玄，实大乘之秘旨。学二氏者，乌可以不读《南华》？缘督、守中，则卫生之经也。地文、天壤，则止观之渊也。藏神、守气，则食母之学也。忘言、绝虑，则总持之要也。有情、有信，则重玄之秘也。无实、无虚，则实相之理也。因是，则玄同之德也。忘我，则无相之宗也。生死一条、可不可一贯，则解脱之门也。若乃采其文撷艺圃之华，资其辩给悬河之口，则操觚挥麈之伦，又多取焉？呜呼！文字上起唐虞，以逮邹鲁，称性之谈，精绝闳肆，孰逾《南华》矣！亦其矢口寓言，正而若反，从心曼衍，废而中权，以通神明之德，以类万物之情，则惠施呿口，公龙结舌，季真、接子之徒，又乌能测其涯涘哉？昔晋人郭象，首注此经，影响支离，每涉梦语；鬳斋《口义》，颇称疏畅，而通方未彻，挂漏仍多。是知千虑一失，在贤知犹不能免。商、赐启予，回非助我，仲尼大圣，不无望于人人，而况其散焉者乎！星启款寡闻，素无前识，而二氏之学，载之末季，颇窥堂奥，乃复添注是经，补救偏弊，以匡昔贤之不逮。名之《副墨》，相与二家之说，参订异同，而一二同志，佥谓发所未发，勉令卒业，游历江海，佩之奚囊，三易岁乃脱草。呜呼！批导熟，则庖丁之目无全牛；察认真，则九皋之肆无留良。千载而下，知庄叟者谁欤？若谓侮圣畔道，言大而无当，则星也与叟均之不白于天下矣！

万历戊寅四月望日　方壶外史陆西星长庚自识

自陆氏以佛释《庄》后，已为后世庄学别关途径。天启、崇祯间，释德清之《观老庄影响论》，每引佛说，以证《老》《庄》；方以智之《药地炮庄》，较有新解，而时杂佛说，大都欲援道入释。然方氏之说盖为有托而言。陆氏以《天下》篇为《庄子》后序，尤与林屋洞藏书《古今南华内篇讲录》相同。《南华内篇讲录》作家及时代均不详，其以《寓言》为《庄子》前序，则不愧为新意。

稍后于陆氏者为一贯，亦治《老》《庄》学，所著《老子通》《庄子通》颇精审。其《庄子通序》云：

> 《庄子》盛于晋，故郭子玄为之解，次则唐道士成玄英。二书具在，殊未畅于人心，自余直可束高阁矣。余读《庄》三十年，颇有所会，未遑于赫蹏。丁亥春，偶疏《大宗师》《应帝王》二卷，既得陆长庚《副墨》，为之敛衽。戊子赴阙，无何，引疾还。舟中寂无事，因日课数十行以自嬉于无何有之乡，实四月二十三日托始于德州。忆旧年解《老》竣于是，而乃今复于是乎始《庄》，岂冥数耶？会水枯，寄泊清源、聊城之间者一月，遂得专其精神；迨毕工于济上，则六月朔矣。儒者之说，载在六经、《语》《孟》中，宋君子既详之，无以加。庄子本渊源孔氏之门，而恍洋自恣于方外者流，竺乾氏未东来，而

语往往与之合，故当居三教间。余以其五万六千余言参而伍之，以畅其说，虽不中，庸远乎哉！太史公曰："儒者断其义，辩说者取其辞。"《庄》之所以蓄于今者，以学士大夫好其辞也，而义则鲜有过而问焉者。言之无文，行之不远，辞之不可已也如是。虽然，犹幸而独以辞畜之也。苟读之不深而惟其近之是求，必且蔑裂礼教，诟辱古今以来大圣贤，而甘与盗跖同林，失其逍遥于其无穷之心，为天下后世害，宁有既哉！昔稽叔夜之贤也，犹曰好读《庄子》，而增其放旷。余谓叔夜非善《庄子》者也。我愿世人以闇然自修、廓无所系之心读《庄子》，而遗其言之所寄，不以《庄子》为怪，然后可读《庄子》。孙登之规叔夜曰："火生有光而不用其光，人生有才而不用其才。用光在于得薪，故可以续其明；用才在于识真，故可以全其年。"虽然，真以闇然自修、廓无所系之心读《庄子》，犹庄子耳，未及孔子也。知庄子之所以别于孔子者，然后可以善《庄子》。

万历十六年六月八日　四明沈一贯

沈氏治《庄》，用功甚勤，故时有刱获。然其书流传甚罕，世之得见其书者盖亦寡矣。

同时又有弱侯亦治《老》《庄》学，所撰《庄子翼》

八卷，体例与其《老子翼》同。虽提要议其不如彼书之精，然亦多存旧说也。其《庄子翼序》云：

> 老子在晚周著书上下篇，明道德之意，而关尹子、杨朱、列御寇、亢仓楚、庄周皆其徒也。诸子唯杨朱无书。《列子》在晋末书始行，疑后人取《庄子》之文足成之者，故太史公作列传不及列子。《亢仓子》，唐王士源所著。《关尹子》书甚高，顾婴儿蕊女咒诵土偶之类，聃时尚无之，亦后世知道之士所托为，非其真也。《庄子》旧传五十三篇，今存三十三篇，外、杂篇间有疑其伪者，乃内篇断断乎非蒙庄不能作也。然则老氏门人之书传于世者独《庄子》耳。余既辑《老子翼》若干卷，复取《庄子义疏》读之，采其合者为此编，亦名之曰《庄子翼》。夫老之有庄，犹孔之有孟也。老子与孔子同时，庄子又与孟子同时。孔、孟未尝攻老、庄也。世之学者顾諮諮然沸不少置。岂以孔、孟之言详于有，而老、庄详于无，疑其有不同者欤？嗟乎！孔、孟非不言无也，无即寓于有。而孔、孟也者，姑因世之所明者引之，所谓下学而上达者也。彼老、庄生其时，见夫为孔、孟之学者局于有，而达焉者之寡也，以为必通乎无而后可以用有，于焉取其所略者而详

之，以庶几乎助孔、孟之所不及。若夫仁义礼乐云云者，孔、孟既丁宁之矣，吾复赘而言之，则何为乎！此盖老、庄之雅意，而非其创为高也。不然，形而上者谓之道，形而下者谓之器，此孔、孟之言也。今第易道器为有无，转上下为微妙，其词异耳，以其词之异而害其意之同，是攻之者之自病也，曾足以病老、庄乎？孔、孟、老、庄闵学者之离其性也，而为之书以觉之。不知反其性，而哓哓然异同之辨，非余之所知也。

时万历戊子人日　焦竑弱侯书

除上述诸家外，更有陶望龄之《解庄》、文德翼之《读庄小言》、黄洪宪之《南华文髓》、金兆清之《庄子榷》，或袭取旧注，议论陈因，或评论文格，动至连篇累牍，均无所发明。兹录金《序》一首，藉见一斑：

读《庄子》者类以清净无为，诡于大道，其言多洸洋幻眇不可训。嗟嗟，此老岂真枵然于无用者。夫物以有而碍，道以虚而通，出阴入阳，其用莫测，要在外应世而内全真，道不离而物自化。洋洋七篇，内圣外王之理朴矣，何尝迂阔，何尝不曲中事情！如云子之爱亲，命也，不可解于心；臣之事君，义也，无适而非君也，无所逃于天地之间，岂非天地间至正至当之理，圣人教人以忠孝之格言，不过如是。其杜机杜权太冲莫胜，即《中庸》之闇然大《易》之退藏于密。又曰：明王之治，功盖天下而似不自已，化贷万物而民弗恃；与笃恭而天下平，无声无臭同一旨也；而概云荒唐诞谩为轻世傲物之师哉？诸解或敷演清谈，或附会乘典，愈幻而愈迷其宗，卒未有以经还经，去边见而游乎三昧者，自因之□天解出，以逍遥间旷之旨，吐人伦日用之常，一步踏实一步，则一步推高一步，其视说玄说妙、捕风捉影者有间。继之以湘州之说《庄》，如入地菩萨说地前事，又如行者之谱故道、老人之数家宾，何怪其说之明切而晓畅也。《南华》之义，得两先生而旷若发蒙，知非为孔、孟之外道，庶千古之犹旦暮而不以白颡元鼻之说混于坚白之。呜呼！因之有言，圣人心学说得十分精细，庄子心学必说到十二分精细，过精即粗，蒙庄复起，当亦首肯于斯言。清不敏，未及窥两先生之堂奥，发幽晦，证舛错，但以所证向附以扬扢，曰非演其洸洋幻眇之谈，而演其布帛菽粟之旨也。于后之读《庄》者，未必无小补云。

崇祯乙亥之花朝 金兆清

此外抨击《庄子》者，亦有其人。宋濂《诸子辨》云:“其书（指庄子）本《老子》，其学无所不窥，其文辞汪洋凌厉，若乘日月，骑风云，下上星辰而莫测其所之，诚有未易及者。然所见过高，虽圣帝经天纬地之大业曾不满其一哂，盖彷佛所谓‘古之狂者’。惜其与孟轲氏同时，不一见而闻孔子之大道；苟闻之，则其损过就中，岂在轲之下哉！呜呼！周不足语此也！孔子，百代之标准。周何人？敢掊击之，又从而狎侮之！自古著书之士虽甚无顾忌，亦不至是也。周纵日见轲，其能幡然改辙乎！不幸其书盛传，世之乐放肆而惮拘检者莫不指周以借口，遂至礼义陵迟，彝伦斁败，卒踣人之家国，不亦悲夫！金李纯甫亦能言之士，著《鸣道集说》，以孔、孟、老、庄同称“圣人”，则其沈溺之习至今犹未息也。异说之惑人也深矣夫！”此卫道态度，与宋高似孙、黄震殆出一辙也。

第七节　清代之庄学述评

清代吴世尚、孙嘉淦辈亦攻庄学，世尚撰《庄子解》，嘉淦撰《南华通》，各皆以时文即八股文之法，评骘《庄子》，或以儒理文其说，最奇者林懿仲以《逍遥游》之物名，附会太极之说，释《逍遥游》以“北冥有鱼”为太极静而生阴，“化而为鹏”为太极动而生阳皆强生意见，殊不足观也。徐廷槐、张世荦评释《南华》，皆各就东坡所疑诸篇，酌量删之，张氏以《寓言》为开宗第一篇，如林屋洞《南华讲录》之说，然两氏均以禅解《庄》，似未尽脱明人之风气也。宣颖之《南华经解》、林仲铭之《庄子因》、胡文英之《庄子独见》，多以论文为主，意殊浅薄，惟宣著略有新解，可备览焉。至于张坦以庄子为风流才子，可知其所见矣。

当时诸儒，王夫之、王懋竑、姚惜抱、王念孙辈见解较为着实。夫之笃嗜《庄子》，所著有《庄子解》《庄子通》二书，皆覃精之作，多立新义。其《庄子解序》云：

> 昔之注《老子》者代有殊宗，家传异说，逮王辅嗣、何平叔合之于乾坤易简，鸠摩罗什、梁武帝滥之于事理因果，则支离牵会，其诬久矣。迄陆希声、苏子由、董思靖及近代焦竑、李贽之流，益引禅宗，互为缀合，取彼所谓教外别传者以相糅杂，是犹闽人见霜而疑雪，雒人闻食蟹而剥蟛蜞也。

可知夫之研究方法，纯凭客观而斥主观，重创作而斥模仿，故所造益见深邃。董思凝亦云：

……抑闻船山为文自云有得于《南华》，故于内外诸篇俱能辨其真赝。若《让王》以下四篇诋訾孔子之徒，自坡公以来皆以为伪作，然其深微之语固有与内篇相发者，抑又安可废也。

惜抱不甚喜汉学，而大胆怀疑，颇有宋人之风。疑外篇不出庄子，与王船山不谋而合。较东坡所见，竿头更进，宜乎晚近解《庄子》者沿用其说也。

惜抱既怀疑《庄子》，其对郭象之注、介甫之评，更视之蔑如。惟其所著《庄子章义》，虽有新解，究未足以方驾郭氏也。今录其序如下：

《汉书·艺文志》:《庄子》五十二篇。陆德明《音义》载晋、宋注《庄子》者七家，惟司马彪、孟氏载其全书，其余惟内七篇皆同，外篇、杂篇各以意为去取。自唐、宋以后，诸家之本尽亡，今惟有郭象《注》本，凡三十三篇，其十九篇经象删去不可见矣。昔孔子以《诗》《书》、六艺教弟子，而性与天道不可得闻，其得闻者必弟子之尤贤也，然而道术之分，盖自是始。夫子游之徒述夫子语，子游谓人为天地之心、五行之端，圣人制礼以达天道、顺人情，其意善矣，然而遂以三代之治为大道既隐之事也。子夏之徒述夫子语，子夏者以君子必达于礼乐之原，礼乐原于中之不容已而志气塞乎天地，其言礼乐之本亦至矣。然林放问礼之本，夫子告以宁俭宁戚而已。圣人非不欲以礼之出于自然者示人，而惧其知和而不以礼节也。由是言之，子游、子夏之徒所述者，未尝无圣人之道存焉，而附益之不胜其弊也。夫言之弊，其始固存乎七十子，而其末遂极乎庄周之伦也。《庄子》之书，言明于本数及知礼，意者固即所谓达礼乐之原，而配神明、醇天地、与造化为人，亦志气塞乎天地之旨。韩退之谓庄周之学出于子夏，殆其然与？周承孔氏之末流，乃有所窥见于道而不闻中庸之义，不知所以裁之，遂恣其猖狂而无所极，岂非知者过之之为害乎！其末《天下》一篇为其后序，所云其在《诗》《书》《礼》《乐》者，邹鲁之士、缙绅先生多能明之，意谓是道之末焉尔。若道之本则有不离于宗谓之天人者，周盖以天人自处，故曰上与造物者游，而序之居至人、圣人之士，其辞若是之不逊也。而苏子瞻、王介甫者谓其推尊圣人，自居于不该不遍、一曲之士，其于庄生抑何远哉？若郭象之《注》，昔人推为特会庄生之旨，余观之，特正始以来所谓清言耳，于周之意十失其四五。夫《庄子》五十二篇固有后人杂入之语，今本经象所删，犹有杂入，其辞义可决其必非庄生所为者，然则其十九篇恐亦有真庄生之书而为象去之矣。余惜庄生之旨为说者所晦，乃稍论之，为章义凡若干卷。

其弟子梅伯言始专以文学眼光观照漆园。梅氏之言曰："《庄子》者，文之工者也。以《庄子》为言道术，非知《庄子》者也。"《书庄子后》然仅以文衡《庄》，究未得蒙庄之旨矣。

其次则为懋竑、念孙之考证。懋竑有《庄子存校》，念孙有《读书杂志》内校庄三十五条。其校读《庄子》，颇见审重之精神，洵为研究《庄子》者之一助也。

此外洪亮吉、桂馥、梁章钜、洪颐煊、陆树芝诸人对于庄学则作片断研究，而陆树芝则作全盘探讨，以论文为主。兹分别论之：

稚存尝以历史眼光衡论《庄子》如云：

汉儒重老子，次则文子，而绝不及庄、列。盖老子、文子之道可以治天下，而庄、列不能也。汉儒采二家之语亦最多，自君相以至处士皆然。其尊老子、文子也，并过于孔、颜，王充《论衡·自然》篇可见矣。云以孔子为君，颜渊为臣，尚不能谴告，况以老子为君、文子为臣也。老子、文子若天地者也，尊之者若此。自黄初以后，崇尚玄虚，而遂无有言及老子、文子者矣。君相之好尚而风俗之媺恶、人心世道之淳漓即系焉。唐玄宗时，升老、文、庄、列四子之书为经，而无所区别，此开元、天宝治乱之所以分也。

老子、文子之学，出于黄帝，故二书亦时述黄帝之言，如“谷神不死”之类是也。盖老、庄、文、列四子，实三代以后，治术、学术兴替分合一大关键。老子、文子，则上承黄帝，开西汉之治者也。庄子、列子，则下导释氏，启魏晋六朝之乱者也。然庄、列之流弊，即其徒亦知之。郭象之注《庄》曰:“夫治之出于不治，为之出于无为也，取于尧两足，岂借之许由哉？若谓拱默乎山林之中，而后得称无为者，此庄、老之谈，所以见弃于当涂。当涂者自必于有为之域而不及者，斯由之也。”象之言亦审矣。其称庄、老者，不过随当时人人所称而称之。推象所言之旨，则实指庄、列，不当云庄、老也。

见《晓读书斋录》，载《北江全集》中

稚存所谓“庄列下导释氏，启魏晋六朝之乱”之语，盖确论也。但吾人须知肇乱，在治《庄子》书者之咎，

咎岂在书哉？

吾人观稚存之《晓读书斋录》，始悉汉魏以来注《老》《庄》者甚众：

> 两汉尚老子，而为《老子》解义者，皆西汉以前人。《汉书·艺文志》，邻氏《经传》四篇，傅氏《经说》三十七篇，徐氏《经说》六篇，刘向《说老子》四篇。陆德明《释文》，汉长陵三老毋丘望之《章句》二卷，汉征士蜀都严遵《注》二卷，又《指归》十四卷。魏晋尚庄子，而注《庄子》者，皆魏晋间人，陆德明《释文》，晋议郎清河崔譔注《庄子》十卷二十七篇，向秀《注》二十卷二十六篇，秘书监河内司马彪《注》二十一卷五十二篇，太傅主簿河内郭象《注》三十三卷三十三篇，丞相参军颍川李颐《解》三十卷三十篇，孟氏《注》十八卷五十二篇。《新唐书·艺文志》又有司马彪《庄子音》一卷，王元古《集解》二十卷，李充《释庄子论》二卷。

洪氏所述不过就两汉魏晋而言。至魏晋以后，注者尤多。明冯梦祯曰："注《庄子》者，郭子玄以下，凡数十家。而清奥渊深，其高处有发《庄》义所未及者，莫如子玄氏。盖庄文日也，子玄之注月也，诸家繁星也，甚则爝火光也。”《续狂夫之言》曰:“《庄子》注旧有四十九部，五百一十六卷。近世《老》《庄》翼，最称骈辨。而吾友邹孟阳则谓余注皆可尽废，独以郭子玄孤行足矣。”此足补洪述之未尽也。

至于章钜《退庵随笔》、桂馥之《札朴》、颐煊之《读书笔录》，或校订文句，或解释义理，均精审。惟树芝之《庄子雪》，仅论《庄》文，意殊肤浅。读者自为审视可观也。

稍后者为曾国藩。涤生素服膺庄学，尤崇仰庄氏，其《圣哲画像记》以庄子与周公、孔子同列，亦时时与史迁、柳州相提并论，谓三子者“自惜不世之才，怨悱形于简册”。其以《小雅》诗人之风标，为观察之起点，雅与梅氏有合；至拟庄子于孟子、阳明，则涤生所独见也。

曾氏幕中有王壬秋者，亦治庄学。其所注《庄子》，亦间采前人之说，而必折以己之律令。其注序云:《庄子》之书，古今以为道家之言，杂篇有叙论其意，列于老子之后，盖其徒传之云。《寓言》者，周之自叙也。其所称孔子、老子、曾子、扬子，又多称颜回。或曰庄子受学于田子方，子方为子夏之门人，庄子真孔氏之徒哉？孔子问礼于老子，老之书先道后礼，而老为道宗。孔定六艺，儒者习焉，推孔为儒宗。孟、荀传礼，庄子同时，未数数然也。礼之敝于周末甚矣！诸侯去其真，存其文，故孔子始定《礼经》，而老子推其原，皆知其将亡云，礼果大亡于秦。而汉兴佐命将相，及孝文、景皆用老治，老子之书五千言，孔子之书传者《孝经》《论语》皆空言，自是徒众益务于论道矣。道与儒为二，而空虚冲静专道之名几二千年，而儒者号为迂缓繁重，多拘而少成，抱缺守残，惟名物象数之是求，与庄子绝殊，故强附庄子道家，而以训故先师为儒宗。终汉世，儒学大明矣。夫人心无所役则不能发其材智以自表于世，故晋尚玄虚，老、庄兴焉。五胡为乱，南北剖判，南近道，北近儒。及其合于唐，而前代师说舛互，儒者方乐讨其籍，则儒学又起。其间颇演西域浮屠之说，以庄子文之恣肆洸漾，作诸经论，庄、佛为一，而老专丹诀，然俱与儒别也。及回纥、契丹之乱，浸淫绵至五代，儒生死亡，师法久微。赵氏承波，上下懵然，华山道人肖然老师，而文人又习读梁唐佛经，沈溺其言，以为圣人皆宜有秘道心传，不但推制度仪文训诂浅近之云，耻孔子之精曾不及释伽牟尼，则性理兴焉，号为道学。名老而实儒，口孔而心佛，又为区别于有无之间，而仍以无极未发为道之精，则道士之言也；寻孔颜之乐，则参悟之说也。又或有窃见耶稣之书，作太和篇，儒生与僧道同流，混然沈浮，而三圣人之书之道悉汨而亡而不知其原，岂不悲哉！余尝略闻师友之言，间见二氏之书，知佛经附会之由，道学纰缪之原，论道不可以为治，知道不足以尽圣。于《周官》见周公之行事，于《春秋》见孔子之行事，于僧律见世尊之行事。凡圣人之行事，取为愚贱正性命而已。若性与天道不可得闻，庄子之合孔、老，道同也；赵宋之合孔、佛，论近也。以庄合佛，晋唐之过也；以佛诬孔，宋明之蔽也；以佛诬佛，文士之妄也。故必先明佛之不言性而性理始绌矣！先明圣之不传道，而道统自废矣！先明庄子之不外死生，而佛经乃妄矣！注《庄子》者，隋唐所列三十一家，郑樵增十八家，今《四库》著录仅郭象一家。《释文》引文句，崔譔最善。余从崔本，注内篇七篇，凡二万几千言，大抵推明论道之所为，以明古圣之不空言。空言自老子始，孔子学于老子，庄子从而通之，由其空言知其实用，而儒家之流尤不宜以佛经附会之文，谈心性以尊圣人，使尧、孔与达摩同功也。同治八年春二月庚午，王闿运叙。

彼衡论诸家，亦有见地，其奇辟之论，乃在以“庄子自为道术，非欲继乎老”之词也。

与王氏同时者，有刘鸿典亦治庄学，著《庄子约解》一书，刊布于同治间。其自序云：

> 世皆谓庄子诋訾孔子，独苏子瞻以为尊孔子。吾始见其说而疑之，及读《庄子》日久，然后叹庄子之尊孔子，其功不在孟子之下也。概自孔子没而微言绝，七十子丧而大义乖，非特儒与墨分门，即儒与儒亦分门。百家簧鼓，皆自命为得孔子之传，而极其流弊，至于诗礼发冢，可见伪儒之附于孔子者，实为孔子之蠹。攻木之蠹，势不能不累及夫木。则庄子之用心为甚苦，而后人反谓其为诋訾也，不亦谬乎！且夫庄子受业于子夏之门人，则其所学者犹是孔子之道。孔子之言性与天道，不可得闻，而心斋坐忘，直揭孔、颜相契之旨。他如鲲鹏变化、庖丁解牛、象罔得珠、童子牧马之类，迹似涉于奇幻，实皆身心性命之功。而爱之者徒赏其文之新颖，恶之者并訾其说之荒唐。世无扬子云，则以《太玄经》作覆瓿物也，亦何足怪！太史公谓庄子之学要归本于老子，而具区冯氏谓庄子为佛氏之先驱，人遂疑庄子之不与儒类，不知道之大原出于天而人得之以为人，天下无遁于天

之外而自成一种之人，即无遁于道之外而自成一家之学。后人癖于二氏，反于儒之外求道，而不知充乎儒之量，二氏固不能出其范围。语云“通天地人为儒”，若庄子者可谓真儒矣。所不可解者，庄子与孟子同时，孟子之书未尝言庄，而庄子之书亦不及孟，岂天各一方而两不相知欤？抑千里神交而心心相照欤？吾谓孟子距杨、墨以明孔子之大，所以树道外之防；庄子诋伪儒以存孔子之真，所以剔道中之蠹。故曰：庄子之尊孔子，其功不在孟子下也。典谫陋，幸沐圣朝之文教，服膺《庄子》有年。既而训蒙糊口，门人问难，因采各家评论为之讲论，积久不觉成帙，颜曰《庄子约解》。管窥之见，非敢质诸高明，亦私以之授门人而已。大清同治三年岁次甲子十月初九日，眉山后学刘鸿典谨识。

刘氏盖采录各家，而断以己意，故间有所得。惜是书流行不广，求之难致耳。

又陈兰甫于庄学，闻有精辟之言，惟未注释全书也。其《东塾读书记》云：

道家者流，历记存亡祸福，知卑弱以自持，此《汉书·艺文志》语马季长不应邓骘之命，饥困悔叹，以为非老、庄所谓，其后遂为梁冀草奏李固，此误于卑弱也。嵇叔夜读《老》《庄》，重曾其放，《与山巨源绝交书》后遂为司马昭所杀，此误放纵也。二者皆可为好《老》《庄》之戒也。马季长已言老、庄，洪稚存云始于嵇康，亦非。

庄子云：自其同者视之，万物皆一也。《德充符》此托为孔子语。又云知天子之与己，皆天之所子。《人间世》此托为颜子语。张横渠《西铭》即此意。

杨朱云：百年之寿大齐。得百年者，千无一焉。设有一者，孩抱以逮昏老，几居其半矣。夜眠之所弭，昼觉之所遗，又几居其半矣。痛疾哀苦，亡失忧惧，又几居其半矣。量十数年之中，逌然而自得，亡介焉之虑者，亦亡一时之中尔。则人之生也奚为哉？奚乐哉？为美厚尔，为声色尔，而美厚复不可常厌足，声色不可常玩闻；乃复为刑赏之所禁劝，名法之所进退，遑遑尔竞一时之虚誉，规死后之余荣，踽踽尔顺耳目之观听，惜身意之是非，徒失当年之至乐，不能自肆于一时，重囚累梏，何以异哉？庄子云：人上寿百岁，中寿八十，下寿六十。除病瘦死丧忧患，其中开口而笑者，一月之中，不过四五日而已矣。天与地无穷，人死者有时。操有时之具，而托于无穷之间，忽然无异骐骥之驰过隙也。不能说其志意，养其寿命者，皆非通道者也。《盗跖》篇此二说正同，故扬子云云，庄、杨、墨、晏也。《法言·五百》篇云：庄、杨荡为不法，墨、晏俭而废礼。《庄子·齐物论》云：儒墨之是非。《史记·庄周传》云：剽剥儒墨。庄子是杨朱之学，故言儒墨之是非，而剽剥之也。

其论庄学与儒墨汇通，可谓深得要领矣。

与陈氏同时治《庄子》者有俞樾。荫甫撰《庄子评议》，刊布于同治庚午，其书精审，与王念孙书等；且时能得其训诂，又后出于王书，故足补王书之所未备者甚众。然疏失之处，亦时或不免。姑举一条如下：

《逍遥》篇云："楚之南有冥灵者，以五百岁为春，五百岁为秋。上古有大椿者，以八千岁为春，以八千岁为秋。而彭祖乃今以久特闻。"俞云："彭祖，人名也。然则冥灵、大椿，亦人名也，犹上文朝菌不知晦朔，蟪蛄不知春秋，蟪蛄，虫名也。而高诱注《淮南·道应》篇曰：朝菌，朝生暮死之虫，则亦虫名也。盖论大年小年，常以有血气之属言之，故论小者则以虫言，朝菌也、蟪蛄也，虫之中尤为小年也。论大则以人言，冥灵也、大椿也、彭祖也，人之中尤为大年者也。若杂以草木，则不伦矣。大椿疑本作大春，以八千岁为春，故以大春名之。……”

此论虽颇辩，然实非也。按冥灵，海龟也；大椿、木名也。若如俞言，则人岂有八千岁之寿乎？至于彭祖，孔广森云：“彭祖者，彭姓之祖也。彭姓诸国，大彭、豕韦、诸稽。大彭历事虞夏，于商为伯，武丁之世灭。故曰，彭祖八百岁，谓彭国八百年亡，非实篯不死也。”孔说是也。

继俞之后而为《庄》书考证者为孙诒让。仲容著《札迻》十二卷，刊布于光绪二十二年。曲园为之序云：

……今年夏，孙诒让仲容以所著《札迻》十二卷见示，雠校古书共七十有七种，其好治闲事盖有甚于余矣。至其精熟训诂，通达假借，援据古籍，以补正讹夺，根柢经义，以诠释古言，每下一说，辄使前后文皆怡然理顺。阮文达序王伯申先生《经义述闻》云：使古圣贤见之必解颐曰，吾言固如是，数千年误解今得明矣。仲容所为《札迻》，大率同比。然则书之受益于仲容者亦自不浅矣。

俞氏之说，诚非溢美之言，然孙氏《札迻》卷五，校订庄子颇精审，足补王、俞两书所不逮也。

同时又有郭庆藩、王先谦、马其昶，亦治《庄子》学。孟纯之《集释》用注疏体，具录郭注及陆氏《经典释文》，而搜集晋唐人逸注及清儒卢、王诸家之是正文字者，间附按语以为之疏，在现行《庄子》诸注释书中为上乘矣。

益吾之《集解》，较诸所解《荀子》相去霄壤，但义甚简明，可供初读。其自序云：

> 夫古之作者，岂必依林草、群鸟鱼哉！余观庄生甘曳尾之辱，却为牺之聘，可谓尘埃富贵者也。然而贷粟有请，内交于监河；系履而行，通谒于梁魏；说剑赵王之殿，意犹存乎救世；遭惠施三日大索，其心迹不能见谅于同声之友，况余子乎？吾以是知庄生非果能回避以全其道者也。
>
> 且其说曰：天下有道，圣人成焉，天下无道，圣人生焉。又曰：周将处乎材与不材之间。夫其不材，以尊生也，而其材者，特藉空文以自见。老子云：美言不信。生言美矣，其不信又已自道之，故以橛饰鞭筴为伯乐罪，而撽骷髅未尝不用马捶，其死棺椁天地，而以墨子薄葬为大觳；心追容成、大庭结绳无文字之世，而恒假至论以修心。此岂欲后之人行其言者哉？嫉时焉耳！是故君德天杀，轻用

民死，刺暴主也；俗好道谀，严于亲而尊于君，愤浊世也；登无道之廷，口尧而心桀，出无道之野，貌夷而行跖，则又奚取夫空名之仁义与无定之是非？其志已伤，其词过激，设易天下为有道，生殆将不出于此。后世浮慕之以成俗，此读生书者之咎，咎岂在书哉？余治此有年，领其要，得二语焉，曰“喜怒哀乐，不入于胸次”。窃尝持此以为卫生之经而果有益也。噫！是则吾师也。夫旧注备矣，辄芟取众长，间下己意，辑为八卷，命之曰《集解》。世有达者，冀共明之。宣统元年七月，长沙王先谦。

通伯亦邃于《老》《庄》学者也，著有《老子故》《庄子故》等书，诂训精详，画章明确。又时于古今通人述《庄》之微言大义，附注尤征宏识，其博采各注，自具炉捶，意非深于文者莫能也。尝云：

治《周易》既卒业，因……求其可以继《易》者。……于道家得《老子》。《老子故·序》

老子殁，传其学者蠭起，庄周为最高。《老子故·序》

其服膺《老》《庄》学于斯可见矣。

此外尚有陶鸿庆《读子札记》、刘师培《庄子校补》，悉能引据传注类书，匡正其失，惜至今尚未刊行。

第八节　最近之庄学述评

近二十余年来研究《老》《庄》之学益众，如章炳麟、梁启超、马叙伦诸辈其最著者也。章氏精训诂及佛乘，并运用唯识以释《庄子》，故所言多独到之处，洵可谓不落恒蹊者也。著有《齐物论释》《庄子解故》。太炎平素最服膺庄子，尝云：

> 庄生之玄，荀卿之名，刘歆之史，仲长统之政，诸葛亮之治，陆逊之谏，管宁之节，张机、范汪之医，终身以为师资。《菿汉微言》
>
> 文、孔、老、庄，是为域中四圣。……《菿汉微言》
>
> 为诸生说《庄子》……旦夕比度，遂有所得。端居深观而释《齐物》，乃与《瑜伽》《华严》相会。《菿汉微言》

《齐物论释·自序》云：

> 昔者，苍姬讫录，世道交丧，奸雄结轨于千里，

烝民涂炭于九隅。其惟庄生，览圣知之祸，抗浮云之情，盖齐谡下先生三千余人，孟子、孙卿、慎到、尹文皆在，而庄生不过焉。以为隐居不可以利物，故托抱关之贱；南面不可以止盗，故辞楚相之禄；止足不可以无待，故泯死生之分；兼爱不可以宜众，故建自取之辩；常道不可以致远，故存造微之谈。维纲所寄，其唯《逍遥》《齐物》二篇，则非世俗所云自在、平等也。体非形器，故自在而无对；理绝名言，故平等而咸适。《齐物》文旨，华妙难知，魏晋以下，解者亦众，既少综覈之用，乃多似象之辞。夫其所以括囊夷、惠，炊絫周、召，等臭味于方外，致酸咸于儒史，旷乎未有闻焉。作论者其有忧患乎？远睹万世之后，必有人与人相食者，而今适其会也。文王明夷，则主可知矣。仲尼旅人，则国可知矣。虽无昔人之睿，依于当仁，润色微文，亦何多让！执此大象，遂以胪言。儒墨诸流，既有商榷；大小二乘，犹多取携。夫然，义有相征，非附会而然也。往者僧肇、道生，摭内以明外，法藏、澄观，阴盗而阳憎，然则拘教者以异门致衅，达观者以同出览玄。且《周髀》《墨经》，本乎此域，解者犹引大秦之算。何者？一致百虑，则胡越同情；得意忘言，而符契自合。今之所述，类例同兹。《诗》曰：受小球大球，为下国缀游。咨惟先生，其足以与此哉？

其精义曰：

齐物者，一往平等之谈。详其实义，非独等视有情，无所优劣。盖“离言说相，离名字相，离心缘相，毕竟平等”，乃合齐物之义。次即《般若》所云，字平等性，语平等性也。其文既破名家之执，而即泯绝人法，兼空见相，如是乃得荡然无阂。若其情存彼此，智有是非，虽复泛爱兼利，人我毕足，封畦已分，乃奚齐之有哉？然则兼爱为大迂之谈，偃兵则造兵之本，岂虚言邪？夫托上神以为称，顺帝则以游心，爱且暂兼，兵亦苟偃。然其绳墨所出，斠然有量，工宰之用，依乎巫师。苟人各有心，拂其条教，虽践尸蹀血，犹曰秉之天讨也。夫然，兼爱酷于仁义，仁义僭于法律，较然明矣。齐其不齐，下士之鄙，执不齐而齐，上哲之玄谈，自非涤除名相，其孰能与于此？……

又曰：

夫能上悟唯识，广利有情，域中故籍，莫善于《齐物论》。

简言之，务使庄子哲学成为唯识化，此则太炎之所以为释《齐物论》也已！太炎之学，主观色彩颇浓重，故其以唯识比附庄旨，亦难免有牵合处。梁任公云：“太炎的《齐物论释》，是他生平极用心的著作。专引佛家法相宗学说比附庄旨，可谓石破天惊。至于是否即庄子原意，只好凭各人领会罢。”（见《清代学者整理旧学之总成绩》一文）诚确评也。

此外关于庄子之从师及《南华》篇目之真赝诸问题，太炎亦颇注意及此。曩者章实斋作《文史通义》，尝言“荀、庄皆出子夏门人。”《文史通义·内篇·经解上》殆推本退之之说。至是太炎驳之曰：“昔唐人言庄周之学本田子方，推其根于子夏。近世章学诚取之，以庄子称田子方，则谓子方是庄子师。然其《让王》亦举曾参、原宪，其他若《则阳》《徐无鬼》《庚桑楚》，各在篇目，将一一是庄子师邪？”《章氏丛书别录》所论亦甚辩。彼又以《盗跖》篇确为庄生所作，以谓“庄周推致其意……其诘责孔子虽虚哉，其辞旨则实矣”。因以“庄子踔行旷观，其述《胠箧》《马蹄》诸篇，前世独有盗跖心知其意，故举以非逢衣浅带矫言伪行以求富贵之士。”又云：“曲士或言庄周杂篇《盗跖》为伪托，其亦牵于法训，未蹈大方之门者邪？”《章氏丛书·检论儒侠》所称曲士，或指东坡。东坡疑《让王》以下四篇为伪作，《盗跖》篇即其一也。

吾侪观太炎之意，盖有为而发。彼值晚清之世，浸淫于种族革命之说，而深慨“自跖以来更二千余年，戎卤日亟，……跖之义犹患其高。”彼乃为此恢诡之说，以寄其孤愤焉尔。

然自郭氏以来，为《庄》学者，或整理全书，或书中之一部分，虽各有精审之处，然大抵皆训故章句之学，而于庄子之学说，评论之者不过寥寥千百言之叙文，略见己意而已，未有大声疾呼提倡庄子政治哲学者也；有之，自梁启超始。任公二十余年前，曾有云：

> 庄子，田子方弟子也，而为道家魁桀。见《中国古代思潮》

民十一年曾撰《先秦政治思想史》，盖为东南大学及北平法专讲演而作者。内有论庄子之政治哲学，有所发明，壁垒崭然，视前益新。谓：

> 道家哲学，有与儒家根本不同之处：儒家以人为中心，道家以自然为中心。儒家、道家皆言“道”，然儒家以人类心力为万能，以道为人类不断努力所创造。故曰：“人能弘道，非道弘人。”道家以自然界理法为万能，以道为先天的存在且一成不变。

任公所论颇平允，可谓任公之儒道比较论。又曰：

彼宗（指老、庄）认“自然”为绝对的美、绝对的善，故其持论正如欧洲十九世纪末卢梭一派所绝叫的“复归于自然”。其哲学上根本观念既如此，故其论人生也，谓“含德之厚，比于赤子：……骨弱筋柔而握固，……精之至也；终日号而不嗄，知之至也。”此言个人之“复归于自然”的状态也。其论政治也，谓：

民莫之令而自正。《老子》

此与儒家所言“子率以正，孰敢不正”正相针对。……道家以为必在绝对放任之下，社会乃复归于自然，故其对于政治，极力的排斥干涉主义。其言曰：

马，蹄可以践霜雪，毛可以御风寒，龁草饮水，翘足而陆。此马之真性也，虽有义台、路寝，无所用之。及至伯乐，曰：“我善治马。”烧之剔之，刻之雒之，连之以羁馽，编之以皁栈，马之死者十二三矣；饥之渴之，驰之骤之，整之齐之，前有橛饰之患，而后有鞭策之威，而马之死者，已过半矣。陶者曰：“我善治埴。圆者中规，方者中矩。”

> 匠人曰："我善治木。曲者中钩，直者应绳。"夫埴木之性，岂欲中规矩钩绳哉？然且世世称之，曰："伯乐善治马，而陶匠善治埴木。"此亦治天下者之过也。《庄子·马蹄》篇

"龁草饮水，翘足而陆"，此马之自然状态；伯乐治马，则为反于自然。陶匠之于埴木也亦然。道家以人类与马及埴木同视，以为只要无他力以挠之，则其原始的自然状态便能永远保存。

其论人生也则曰复归于自然，其论政治也则曰极力的排斥干涉主义，非有哲学的批评眼光，不能为是言也。至其对老、庄哲学亦曾作全盘批判，因原文过长，姑从略。

同时又有胡适，亦治庄学，其说仅见于《哲学史》耳。兹略举如下：

（一）胡氏于《哲学史》论庄子之进化说，引《庄子·至乐》篇种有几之说，以为与《易系辞》说"几者，动之微……"绝对相类。如云：

> （一）种有几的几字，不作几何的几字解，当作几微的几字解。《易系辞传》说："几者，动之微，吉（凶）之先见者也。"正是这个几字。几字从丝，丝

字从𢆶，本象生物胞胎之形。我以为此处的几字，是指物种最初时代的种子，也可叫做元子。（二）这些种子，得着水，便变成一种微生物，细如断丝，故名为㡭。到了水土交界之际，便又成了一种下等生物，叫作鼃蠙之衣。到了陆地上，便变成了一种陆生的生物，叫作陵舄。

按：胡说非也。吾人须知“几”即“无”字，万物出于几、入于几，即谓万物从“无”出而入于“无”也。王弼注《易》云：“几者，去无入有。”《正义》解云：“几者，去无入有，有理而未形之时。”成玄英疏云：“机者，发动所谓造化也。造化者，无物也，人既从无生有，又反入归无也。岂唯在人，万物皆尔。”是道家一派俱以“几”作自无而有的“无”释之也。《庄子·至乐》篇云：“万物职职，皆从无为殖。”此明谓万物之变化，是从无而来，自无而有又自有而无，是生死亦不过为过渡变相而已。

（二）胡氏于《哲学史》论庄子之人生观，引《庄子·人间世》篇内蘧伯玉教人处世之道一段，认为苟且媚世的人生观。如云：

“彼且为婴儿，亦与之为婴儿。彼且为无町畦，亦与之为无町畦。彼且为无崖，亦与之为无崖。达之，入于无疵。”这种话初看去好像是高超得很。其实这种人生哲学的流弊，重的可以养成一种阿谀依违、苟且媚世的无耻的小人；轻的也会造成一种不关痛痒、不问民生痛苦、乐天安命、听其自然的废物。

此议论不特过于偏激，而其观察亦属错误。吾人须知庄生齐死生、齐哀乐之思想，俱根据彼之根本思想齐是非、齐人我而来，亦根据于“天地与我并生，万物与我为一”而来。彼透观世间真髓，故其思想玄妙，自为俗士所不易知。既弗知之矣，岂能妄加判语乎？噫！客观之学，万不可戴色镜以从事也。

又，林琴南亦酷嗜《庄子》。畏庐为文而极尊昌黎，颇思“由韩之道以推及《左》《庄》《史》《汉》”。(《畏庐三集》三十一页》晚年对于《庄子》内篇，尤笃嗜不忍释。就中解说《人间世》一篇，最多见道之言。《人间世》篇有云：

若成若不成，而后能无患者，惟有德者能之。《庄子浅说》卷二第十五页

篇中又云：

吾朝受命而夕饮冰，我其内热与？

畏庐说之云：

不行炙而内热，朝受命而饮冰；此内热不由于食品之熏灼，盖事之难而生热也。《庄子浅说》卷二第十五页

果尔，则《庄子》书中“饮冰”之旨，乃与范仲淹之先天下之忧而忧，极为密接也。更能持知其不可而为之主义以赴之，则近于纯儒矣。

又云：

天下有道，圣人成焉；天下无道，圣人生焉。

郭氏注：

付之自尔，而理自生成。生成非我也，岂为治乱易节哉？治者自求成，故遗成而不败；乱者自求生，故忘生而不死。

畏庐说之云：

愚按：郭注所谓遗成者，圣人不以成就天下为

> 己之功。忘生者，未尝求炫于世，若自忘其生焉，所以遇乱而无取死之道。天下治，与天下共生，己功泯焉；天下乱，则全生远害，己名泯焉；此所以为圣人也。《庄子浅说》卷二第二十六页

此非阅世至深者不能言也。

稍后于林氏者为马叙伦。夷初亦嗜《老》《庄》，且精训诂，著有《老子核诂》《庄子义证》二书。惟《义证》意主搜罗众说，断以己意。其自序有云：

> ……《庄子》书辞趣华深，度越晚周诸子，学者喜读之。然其用字多以音类比方假借为之，复有字之本义世久不用，而犹存于《庄》书，学者多不明文字本义，又昧古今音读变迁之迹。是以注释此书者，无虑百家，率皆望文生训，奇谈妙论，虽足解颐，顾使庄周复生，当复大笑。夫所贵为古书注释者，乃欲使今人读古书，如与古人晤言一室之内，得一译人耳。苟人为一解，家张一说，使听者何所从。尔者，海外学人，亦相寻释，苟使游辞谬说，误彼见闻，斯亦国之耻也。近代如王念孙、洪颐煊、孙诒让、章炳麟、刘师培及俞先生樾，皆于此书有校諟疏证之功，惜其未尝有事全书。郭庆藩者，乃

为《集释》，其意甚美，顾仅拾王、俞之说，间附其见，徒侈征援，不应需用。余末学肤受，妄欲发愤，使此书离离如日星，遂为《义证》。篇次悉如陆氏所记郭本之数，所见前人及并世师友诠释惬当者，皆为收录；其所不知，阙如也。……

治《庄》书者得此，于《庄子》本义可思过半矣。书后并附所辑《庄子》佚文及《庄子年表》，足资参考。

稍后于马氏者为胡远濬。远濬亦治《庄》学，撰《庄子诠诂》一书，刊布于民国二十年六月。其自序云：

余既诠诂《庄子》成。喟然叹曰：周文忧患，屈平离骚，子云玄默，庄子逍遥。书于是乎作，思于是乎正，其皆非知命也欤？命也者，天地之中，固所谓物则民彝，秉之生初者也。民盖莫不秉之，顾独于圣贤乃能知而安之，其何故哉？余尝窃窥天地而通其说焉。方其天清地夷也，日月昭回，星辰荡推，雨风应节，云雷顺施，木暄火燠，冰清金凉，生者长遂，收者闭藏，高岸峨峨，海伏不波，潜飞动植，罔或惊讹，于是其道易知，居安不移。及夫天昏地陂也，日月蔽亏，星辰凌乱，雨风错迕，云雷滋患，当冬而夏，当秋而春，忽凄忽燠，忽寒忽温，岳颓若谷，海嚣成尘，潜飞动植，罔或顺宁，于是其道易昡，黤晻乃见。夫天地之清夷时少而昏陂时多，则夫古今之贤智者少而愚庸者多，毋亦其命也欤？虽然，天地所以清夷者，岂非以其气之纯且和邪？夫纯杂相形，和呲相因，吾于纯且和者守之以为根，斯其杂且呲者相与而听命焉。君子体此，是以能知而安之欤？庄生之言曰："纯气之守。"又曰："守其一以处其和。"盖得是道也。彼见七雄竞争，机变日生，君迷臣惑，捭阖纵横，智谋为术，仁义为名，乾翻坤覆，孰平孰成，金木相摩，心厉是营，其乐其祸，其名其刑，国既颠覆，身亦旋倾，彼愚不谕，恻焉斯鸣。吾又以叹庄生之忧其忧，夫固以乐吾乐也，知其不可奈何而安之若命，乐邪悲邪？其两相成，不相亏邪？嗟乎！余往复庄生之言，益令人抚今慨叹，而欷歔不能已者也。

胡氏此书，大体依马通伯《庄子故》而略加变通，并兼采及明陆长庚、清陈寿昌、近人杨文会、章炳鳞诸氏之说，可供初学之观览。《诠诂》往往将各家注释误排入正文，如《德充符》等篇是，读者须注意。

其余讨论《庄》学者，有唐大圆《消摇游胜义》，（载《大圆文集》中）亦以内典比附《庄子》，可与太炎《齐物论释》媲美；屠孝实《南华道体观阐隐》，（载《国故论丛》）专发挥庄子本体之思想，胜义甚多；章鸿钊《达尔文的天择律与庄子的天钧律》（载《学艺杂志》中）虽有精确之论，惟是否合于庄子本意，则未敢断言；江瑔《读子卮言》、陈钟凡《诸子通谊》、刘文典《三余札记》，均于《庄》书略有考证。庄子之学，盖于斯蔚然大观矣。

庄子书目

一　录八史《经籍志》

《汉书·艺文志》道家

《庄子》五十二篇（名周，宋人。）

《隋书·经籍志》道家

《庄子》二十卷（梁漆园吏庄周撰，晋散骑常侍向秀注。本二十卷，今阙。梁有《庄子》十篇，东晋议郎崔譔注，亡。）

《庄子》十六卷（司马彪注，本二十一卷，今阙。）

《庄子》三十卷，目一卷（晋太傅主簿郭象注，梁《七录》三十三卷。）

《集注庄子》六卷（梁有《庄子》三十卷，晋丞相参军李颐注，《庄子》十八卷，孟氏《注录》一卷，亡。）

《庄子音》一卷（李轨撰。）

《庄子音》三卷（徐邈撰。）

《庄子集音》三卷（徐邈撰。）

《庄子注音》一卷（司马彪等撰。）

《庄子音》三卷（郭象注。梁有向秀《庄子音》一卷。）

《庄子外篇杂音》一卷，《庄子内篇音义》一卷，《庄子讲疏》十卷（梁简文帝撰，本二十卷，今阙。）

《庄子讲疏》二卷（张讥撰，亡。）

《庄子讲疏》八卷，《庄子文句义》二十八卷（本三十卷，今阙。梁有《庄子义疏》十卷，又《庄子义疏》三卷，宋处士李叔之撰，亡。）

《庄子内篇讲疏》八卷（周弘正撰。）

《庄子义疏》八卷（戴诜撰。）

《南华论》二十五卷（梁旷撰，本三十卷。）

《南华论音》三卷，《广成子》十二卷。

《玄言新记·明庄部》二卷（梁澡撰。）

《旧唐书·经籍志》道家

《庄子》十卷（崔譔注。）

又十卷（郭象注。）

又二十卷（向秀注。）

又二十一卷（司马彪注。）

《庄子集解》（二十卷，李颐集解。）

又二十卷（王玄左撰。）

《庄子》十卷（杨上善撰。）

《庄子讲疏》（三十卷，梁简文撰。）

《庄子疏》七卷。

《南华仙人庄子论》(三十卷，梁旷撰。)

《释庄子论》二卷(李充撰)

《南华真人道德论》(三卷。)

《庄子疏》十卷(王穆撰。)

《庄子音》一卷(王穆撰。)

《庄子文句义》(二十卷，陆德明撰。)

《庄子古今正义》(十卷，冯廓撰。)

《庄子疏》十二卷(成玄英撰。)

《唐书·艺文志》道家

郭象注《庄子》，十卷。

向秀注，二十卷。

崔譔注，十卷。

司马彪注，二十一卷。

又《注音》一卷。

李颐《集解》二十卷。

王玄古《集解》二十卷。

李充《释庄子论》二卷。

冯廓《庄子古今正义》十卷。

王穆《庄子疏》七卷。

杨上善注《庄子》十卷。

陆德明《庄子文句义》二十卷。

卢藏用注《庄子内外篇》十二卷。

道士成玄英注《庄子》三十卷，《疏》十二卷（玄英字子宝，陕州人，隐居东海。贞观五年，召至京师。永徽中，流郁州。书成。道王元庆遣文学贾鼎，就授大义。嵩高山人李利涉为序。）

孙思邈注《庄子》。

柳纵注《庄子》（开元二十年，上授章怀太子庙丞。）

尹知章注《庄子》（并卷亡。）

甘晖、魏包注《庄子》（卷亡。开元末，奉诏注。）

道士李含光《老子庄子周易学记》三卷，又义略《三卷》（含光，扬州江都人，本名弘，避孝敬皇帝讳，改焉。天宝间人。）

张隐居《庄子指要》三十三篇（名九垓，号浑沦子，代、德时人。）

梁旷《南华仙人庄子论》三十卷，《南华真人道德论》三卷。

《宋史·艺文志》道家

张昭补注《庄子》十卷。

张烜《庄子通真论》三卷，《南华真经篇目义》三卷。

郭象注《庄子》十卷。

成玄英《庄子疏》十卷。

文如海《庄子正义》十卷，又《庄子邈》一卷。

吕惠卿《庄子解》十卷。

李士表《庄子十论》一卷。

宇文居镃《庄周气诀》一卷。

《宋史·艺文志补》道家

褚伯秀《庄子义海纂微》一百六卷（中都道士。）

《补三史·艺文志》道家类

《南华略释》一卷，赵秉文撰。

《庄子集解》，李纯甫撰。

庄、列赋各一篇，杨云翼撰。

右金

吴澄《校正庄子》。

瞻思《老庄精论》。

右元

《元史·艺文志》道家类

赵秉文《南华略说》一卷。

李纯甫《庄子解》。

雷思齐《庄子旨义》。

赡思《老庄精诣》。

吴澄《南华内篇订正》二卷。

何南卿《南华注》十三卷。

褚伯秀《庄子义海纂微》一百六卷（宋末，杭州道士。）按：此有道藏本

《明史·艺文志》道家

杨慎《庄子阙误》一卷。

朱得之《庄子通义》十卷。按：此书为云谷王潼校刊，每段后，附载宋褚伯秀撰《义海纂微》

王宗沐《南华经别编》二卷。

焦竑《庄子翼》八卷，《南华经余事杂录》二卷，《拾遗》一卷。按：此有明万历刊本、金陵丛书本

陶望龄《庄子解》五卷。按：此书序前总题老、庄解（解老二卷、解庄五卷），前列张鲁唯、刘廷元序二篇，末有万历乙卯陶履中刻老、庄解后跋

郭良翰《南华经荟解》三十三卷

罗勉道《南华循本》三十卷。

陆长庚《南华副墨》八卷。按：此有明刊本、清光绪简刊本

二 《庄子翼》采摭书目明焦竑著

郭子玄《注》

吕吉甫《注》

林疑独《注》

陈详道《注》

陈碧虚《注》景元字太初，建昌人，熙宁间著《道德》《南华》二解

王元泽《注》雱，宋龙图直学士、左谏议大夫，注内篇

刘槩《注》注外、杂篇，继雱后

吴俦《注》崇观间人

赵以夫《注》虚斋注内篇

林希逸《口义》翰林学士，景定辛酉著。按：此有宋黑口本、明嘉靖乙酉江汝璧重刊，名三子口义本，万历二年三子口义本

李士表《论》元卓《庄列十论》

王旦《庄子发题》

范无隐《讲话》应元，字善甫，蜀顺庆人

褚氏《管见》伯秀，古航道士，辑《南华义海纂微》，以己意附之，名曰《管见》

《南华新传》《义海》引王雱注内篇、刘槩注外篇矣，《道藏》更有雱新传十四卷，岂有先后所著不同，故并列之与？兹采其合者著于编，仍以新传别之。按此有明刊本、道藏本

《庄子循本》庐陵罗勉道著

刘须溪点校《庄子》辰翁

荆川《释略》明唐中丞顺之著，门人徐常吉士彰刻之以传，士彰解附

《南华副墨》广陵陆西星长庚著

《庄子通义》毘陵朱得之著

张学士《补注》四维，蒲州人

《庄义要删》郡守方扬思善学，使方沆子及删褚氏《义海》成之，附以己

以上二十二家系全书编削类次

支道林《注》

《肇论》

向秀《注》

崔譔《注》

李颐《注》

张湛《注》晋光禄勋，注《列子》

梁简文帝《讲疏》

张讥《讲疏》

司马彪《注》

梁旷《论》

成玄英《疏》

苏子瞻《广成解》

《容斋随笔》洪迈著

江遹《注》宋杭州上舍生，注《列子》

《丹铅录》杨慎著

焦氏《笔乘》焦竑旧所劄记间及《庄子》者悉附入，以就正四方有道之士

以上十六家系集解中所引并他书采入

郭象《音》三卷

李轨《音》一卷

徐邈《音》三卷

贾善翊《直音》一卷

司马彪《音》一卷

周弘正《文句义》一卷

陆德明《文句义》二十卷

碧虚子《章句》七卷

《庄子余事》一卷

《庄子阙误》一卷

吴幼清《订正》一本一卷

以上十一家并章句音义

三 《庄子》版本及其他注《庄》书目

《庄子注》及《释文》：晋郭象《注》、唐陆德明《释文》：宋有巾箱本。士礼居有南宋刊本。明邹之峄刻本。明闵氏朱墨印本。明胡氏世德堂大字本（此外尚有二十二子、二十八子、三十二子、四十八子等，均系此本）。明万历中王澍刊无注本。明万历丁丑两淮都转刊于于慎书院无注本。中都四子本。明刊归批本。日本刊本。《古逸丛书》与《续古逸丛书》景宋本。《四部丛刊》重刻沈宝砚校宋本题《南华经解》十卷。《百子全书》本止刻原文。

《校录南华真经残卷》：罗振玉辑（《敦煌石室碎金》载）

《庄子》残卷：日本高山寺藏今存《庚桑楚》《外物》《寓言》《让王》《说剑》《渔父》《天下》七篇

《庄子注》及《补遗》：晋司马彪撰，清孙冯翼辑问经堂本，又茆辑十种古书本

《庄子义疏》四卷：隋何妥撰

《道言》五十二篇：隋张羡撰

《南华通微》十卷：唐元载撰

《庄子通真论》三卷：唐贾参廖撰

《南华象罔说》十卷：唐张游朝撰

《南华真经章句音义》十四卷：宋陈景元撰

《南华真经章句余事》：宋陈景元撰

《南华真经余事杂录》二卷：宋陈景元撰

《南华总章》一卷：宋碧虚子撰

《老庄本旨》：宋洪兴祖撰

《南华真经直音》：宋蓬丘子撰

《庄子旨归》三篇：宋王曙撰

《庄子逸篇》：宋王应麟辑

《庄子通》十卷：明沈一贯撰前有自序各一篇，又《读老概辨》及《读庄概辨》各一篇，明万历间刊本

《庄子榷》八卷：明金兆清撰明崇祯间刊本

《南华文髓》八卷：明黄洪宪撰前列王衡序，末有本记，文曰"八闽上郡书林乔山堂龙田刊"

《庄子解》二卷：明李贽撰明刊本

《庄子要删》十卷：明孙应鳌辑明刊本

《南华本义》：明陈汝道撰

《读庄小言》：明文德翼撰

《药地炮庄》：明方以智撰

《观老庄影响论》：明释德清撰

《古今南华内篇讲录》（作家及时代未详）

《南华真经评注》：明归有光评、文震孟订正明刻本

《南华经旁注》五卷：明方虚名撰明万历刊

《南华经发明》：明谭元春评明崇祯刊

《老庄子翼评点》：清董懋策撰清光绪十二年董氏取斯家塾刊本

《南华真经提纲》：王晓撰

《庄子邈》一卷不著撰人

《南华评注》无卷数：清张坦撰

《南华本义》二卷：清林仲懿撰

《南华模象记》八卷：清张世荦撰

《庄子释意》：清高秋月集说清康熙二十八年自刊本

《南华经解》：清方潜评述清光绪二十二年桐城方氏刊本

《庄子正义》：清陈寿昌撰清光绪间古书流通处影印本

《庄子解》三卷：清吴世尚撰清刊本

《南华通》七卷：清孙嘉淦撰清刊本

《南华经解》：清徐廷槐撰清刊本

《南华经传释》：清周金然撰

《南华经解》：清宣颖撰清康熙刊本

《庄子章义》五卷、附录一卷：清姚鼐撰《惜抱轩遗书》内，桐城徐氏本

《庄子独见》三十二卷：清胡文英撰三多斋本

《庄屈合诂》：清钱澄之撰《钱氏遗书》内。斟雉堂本。是编合《庄子》《楚辞》二书为训释，《庄子》止诂内篇，先列郭象注，次及诸家；《楚辞》则止诂屈原所作。

《庄子解》：清王夫之撰《船山遗书》本

《庄子通》：清王夫之撰《船山遗书》本

《庄子雪》：清陆树芝撰清嘉庆四年粤东儒雅堂本

《庄子因》：清林云铭撰清康熙三年刊本

《庄子存校》：清王懋竑撰

《庄子集释》十卷：清郭庆藩撰湖南思贤书局本，扫叶山房本错讹太多

《庄子集解》：清王先谦撰湖南思贤书局本

《读庄子平议》三卷、《人名考》一卷：清俞樾撰《春在堂丛书》中

《庄子约解》附《庄子逸语》：清刘鸿典撰家刊本

《庄子故》八卷：马其昶撰集虚草堂本

《庄子注》：王闿运撰湖南思贤书局本

《读庄子杂志》：清王念孙撰《读书杂志》中。以同治中金陵书局重栞本为佳

《庄子校补》：刘师培撰《国粹学报》中

《庄子札记》：清陶鸿庆撰在《诸子札记》中，似未刊

《札迻》：清孙诒让撰通行本

《齐物论释》二卷：章炳麟撰《章氏丛书》本

《庄子解故》：章炳麟撰《章氏丛书》本

《庄子浅说》：林纾撰商务印书馆本

《庄子义证》三十二卷，附《庄子佚文》《庄子

年表》各一卷：马叙伦撰商务印书馆本

《庄子诠诂》：胡远濬撰商务印书馆本

《庄子·天下篇讲疏》：顾实撰商务印书馆本

图书在版编目（CIP）数据

庄子哲学 / 郎擎霄著. —北京：北京理工大学出版社，2020.5
（古典·哲学时代 / 马东峰主编）
ISBN 978-7-5682-8241-3

Ⅰ. ①庄… Ⅱ. ①郎… Ⅲ. ①道家 ②《庄子》-研究
Ⅳ. ① B223.55

中国版本图书馆 CIP 数据核字（2020）第 042319 号

出版发行 / 北京理工大学出版社有限责任公司
社　　址 / 北京市海淀区中关村南大街 5 号
邮　　编 / 100081
电　　话 /（010）68914775（总编室）
（010）82562903（教材售后服务热线）
（010）68948351（其他图书服务热线）
网　　址 / http://www.bitpress.com.cn
经　　销 / 全国各地新华书店
印　　刷 / 保定市中画美凯印刷有限公司
开　　本 / 787 毫米 ×1092 毫米　1/32
印　　张 / 13.125
版　　次 / 2020 年 5 月第 1 版　2020 年 5 月第 1 次印刷
字　　数 / 231 千字
定　　价 / 40.00 元

责任编辑 / 朱　喜
文案编辑 / 朱　喜
责任校对 / 顾学云
责任印制 / 王美丽

图书出现印装质量问题，请拨打售后服务热线，本社负责调换